Andreas R. Dombret

Übernahmeprämien im Rahmen von M&A-Transaktionen

GABLER EDITION WISSENSCHAFT

Empirische Finanzmarktforschung / Empirical Finance

Herausgegeben von Professor Dr. Jan Pieter Krahnen
und Professor Richard Stehle, Ph.D.

Im betriebswirtschaftlichen Gebiet Finanzierung hat die empirische Forschung in den vergangenen Jahren beträchtlich an Bedeutung gewonnen. In die vorliegende Schriftenreihe sollen Dissertationen und Habilitationen aufgenommen werden, die zur empirischen Finanzmarktforschung (im weitesten Sinne) einen wichtigen Beitrag leisten. Autoren bzw. die sie betreuenden Hochschullehrer werden aufgefordert, sich bei Interesse an einer Aufnahme der Arbeit in die Reihe mit den Herausgebern in Verbindung zu setzen.

Andreas R. Dombret

Übernahmeprämien im Rahmen von M&A-Transaktionen

Bestimmungsfaktoren und Entwicklungen in Deutschland, Frankreich, Großbritannien und den USA

Mit einem Geleitwort von Prof. Dr. Wolfgang Gerke

Deutscher Universitäts-Verlag

Bibliografische Information Der Deutschen Bibliothek
Die Deutsche Bibliothek verzeichnet diese Publikation in der Deutschen Nationalbibliografie; detaillierte bibliografische Daten sind im Internet über <http://dnb.ddb.de> abrufbar.

Dissertation Universität Erlangen-Nürnberg, 2005

1. Auflage Februar 2006

Lektorat: Brigitte Siegel / Stefanie Loyal

Der Deutsche Universitäts-Verlag ist ein Unternehmen von Springer Science+Business Media.
www.duv.de

ISBN 978-3-8350-0244-9

Für Sophia

Geleitwort

Mergers & Acquisitions sind zu einem wichtigen Geschäftsfeld des internationalen Investmentbanking geworden. In Deutschland erwies sich die Übernahmeschlacht zwischen Mannesmann und Vodafone als besonders spektakulär. Darüber hinaus vollzogen sich in den letzten Jahren an den angelsächsischen Kapitalmärkten aber wesentlich mehr Übernahmen als im deutschen Markt.

Die vorliegende Arbeit konzentriert sich auf die unterschiedlichen Übernahmeprämien in den USA, Großbritannien, Deutschland und Frankreich. Der Autor verarbeitet für seine Branchen- und Ländervergleiche ein umfangreiches Datenmaterial von annähernd 50.000 Übernahmevorgängen, das in dieser Aktualität und Komplexität bisher nicht untersucht wurde. Im Vordergrund seiner Analyse steht die Quantifizierung des Einflusses von Branchen und Ländern auf die Höhe der Übernahmeprämien. Dabei wird differenziert nach nationalen Transaktionen, nach länderübergreifenden Transaktionen sowie nach Sektor- und sektorübergreifenden Transaktionen.

Ein weiterer Untersuchungsschwerpunkt widmet sich der Einflussgröße des Transaktionsvolumens sowie der Bedeutung der Ertragskraft des zu übernehmenden Unternehmens. Schließlich erforscht der Autor den Einfluss von Aktienzyklen und nationalen M & A-Zyklen auf die Übernahmeprämien.

Der Autor zeigt auf, dass der deutsche Übernahmemarkt gegenüber angelsächsischen Ländern unbedeutend ist. Er führt dies auf den bankengesteuerten deutschen Kapitalmarkt zurück. Die in Deutschland gezahlten Übernahmeprämien liegen signifikant unter denen in den USA und Großbritannien. Obwohl Frankreichs Corporate Governance-Struktur Analogien zu Deutschland aufweist, liegen die französischen Übernahmeprämien ebenfalls über den deutschen. Die Arbeit liefert damit nicht nur sachkundige Einblicke in die Funktionsweise des M & A-Geschäftes, sondern auch wichtige Anhaltspunkte für die Durchführung von Transaktionen in verschiedenen Branchen und Ländern.

Prof. Dr. Wolfgang Gerke

Geleitwort der Herausgeber

Das betriebswirtschaftliche Gebiet Finanzierung hat sich in den vergangenen dreißig Jahren im Hinblick auf die Abgrenzung von anderen wirtschaftswissenschaftlichen Teildisziplinen, aber auch im Hinblick auf die Forschungsinhalte und die Forschungsmethoden stark gewandelt. Finanzierung wird heute meist, dem amerikanischen Gebrauch des Begriffes „Finance" folgend, als Oberbegriff für die Gebiete Unternehmensfinanzierung, Investition und Bankbetriebslehre verwendet. Diesen drei Gebieten ist gemein, daß die Funktionsweise der relevanten Geld-, Kapital- und Devisenmärkte von zentraler Bedeutung ist. In der Forschung wird üblicherweise mit mehr oder weniger stark formalisierten Modellen in einem ersten Schritt versucht, Hypothesen über die betrachteten Sachverhalte abzuleiten, in einem zweiten Schritt werden diese Hypothesen dann empirisch überprüft, d.h. mit der Realität konfrontiert.

Gemessen am zeitlichen Aufwand der beteiligten Wissenschaftler und am Umfang der vorgelegten Arbeiten hat im Gebiet Finanzierung die empirische Forschung in den vergangenen Jahren beträchtlich an Bedeutung gewonnen. Dabei haben die EDV-mäßige Verfügbarkeit von Daten und die verbesserten Möglichkeiten ihrer Verarbeitung eine wichtige Rolle gespielt.

In die vorliegende Schriftenreihe sollen Dissertationen und Habilitationen aufgenommen werden, die zur empirischen Finanzmarktforschung (im weitesten Sinne) einen wichtigen Beitrag leisten. Autoren bzw. die sie betreuenden Hochschullehrer werden aufgefordert, sich bei Interesse an der Aufnahme einer Arbeit in die Reihe mit den Herausgebern in Verbindung zu setzen.

Eine Liste der bisher erschienenen Schriften ist am Ende dieser Arbeit und auf den Web-Seiten der Herausgeber zu finden.

Prof. Dr. J. P. Krahnen
Johann Wolfgang Goethe Universität
Fachbereich Wirtschaftswissenschaften
Professur für Kreditwirtschaft und Finanzierung
Mertonstraße 17-21
D-60054 Frankfurt am Main
Tel.: (069) 798-22568
E-Mail: krahnen@wiwi.uni-frankfurt.de
http://www.uni-frankfurt.de/professoren/krahnen

Prof. R. Stehle, Ph.D.
Humboldt-Universität zu Berlin
Wirtschaftswissenschaftliche Fakultät
Institut für Bank-, Börsen- und Versicherungswesen
Spandauer Straße 1
D-10178 Berlin
Tel.: (030) 2093-5761
E-Mail: stehle@wiwi.hu-berlin.de
http://www.wiwi.hu-berlin.de/finance

Vorwort

Die vorliegende Arbeit, die thematisch dem Bereich der empirischen Kapitalmarktforschung zuzurechnen ist, wurde im Oktober 2005 von der wirtschafts- und sozialwissenschaftlichen Fakultät der Friedrich-Alexander-Universität Erlangen-Nürnberg als Dissertation angenommen. Meine Entscheidung, eine Fragestellung aus dem Spannungsfeld von Börse und M&A zu bearbeiten, war vor allem von der Absicht geleitet, eine sowohl für die Wissenschaft wie für die Praxis relevante Arbeit zu verfassen.

Während der Promotionszeit habe ich vielfältige Unterstützung erfahren, für die ich mich an dieser Stelle herzlich bedanke. An erster Stelle gilt mein Dank Herrn Professor Dr. Wolfgang Gerke, meinem Doktorvater, der mein Promotionsvorhaben initiiert hat und damit für meinen Entschluss, in einem fortgeschrittenen beruflichen Stadium eine Auszeit zu nehmen und zu promovieren, maßgeblich verantwortlich zeichnet. Er hat mich während des gesamten Promotionsprozesses begleitet und durch die Anbindung an seinen Lehrstuhl eine wichtige Basis für meine Arbeit gelegt. Ebenfalls vielen Dank an Herrn Professor Dr. Volker Peemöller für die Übernahme des Zweitgutachtens und an Herrn Professor Dr. Jan Krahnen sowie Herrn Professor Richard Stehle, Ph.D., für die Aufnahme in ihre bedeutende Schriftenreihe.

Mein Dank gilt schließlich den Mitarbeitern am Lehrstuhl für Bank- und Börsenwesen der Universität Erlangen-Nürnberg für die außerordentlich kollegiale Aufnahme und die angenehme Atmosphäre. In diesem Zusammenhang ist es mir wichtig, Herrn Dr. Felix Breuer und Herrn Dr. Timo Reinschmidt besonders hervorzuheben, die mich im Rahmen meines vor sechs Semestern übernommenen Lehrauftrages an der Universität Erlangen-Nürnberg stets exzellent betreut haben. Besonders erwähnen möchte ich darüber hinaus Herrn Dr. Jörg Fleischer sowie Herrn Dr. Ferdinand Mager vom Lehrstuhl für Bank- und Börsenwesen, mit denen ich wichtige fachliche Diskussionen geführt habe. Nicht zuletzt vielen Dank an Herrn Dr. Christian Ossig aus meinem direkten beruflichen Umfeld für seinen fortwährenden Rückhalt auch während meiner Promotionszeit. Meiner Familie, die mich auch bei diesem Vorhaben großartig unterstützt hat, gebührt nicht zuletzt großer Dank.

Andreas R. Dombret

Inhaltsverzeichnis

Abbildungsverzeichnis

Tabellenverzeichnis

Abkürzungsverzeichnis

Abb.	Abbildung
AG	Aktiengesellschaft
AktG	Aktiengesetz
AMEX	American Stock Exchange
AOL	America Online
APT	Arbitrage Pricing Theory
Aufl.	Auflage
BaFin	Bundesanstalt für Finanzdienstleistungsaufsicht
Bd.	Band
Bio.	Billionen
BIP	Bruttoinlandsprodukt
BWL	Betriebswirtschaftslehre
bzw.	beziehungsweise
ca.	circa
CAC (Index)	Cotation Assistée en Continue (Index)
CAPM	Capital Asset Pricing Model
CEO	Chief Executive Officer
DAI	Deutsches Aktieninstitut
DAX (Index)	Deutscher Aktienindex
DBW	Die Betriebswirtschaft
DCF	Discounted Cash Flow
DDM	Dividend Discount Model
d.h.	das heißt
diesbzgl.	diesbezüglich
d.J.	dieses Jahres
Diss.	Dissertation
$	(US) Dollar

€	Euro
EBITA	Earnings before Interest, Tax and Amortisation
EBITDA	Earnings before Interest, Tax, Depreciation and Amortisation
et al.	et alteri
etc.	et cetera
EU	Europäische Union
f.	folgende (Seite)
ff.	fortfolgende (Seiten)
FTSE (Index)	Financial Times Stock Exchange (Index)
ggfs.	gegebenenfalls
GGM	Gordon Growth Model
grds.	grundsätzlich
GuV	Gewinn- und Verlustrechnung
GWB	Gesetz gegen Wettbewerbsbeschränkungen
HSR Act	Hart-Scott-Rodino Antitrust Improvement Act
HGB	Handelsgesetzbuch
Hrsg.	Herausgeber
hrsg.	herausgegeben
HVB	HypoVereinsbank
IAS	International Accounting Standards
i.d.R.	in der Regel
IDW S 1	Institut der deutschen Wirtschaftsprüfer Standard 1
Inc.	Incorporated
insbes.	insbesondere
IMF	International Monetary Fund
iZm	im Zusammenhang mit
insges.	insgesamt
Jg.	Jahrgang
J.V.	Joint Venture
Kap.	Kapitel

KBV	Kurs-Buchwert-Verhältnis
KGV	Kurs-Gewinn-Verhältnis
LOI	Letter of Intent
LSE	London Stock Exchange
M&A	Mergers and Acquisitions
Mio.	Millionen
MoE	Merger of Equals
Mrd.	Milliarden
NAM	Net Advantage to Merging
NASDAQ	National Association of Securities Dealers Automated Quotations
NAV	Net Asset Value
Nr.	Nummer
NYSE	New York Stock Exchange
OECD	Organization for Economic Cooperation and Development
o.J.	ohne Jahresangabe
o.O.	ohne Ortsangabe
OPA	Offre publique d'Achat
OPE	Offre publique d'Echange
p.a.	per annum
£	Pfund (Sterling)
RCMF	Réglement général des Conseil des Marchés Financiers
RCOB	Réglement 89-03 de la Commission des Opérations de Bourse
rd.	rund
S.	Seite
SEA	Securities Exchange Act
SEC	Securities and Exchange Commission
Sp.	Spalte
sog.	sogenannte
Tab.	Tabelle
TMT	Telekommunikation, Medien, Technologie

TOC	Thomson Corporation
u.a.	unter anderem
u.a.O.	und andere Orte
UK	United Kingdom
UmwG	Umwandlungsgesetz
USA	United States of America
US GAAP	United States Generally Accepted Accounting Standards
v.a.	vor allem
vbo	Vereinigung für Bankbetriebsorganisation
vgl.	vergleiche
Vol.	Volumen
vs.	versus
WACC	Weighted Average Cost of Capital
wg.	wegen
WpHG	Wertpapierhandelsgesetz
WpÜG	Wertpapiererwerbs- und Übernahmegesetz
www	wordwide web
z.B.	zum Beispiel
zfbf	(Schmalenbachs) Zeitschrift für betriebswirtschaftliche Forschung
ZGR	Zeitschrift für Unternehmens- und Gesellschaftsrecht
ZHR	Zeitschrift für das gesamte Handelsrecht und Wirtschaftsrecht
z.T.	zum Teil
zugl.	zugleich
zw.	zwischen

1 Einleitung

1.1 Untersuchungsgegenstand, Zielsetzung und Thesen

Die Tatsache, dass einzelne Unternehmen von anderen Unternehmen übernommen werden oder miteinander fusionieren, stellt heutzutage kein besonderes Phänomen mehr dar, sondern ist inzwischen in marktwirtschaftlichen Wirtschaftssystemen akzeptierter Bestandteil der meisten Unternehmensstrategien. Unternehmensübernahmen und -fusionen haben in den vergangenen zwei bis drei Jahrzehnten sowohl nach ihrer Anzahl als auch hinsichtlich ihrer Volumina stark zugenommen und sind spätestens seit Anfang der 1990er Jahre zu einem beherrschenden, wenn nicht sogar zu einem Schlüsselthema für viele Industriebranchen geworden. Eine Umkehr dieses Trends ist gegenwärtig nicht abzusehen.

Vor dem Hintergrund veränderter wirtschaftlicher Rahmenbedingungen, der Globalisierung der Wirtschaft sowie vielfältiger Deregulierungen bzw. Liberalisierungen der Märkte betrachten Unternehmen externes Wachstum somit ganz offensichtlich als geeignete Möglichkeit, ihren Unternehmenswert zu steigern und im Wettbewerb bestehen zu können. Fusionen und Übernahmen gelten dabei in der Regel als erfolgreich, wenn im Anschluss an die durchgeführte Transaktion die Integration beider Unternehmen nachhaltig gelingt.

Der Erfolg einer Unternehmensübernahme hängt darüber hinaus aber auch ganz wesentlich von der Fähigkeit ab, eine derartige Transaktion zu einem Preis durchzuführen, der für einen rational handelnden Käufer in einem adäquaten Verhältnis zum fairen Wert des Kaufobjektes zuzüglich der erwarteten Synergien steht.[1] Vor diesem Hintergrund stellt die vorliegende Arbeit die im Zuge von Fusionen und Übernahmen an die Alteigentümer gezahlten Prämien in den Mittelpunkt der Betrachtung.

Ganz allgemein wird dabei unter einer Prämie das dem Aktionär gezahlte Agio bezogen auf die Aktiennotierung vor Bekanntgabe der Übernahmeabsicht verstanden. Insofern quantifizieren Übernahmeprämien die Möglichkeit für die verkaufenden Anteilseigner, an den erwarteten Vorteilen von Fusionen und Übernahmen finanziell zu partizipieren.[2] Je stärker sie profitieren, umso mehr steigt aber auch die Gefahr für das akquirierende Unternehmen, Werte nicht heben zu können oder sogar zu vernichten.

---

[1] Vgl. Flanagan/O'Shaughnessy (2001), S. 573, und Walkling/Edmister (1985), S. 30. Zu den Motiven für Unternehmensübernahmen vgl. ausführlich Kap. 4.4.1 dieser Arbeit.

[2] Vgl. Goergen/Renneboog (2004), S. 9ff.

Die Ansicht, dass hohe Übernahmeprämien willkürlich und wirtschaftlich nur schwer zu begründen seien, ist in deutschen Wirtschaftskreisen weit verbreitet.[3] Außerdem scheint diese Auffassung dadurch Bestätigung zu finden, dass viele Unternehmensübernahmen der Vergangenheit nicht den avisierten Erfolg gezeigt und sich im Gegenteil ex post in finanzieller Hinsicht vielmehr als wenig vorteilhaft erwiesen haben sollen.[4]

Die Relevanz von Übernahmeprämien im Rahmen einer M&A-Transaktion kann besonders eindrucksvoll am Erwerb von Mannesmann durch Vodafone im Gegenwert von €190 Mrd. verdeutlich werden, der wohl spektakulärsten Übernahme der jüngeren deutschen Wirtschaftsgeschichte.[5] Am 21. Oktober 1999 verkündete Mannesmann den Kauf des britischen Mobilfunkanbieters Orange. Am darauf folgenden Tag berichtete die internationale Wirtschaftspresse, der britische Konzern Vodafone-Airtouch, seinerseits mit 34% an der Mobilfunksparte von Mannesmann beteiligt, plane angeblich die Komplettübernahme der Mannesmann AG. Am 22. Oktober notierte die Mannesmann-Aktie bereits bei €144 und stieg im Zuge der inzwischen bekannt gegebenen, von Mannesmann als unfreundlich eingestuften Übernahmeverhandlungen sowie der damit einhergehenden Spekulation bis zum 16. November auf €209,90.[6] Am 4. Februar 2000 stimmte der Mannesmann-Aufsichtsrat schließlich der Übernahme durch Vodafone-Airtouch zu. Das offizielle „Closing“ der Transaktion fand am 19. Juni 2000 statt.[7]

Diese Transaktion ist nicht nur aufgrund ihrer absoluten Größenordnung bemerkenswert, sondern auch wegen der Höhe der gezahlten Übernahmeprämie. Der von Vodafone gezahlte Preis für eine Mannesmann-Aktie lag 89,2% über seiner am Tag vor Bekanntgabe der Übernahmeabsicht an der Börse festgestellten und 126,9% über seiner vier Wochen vor Bekanntgabe der Übernahmeabsicht zurückliegenden Kursnotierung. Allgemein ist in der ex post-Betrachtung unbestritten, dass die Aktionäre von Mannesmann von der Übernahme ihrer Gesellschaft in erheblichem Umfang finanziell profitiert haben. Über die Frage, inwieweit diese Übernahme für Vodafone finanziell attraktiv war, existiert hingegen keine einheitliche Meinung.

---

3 Vgl. Börsig (1993), S. 82.

4 Vgl. Christofferson/McNish/Sias (2004), S. 2. Vgl. ebenso Varaiya/Ferris (1987), S. 64, die dieses Phänomen als „the winner's curse“ bezeichnen.

5 Die Transaktion wird mit $202,8 Mrd. bei Thomson Financial geführt. Vgl. Thomson Corporation (2005).

6 Das offizielle Übernahmeangebot hat Vodafone am 14. November 1999 ausgesprochen.

7 Am 11. Juni 2000 wurden die verbliebenen Kleinaktionäre, die das Übernahmeangebot nicht angenommen hatten, im Zuge eines sog. „Squeeze Out“-Verfahrens abgefunden. Ein „Squeeze Out“ ermöglicht es dem Hauptanteilseigner unter bestimmten Bedingungen, die Minderheitsaktionäre gegen angemessene Bar-Abfindung aus dem Unternehmen auszuschließen. Voraussetzung dafür ist in Deutschland, dass der Hauptaktionär mindestens 95% des Grundkapitals hält und der "Squeeze Out“ in der Hauptversammlung der Zielgesellschaft beschlossen wird. Vgl. hierzu ausführlich Kap. 3.2.1 dieser Arbeit.

Für eine genauere Ergründung der Bestimmungsfaktoren von Übernahmeprämien bei M&A-Transaktionen widmet sich die vorliegende Arbeit der Analyse des M&A-Geschäfts in Deutschland anhand eines Vergleichs mit den wesentlichen M&A-Märkten USA, Großbritannien und Frankreich. Aufbauend auf der Identifizierung zentraler Merkmale und Determinanten gezahlter Übernahmeprämien werden Erklärungsansätze für ihre unterschiedlichen Entwicklungen auf den bedeutendsten M&A-Märkten Europas und der USA entwickelt. Schließlich verfolgt die Arbeit das Ziel, die Gründe herauszuarbeiten, die zur Sonderrolle Deutschlands auf dem internationalen M&A-Markt im Allgemeinen und hinsichtlich der Übernahmeprämien im Besonderen geführt haben.

Im Einzelnen werden im Rahmen dieser Arbeit die folgenden drei Fragenkomplexe eingehend untersucht:

1. Sind Übernahmeprämien in den vier betrachteten *Volkswirtschaften* eigentlich vergleichbar hoch? Sind Übernahmeprämien in den unterschiedlichen *Branchen* über Ländergrenzen hinweg ähnlich hoch? Wo existiert insofern der größere Einfluss auf Übernahmeprämien: auf *Länder-* oder auf *Branchen*ebene?

   Wie verhalten sich Übernahmeprämien bei *länderübergreifenden* M&A-Transaktionen gegenüber Prämien bei *nationalen* Transaktionen, und wie verhalten sich Prämien für Transaktionen *innerhalb desselben Sektors* zu Übernahmeprämien bei M&A-Transaktionen *über Sektorgrenzen hinweg*?

2. Wie wirken konkrete *transaktionsbezogene Einflussgrößen* auf die Höhe von Übernahmeprämien? Lässt sich zum Beispiel eine statistisch signifikante Abhängigkeit der Übernahmeprämienhöhe von der Transaktionsgröße bzw. von der Ertragskraft des Zielunternehmens nachweisen? [8]

3. Kann statistisch über einen längeren Zeitraum eine Abhängigkeit der Prämienhöhe vom nationalen *M&A-Zyklus* in dem Sinne nachgewiesen werden, dass die Übernahmeprämien pro Land mit dem jeweiligen nationalen M&A-Volumen steigen oder sinken? Folgen darüber hinaus die Übernahmeprämien in den betrachteten Ländern den Schwankungen der nationalen *Aktienzyklen*?

1.2 Aufbau der Arbeit

Aufbauend auf der Grundüberlegung, dass sich der (Transaktions-)*Preis* eines Unternehmens im Rahmen einer M&A-Transaktion zum einen aus seinem fairen *Wert* und

---

8 Gemessen am „Earnings before Interest, Taxes, Depreciation and Amortisation" (EBITDA) des jeweiligen Unternehmens. Zur Definition des EBITDA vgl. Kap. 6.4.2 der vorliegenden Arbeit.

zum anderen aus der gezahlten Übernahme*prämie* zusammensetzt,[9] werden im folgenden Kapitel 2 im Anschluss an eine allgemeine Begriffsbestimmung zunächst diejenigen *Bewertungs*methoden vorgestellt, die bei M&A-Transaktionen üblicherweise zur *Wert*bestimmung und damit zur Beschreibung der ersten Komponente des für ein Unternehmen gezahlten Transaktionspreises herangezogen werden. Die Besonderheiten bei der Bewertung von Banken gegenüber anderen Unternehmen werden in diesem Zusammenhang als Exkurs behandelt.[10] Kapitel 2 dient somit einer Begriffsabgrenzung sowie der Aufarbeitung theoretischer Grundlagen zur Bestimmung von Übernahmeprämien, wobei in diesem Zusammenhang der Fokus auf der Darstellung international gültiger Bewertungsgepflogenheiten liegt.[11]

Kapitel 3 widmet sich den im Zusammenhang mit Fusionen und Übernahmen relevanten juristischen Rahmenbedingungen. Hierbei wird besonders auf die einschlägigen gesellschafts- und wettbewerbsrechtlichen Vorschriften Wert gelegt, die in den USA, Großbritannien, Deutschland und Frankreich zum Tragen kommen. Da die von Land zu Land unterschiedlichen rechtlichen Regelungen entsprechend unterschiedlich auf die Höhe von Übernahmeprämien wirken, stellen sie insofern eine wesentliche Determinante dar. Für das Untersuchungsziel der vorliegenden Arbeit besitzen sie insofern eine besondere Relevanz, so dass hierfür – auch aufgrund der in sich geschlossenen Thematik – ein eigenes Kapitel vorgesehen wurde.

In Kapitel 4 werden die neben den juristischen Rahmenbedingungen bestehenden weiteren Bestimmungsfaktoren von Übernahmeprämien als der zweiten zentralen Komponente des Preises eines Unternehmens im Rahmen von M&A-Transaktionen aus theoretischer Sicht behandelt. Anhand einer grundsätzlichen Einordnung und mit Hilfe eines Literaturdiskurses werden jeweils länder-, branchen- und transaktionsspezifische Werttreiber als zentrale Einflussfaktoren auf die Höhe der Übernahmeprämie differenziert, wobei länderspezifisch neben den bereits in Kapitel 3 vorgestellten juristischen Rahmenordnungen vor allem die im jeweiligen Land gültigen Corporate Governance-Usancen analysiert werden. Im Anschluss an eine Diskussion der wesentlichen branchenspezifischen Einflussfaktoren auf Übernahmeprämien folgen eine ausführliche Darstellung der Motive für M&A-Transaktionen und eine ausführliche Diskussion ihres transaktionsspezifischen Einflusses auf die Prämienhöhe.

9 Vgl. Dombret (2002), S. 537ff.

10 In der empirischen Analyse wesentlicher Entwicklungen von Übernahmeprämien, die in Kap. 6 dieser Arbeit vorgestellt werden, wird gezeigt, dass der Finanzsektor – und hier insbes. der Bankensektor – iZm Übernahmeprämien eine Sonderrolle einnimmt. Vgl. hierzu im Einzelnen die Ausführungen in Kap. 6.4.1.3 dieser Arbeit zum Thema „Analyse der Sonderrolle der Finanzbranche". Aus diesem Grund wird im Rahmen der Bewertungsthematik in einem Exkurs auf die Sonderthemen eingegangen, die bei der Bewertung von Banken unterschiedlich und insofern zu beachten sind.

11 Vgl. hierzu auch die Argumentation in Kap. 3.2 der vorliegenden Arbeit.

Nach dieser theoretischen Betrachtung wird in 5. Kapitel die Datenbasis der im Rahmen der vorliegenden Arbeit durchgeführten empirischen Untersuchungen vorgestellt. Die M&A-Aktivitäten in den zentralen Märkten Europas und der USA lassen sich im Zeitablauf verschiedenen M&A-Wellen zuordnen. In diesem Zusammenhang wird neben der Definition des zu betrachtenden Zeitraums die im Untersuchungs-„Sample" vorgenommene Länder- und Branchenauswahl festgelegt und begründet. Schließlich wird der den Untersuchungen zugrunde liegende Datensatz präzisiert.

Entsprechend der Zielsetzung der Arbeit wird in Kapitel 6 die empirische Auswertung der Datenbasis hinsichtlich der Übernahmeprämien in Deutschland, Frankreich, Großbritannien und den USA jeweils getrennt nach den jeweiligen Länder-, Branchen- und Transaktionspezifika vorgenommen. Bei der eingehenden Untersuchung der eingangs genannten Fragenkomplexe wird von der These ausgegangen, dass die vorgenannten drei Aggregationsebenen jeweils einen unterschiedlich starken Einfluss auf die Höhe von Übernahmeprämien ausüben.

Den Transaktionsspezifika als wissenschaftlich bereits weitestgehend untersuchten Bestimmungsfaktoren für Übernahmeprämien wird aufgrund der großen Bedeutung, die ihnen im Rahmen der akademischen Diskussion zukommt, auch innerhalb der vorliegenden Arbeit ein entsprechend hoher Stellenwert eingeräumt. Allerdings werden im 6. Kapitel die im wissenschaftlichen Diskurs deutlich weniger berücksichtigten Länder- und Branchenspezifika in den Vordergrund der Betrachtungen gestellt. und gegenüber den Transaktionsspezifika bewusst stärker gewichtet, um neue Erkenntnisse erzielen zu können.

Die Zielsetzung bei der Beschreibung charakteristischer Merkmale von Übernahmeprämien besteht nicht zuletzt darin, aus der Ableitung von Schlussfolgerungen und Erklärungsansätzen einen praktischen Applikationswert für die künftige Quantifizierung von Übernahmeprämien zu erbringen.[12] Eine Beantwortung der oben genannten drei Fragenkomplexe lässt Schlussfolgerungen auf ein optimiertes Verhalten in zukünftigen öffentlichen Übernahmesituationen im Allgemeinen und auf die Höhe von Übernahmeprämien im Besonderen zu.

Eine zusammenfassende Würdigung der Ergebnisse erfolgt im 7. und letzten Kapitel.

---

12 Quantifizierung im Sinne einer „Bepreisung" aus Sicht des Bieters.

2 Begriffsbestimmungen und Unternehmensbewertungsansätze

Zur Abgrenzung des in dieser Arbeit interessierenden Sachverhaltes werden in Kapitel 2.1 zunächst die Begriffe „Mergers and Acquisitions“ und „Übernahmeprämie“ definiert. Dem schließt sich in Kapitel 2.2 zur Einordnung der nachfolgenden Ausführungen eine Darstellung einer typischen M&A-Transaktion im Zeitablauf an. Kapitel 2.3 beschreibt schließlich die wichtigsten theoretischen Unternehmensbewertungsansätze als Grundlage für die im Mittelpunkt der vorliegenden Arbeit stehende Analyse von Übernahmeprämien.

2.1 Begriffsbestimmungen

2.1.1 Mergers and Acquisitions

Als „Mergers and Acquisitions“, kurz M&A, werden ökonomische Transaktionen bezeichnet, die mit einer Veränderung der Verfügungs- und Herrschaftsstruktur innerhalb eines, mehrerer oder aller beteiligten Unternehmen einhergehen. Der aus dem Angelsächsischen stammende Sammelbegriff umfasst hierbei alle Transaktionen, die auf dem Markt für Unternehmen, Unternehmensteile und Beteiligungen abgewickelt werden.[13]

Nach der rechtlichen Form der Transaktion werden vor allem

1. Anteilskäufe bzw. -verkäufe (sogenannte „Share Deals“)
2. der Erwerb bzw. Verkauf von bestimmten Vermögensgegenständen (sogenannte „Asset Deals“)
3. Fusionen und
4. Joint Ventures

unterschieden.

Der Begriff „Merger“ umfasst hierbei die Verschmelzung, Vereinigung oder den Zusammenschluss von zwei oder mehr Unternehmen.

Ein solcher, in der deutschen Literatur als „Fusion“ bezeichneter Prozess geht in der Regel mit dem Verlust der rechtlichen Selbstständigkeit zumindest eines Unternehmens einher. Dieser Verlust der rechtlichen Eigenständigkeit ist es auch, der die Fusi-

[13] Vgl. Dombret (2002), S. 530.

on von anderen Formen von Unternehmenszusammenschlüssen wie zum Beispiel strategischen Allianzen, Kooperationen oder Joint Ventures abgrenzt.[14]

Der Begriff „Acquisition" beschreibt den Übergang der Gesellschafts-, Entscheidungs- und Kontrollrechte von dem oder den Zielunternehmen auf das kaufende Unternehmen. Im deutschen Sprachraum werden neben der Bezeichnung Akquisition auch Begriffe wie Unternehmensübernahme, Beteiligungserwerb oder Unternehmenskauf verwendet.[15]

Über eine exakte Definition zur Unternehmens- bzw. Beteiligungsakquisition besteht in der wissenschaftlichen Literatur allerdings kein Konsens. Neben einer engen Begriffsabgrenzung, die unter einer Akquisition die Übernahme eines vormals rechtlich selbstständigen Unternehmens durch den Kauf aller seiner Vermögensgegenstände bzw. aller seiner gesellschaftsrechtlichen Unternehmensanteile versteht, existiert auch eine weiter gefasste Begriffsdefinition. In dieser weiter gefassten Begriffsabgrenzung werden als Akquisition auch der Erwerb rechtlich unselbstständiger, in sich geschlossener Teilbereiche eines Unternehmens sowie der Erwerb einer bestimmten Quote von Unternehmensanteilen, mit deren Stimmrechte ein maßgeblicher Einfluss auf die Unternehmenspolitik des Zielunternehmens ausgeübt werden kann, bezeichnet.

Im Allgemeinen wird unter einer Akquisition eine Beteiligung in Höhe von mindestens 75% am Zielunternehmen verstanden, sofern die Stimmrechtsausübung nicht vertraglich beschränkt ist. Beteiligungserwerbe, bei denen die Stimmrechtsbeteiligung zwischen 50% und 75% liegt, können in Ausnahmefällen und abhängig von der jeweiligen Einzelsituation aber ebenfalls als Unternehmensakquisition klassifiziert werden.[16]

2.1.2 Wesentliche M&A-Klassifizierungen

Eine wesentliche Unterscheidung besteht zwischen Transaktionen unter Gleichberechtigten, sogenannten „Mergers of Equals", kurz MoE, einerseits und Übernahmen andererseits. Das besondere Merkmal von „Mergers of Equals" liegt darin begründet, dass es sich in der Regel um Zusammenschlüsse tendenziell gleich starker Unternehmen mit einem eher symmetrisch verteilten Verhandlungs- und Entscheidungsprozess handelt. Beim MoE findet definitionsgemäß kein Kontrollwechsel statt, weil sich Aktionäre und Organe beider Gesellschaften gleichberechtigt in einer neuen Gesellschaft zu-

[14] Allianzen und Kooperationen bezeichnen vertragliche Formen der Zusammenarbeit, die nicht durch einen gesellschaftsrechtlichen Zusammenschluss oder durch gegenseitige Beteiligung unterlegt sind. Bei Joint Ventures (J.V.'s) wird von zwei oder mehr Kooperationspartnern ein rechtlich selbständiges Unternehmen gegründet, das im gemeinsamen Interesse genau vordefinierte Projekte durchführt.

[15] Vgl. Becker (1999), S. 18.

[16] Vgl. Oehlrich (1999), S. 7.

sammenschließen.[17] Im Unterschied zu Übernahmen werden bei MoE-Transaktionen insofern keine Übernahmeprämien zur Erreichung von Kontrollrechten gezahlt.

Mergers & Acquisitions werden darüber hinaus nach der Marktstufe unterschieden, auf der die Unternehmensverschmelzung bzw. -übernahme stattfindet. Entsprechend dieser Marktdimensionen können grundsätzlich vertikale, horizontale oder konglomerate M&A-Transaktionen[18] voneinander abgegrenzt werden.[19]

Von einer horizontalen Fusion bzw. einer horizontalen Unternehmensakquisition ist immer dann die Rede, wenn sich Unternehmen aus derselben, eng definierten Branche zusammenschließen. Das Ziel einer solchen M&A-Transaktion besteht dann vor allem in der Ausschöpfung steigender Skalenerträge, sogenannter „Economies of Scale",[20] durch Nutzung freier Produktionskapazitäten oder durch die Realisierung von Rationalisierungs- oder Synergiepotenzialen zum Beispiel im Personalbereich oder in der Datenverarbeitung.

Eine vertikale Fusion bzw. eine vertikale Unternehmensakquisition liegt hingegen immer dann vor, wenn zwei Unternehmen der unmittelbar vor- und nachgelagerten Branche miteinander verschmelzen bzw. wenn ein entsprechender Erwerb stattfindet. Ein klassisches Beispiel hierfür ist der Erwerb eines Bauxit-Bergwerkes durch eine Aluminiumhütte. Häufige Motive für vertikale Fusionen bzw. vertikale Unternehmensakquisitionen sind vor allem die Festigung der Marktposition sowie die Diversifikation des Risikoprofils der beteiligten Unternehmen.

Als konglomerat wird eine Fusion oder Unternehmensakquisition grundsätzlich dann bezeichnet, wenn sie in keine der beiden oben angeführten Kategorien fällt, also branchenübergreifend und ohne eindeutigen Bezug auf direkte Vorproduktions- oder Absatzmärkte erfolgt. Als Motive für konglomerate M&A-Transaktionen kommen vornehmlich Managementpräferenzen, interne Finanzierungsmittelüberschüsse oder der Wunsch nach Risikostreuung zum Tragen.[21]

Motive für M&A-Transaktionen lassen sich im Wesentlichen in zwei Hauptkategorien fassen.[22] Generell herrschen entweder strategische Motive vor, oder aber es handelt sich um reine Finanzinvestitionen.[23]

---

17 Vgl. Achleitner/Dresig (2001), S. 1564 f.

18 Vgl. Bühner (2001), S. 927.

19 Vgl. Sautter (1989), S. 8ff., und Pöll (o.J.), S. 3.

20 Zur Definition der „Economies of Scale" vgl. Kap. 4.4.1.3 dieser Arbeit.

21 Vgl. ausführlich Kap. 4.4.1 der vorliegenden Arbeit.

22 Vgl. Dombret (2002), S. 530.

23 Zu den unterschiedlichen Motiven für M&A im Zeitablauf vgl. auch Walkling/Edmister (1985), S. 30, sowie ausführlich Kap. 4.4.1 dieser Arbeit.

Bis zum Ende des letzten Jahrzehnts waren vor allem strategische Motive die stärksten Treiber von M&A-Transaktionen. Diese Entwicklung wurde in der jüngeren Vergangenheit durch die verstärkte Aktivität und Risikobereitschaft international auftretender Beteiligungsgesellschaften[24] und zuletzt durch das Auftreten von Hedge Fonds zum Teil umgekehrt. Im Jahr 2004 wurden bereits 15% aller globalen M&A-Transaktionen unter Beteiligung sogenannter Private Equity-Fonds abgewickelt; in Europa waren es 25% und in Deutschland sogar geschätzte 37%.[25] Zum Zeitpunkt der Fertigstellung dieser Arbeit im September 2005 ist keine Umkehrung dieses Trends zu erkennen.

Rational agierende Unternehmen streben danach, ihren Unternehmenswert zu erhöhen. Dies kann im Rahmen von M&A zum Beispiel durch den Abbau von Randaktivitäten oder aber über die Nutzung von Synergieeffekten[26] erreicht werden. Die Verbindung zweier Unternehmen ist unter wirtschaftlichen Gesichtspunkten aber nur dann sinnvoll, wenn der Wert der gemeinsamen Einheit den Wert der Einzelteile übersteigt.

Eine illustrative Methode zur Vorteilhaftigkeitsentscheidung ist die Berechnung des sogenannten „Net Advantage to Merging“:

$$NAM = V_{AB} - (V_B + P_B) - E - V_A$$

mit:

V_{AB} = Wert der kombinierten Unternehmen

V_A = Wert des akquirierenden Unternehmens

V_B = Wert des akquirierten Unternehmens

E = Kosten der Übernahme

P_B = Prämie der Transaktion

Eine Übernahme ist somit immer dann für die Aktionäre eines akquirierenden Unternehmens von Vorteil, wenn der kombinierte Wert nach dem Zusammenschluss die Summe der Unternehmenseinzelwerte zuzüglich der Kaufpreisprämie und der anfallenden Übernahmekosten übersteigt.

Eine solche Wertschöpfung kann auf verschiedene Ursachen zurückgeführt werden. Unternehmenszusammenschlüsse erfolgen in der Praxis häufig als Reaktion auf eine Internationalisierung, die die kritische Größe von Unternehmen in vielen Branchen neu definiert und die Hebung von Kostensynergieeffekten empfiehlt. Durch Erhöhung der Output-Volumina bzw. durch die Erweiterung der Geschäftstätigkeiten entstehen Kostenvorteile durch Fixkostendegression und Erfahrungskurveneffekte, also Vorteile

---

24 Hiermit sind Private Equity-Investoren zu verstehen.

25 Vgl. Dealogic (2004), S. 5. Vgl. zusätzlich mergermarket (2005b).

26 Vgl. Goergen/Renneboog (2004), S. 33ff., und die Ausführungen in Kap. 4.4.1.3 der vorliegenden Arbeit.

aus den sogenannten „Economies of Scale".[27] Darüber hinaus dienen Unternehmenszusammenschlüsse als Katalysator von Anpassungen der Kostenstrukturen in den Vertriebssystemen und den Verwaltungsbereichen.

Ertragssynergien können immer dann realisiert werden, wenn durch die Verbindung komplementärer Partnerstrukturen neue Produkte, neue Märkte oder neue Vertriebswege erschlossen werden. Beim Erwerb eines Unternehmens mit Verlustvorträgen können diese beim erwerbenden Unternehmen unter bestimmten Voraussetzungen genutzt werden und so zu dessen Marktwertsteigerung beitragen. Insbesondere Unternehmen mit hohen operativen Cash Flows aus reifen Produktlinien können in den angestammten Produktbereichen einen Mangel an attraktiven Investitionsmöglichkeiten aufweisen. In diesen Situationen kann der Zusammenschluss mit einem liquiditätsknappen, aber innovativen Unternehmen für beide Seiten von Vorteil sein.

2.1.3 Übernahmeprämien

Prämien werden grundsätzlich als Vergütung für eine besondere Leistung gezahlt und bezeichnen einen Sonder- bzw. Zusatzgewinn.[28] Unter einer Übernahme- bzw. unter einer Kontrollprämie, kurz Prämie, versteht man den Aufschlag auf den (Markt-)Wert der Anteilsscheine – zum Beispiel auf die Aktien – eines Unternehmens, den der Käufer den derzeitigen Anteilscheininhabern (im Falle von Aktien den Aktionären) zahlen muss, damit er Eigentum an diesen Anteilsscheinen erwerben und die damit verbundenen Rechte ausüben kann.

Die Höhe der Übernahmeprämie errechnet sich hierbei als Differenz aus dem für einen Anteilsschein an dessen Eigentümer gezahlten Preis und dem von einem Übernahmeangebot oder von Übernahmegerüchten unbelasteten Preis dieses Anteilscheins. In dem Preisaufschlag kommt insofern die subjektive Wertschätzung eines Anteilsscheins sowohl des Käufers als auch des Verkäufers zum Ausdruck.

Ein Käufer wird in der Regel nur dann zur Zahlung eines Aufschlags auf den aktuellen Marktwert eines Unternehmens bereit sein, wenn das Zielunternehmen aus seiner Sicht entweder unterbewertet ist bzw. wenn er durch die Erlangung der Kontrolle über das Unternehmen seine künftige Ertrags- und Gewinnsituation verbessern kann.[29] Der Anteilscheininhaber wird hingegen nur dann zu einem Verkauf bereit sein, wenn er für seinen Unternehmensanteil mehr als den inneren Wert seiner Beteiligung erhält.[30] Zum einen wollen die ausscheidenden Anteilseigner für zukünftige wirtschaftliche Erfolge

---

27 Zur Definition der „Economies of Scale" vgl. Kap. 4.4.1.3 dieser Arbeit.

28 Darüber hinaus wird von Prämien in Zusammenhang mit Versicherungsprodukten gesprochen. Vgl. hierzu Albrecht/Zimmermann (1993), S. 1675f.

29 Vgl. hierzu ausführlich die Ausführungen in Kap. 4.4.1.1 der vorliegenden Arbeit.

30 Zur Bewertung vgl. Kap. 2.3 der vorliegenden Arbeit.

ihres Unternehmens finanziell entschädigt werden, zum anderen wollen sie sich nicht potenzielle Gewinnmitnahmen entgehen lassen, die im Zuge möglicher Kurssteigerungen erwartet werden können.[31]

Der schlussendlich zu zahlende Gesamtpreis für einen Anteilsschein bzw. für ein Anteilsscheinpaket, also der Marktpreis vor Bekanntgabe der Übernahmeabsicht zuzüglich der Übernahmeprämie, kann als Untergrenze für den Wert bzw. Nutzen gewertet werden, den der neue Anteilsscheininhaber durch Ausübung seiner Rechte an dem Unternehmen zu realisieren erwartet. Welcher Gesamtpreis für ein zu übernehmendes Unternehmen gezahlt wird bzw. gezahlt werden muss, hängt letztlich von den herrschenden Angebots- und Nachfrageverhältnissen auf dem Markt für Unternehmenskontrolle ab.

Aufgrund dieses Sachverhalts lassen sich die Übernahmepreise, wie bereits in der Einleitung problematisiert, nicht zwangsläufig direkt aus dem Wert des zu kaufenden bzw. zu verkaufenden Unternehmens ableiten. Vielmehr führen sämtliche marktbeeinflussenden Faktoren sowohl auf der Angebots- als auch auf der Nachfrageseite des Marktes für Unternehmenskontrolle zu einem mehr oder minder starken Auseinanderklaffen von Unternehmenswert und Unternehmenspreis.

Der Unterschied zwischen Unternehmenswert und Unternehmenspreis besteht somit in der Übernahmeprämie. Unternehmenswert und Unternehmenspreis sind jedoch insoweit miteinander verbunden, als dass der Unternehmenswert in der Regel den Ausgangspunkt für Übernahmeverhandlungen bildet. Die Geschäftsleitung eines Bieterunternehmens, die sich den Interessen ihrer Anteilseigner verpflichtet fühlt, wird nicht bereit sein, einen Unternehmenspreis zu zahlen, der nicht durch einen entsprechenden Unternehmenswert unterlegt ist.

Unterschiedliche Vorstellungen über einen Unternehmenswert und den gerade noch zahlbaren bzw. zu akzeptierenden Preis resultieren daraus, dass es im Rahmen einer Wertermittlung kein ausschließlich „richtiges" Ergebnis geben kann, sondern dass ein Bewertungsergebnis immer von der jeweiligen unternehmensindividuellen Situation, von der Bandbreite der zugrunde gelegten Prämissen und von den subjektiv geprägten Ermessensspielräumen abhängt.[32]

Aufgrund der Bedeutung, die dem Bewertungsthema im Rahmen dieser Arbeit zukommt, wird hierauf im Anschluss an die Beschreibung eines typischen Ablaufes einer M&A-Transaktion im Kapitel 2.3 ausführlich eingegangen.

---

31 Vgl. Dörfler et al. (1994), S. 157.

32 Vgl. Funk (1995), S. 492f., und Dombret (2004), S. 425.

2.2 M&A-Transaktionen im zeitlichen Ablauf

Für die Durchführung von Unternehmensfusionen bzw. Unternehmensübernahmen gibt es wenig feste Regeln. Je nach Größe des Vorhabens, der Zielsetzung, der Dringlichkeit, den Charakteren der beteiligten Unternehmensführer sowie weiteren Kriterien – zum Beispiel freundliche versus feindliche Übernahme[33] – weist jede M&A-Transaktion einen stark individuellen Verlauf auf. Aufgrund von Zweckmäßigkeitsüberlegungen und der einer M&A-Transaktion inhärenten Logik vollziehen sich die Unternehmenskäufe in der Praxis aber zumeist auf der Grundlage eines weitgehend akzeptierten Phasenschemas.[34]

Eine M&A-Transaktion beginnt typischerweise mit der Selektion eines oder mehrerer potenzieller Übernahmekandidaten durch einen Kaufinteressenten. Für die Unternehmensbewertung sammelt der Käufer zunächst extern verfügbare Informationen und Daten, die sich zum Beispiel den Geschäftsberichten, Presseveröffentlichungen und Wirtschaftsdatenbanken entnehmen lassen. Mit diesen Daten kann unabhängig von der eingesetzten Bewertungsmethode bereits eine erste Werteinschätzung vorgenommen werden, anhand der sich interessante von den weniger interessanten Kaufobjekten selektieren lassen.

Im nächsten Schritt erfolgt dann eine erste Kontaktaufnahme mit der Geschäftsleitung oder den Eigentümern des Zielunternehmens. Wird daraufhin die Aufnahme von Verkaufsverhandlungen vereinbart, werden dem potenziellen Käufer von der Verkäuferseite in mehreren Schritten interne Unternehmensdaten zur Verfügung gestellt.

Zunächst erhält der potenzielle Käufer nach der Unterzeichnung einer Vertraulichkeitserklärung ein Unternehmensprofil, in dem wesentliche Daten zum Akquisitionsobjekt aufgeführt sind. Danach erfolgt die Unterzeichnung eines sogenannten „Letter of Intent“, kurz LOI. Der LOI stellt ein erstes unverbindliches Angebot in Form einer Absichtserklärung seitens des Käufers dar. In diesem unverbindlichen Angebot werden die Bedingungen aufgeführt, die für einen Vertragsabschluss als essentiell angesehen werden, wie zum Beispiel die Zustimmung der Gesellschaftsgremien und die Zustimmung der Kartellbehörde etc.

Im Anschluss hieran erfolgt in der Regel eine Präsentation des Zielunternehmens durch dessen Management. Um der Gefahr einer Fehlinvestition möglichst weitgehend zu begegnen, wird ein potenzieller Käufer darüber hinaus fordern, dass er selbst das Unternehmen einer gewissenhaften Überprüfung – einer sogenannten „Due Diligen-

[33] Vgl. hierzu ausführlich Kap. 4.4.2.2 der vorliegenden Arbeit.

[34] Vgl. Funk (1995), S. 496, und Picot (1999), S. K 3.

ce"[35] – unterziehen und es auf wirtschaftliche, technische, organisatorische, rechtliche, steuerliche und finanzielle Aspekte hin durchleuchten kann.[36]

Auf der Grundlage der Ergebnisse einer solchen „Due Diligence" werden entweder ein vorverhandelter Preis angepasst, erste Verhandlungen über den Kaufpreis geführt oder gegebenenfalls ein Angebotspreis im Rahmen eines Bietverfahrens abgegeben. In den nächsten Phasen des M&A-Prozesses werden die Vertragsentwürfe konkretisiert, bis die M&A-Transaktion schließlich mit der Vertragsunterzeichnung und dem sogenannten „Closing" abgeschlossen wird.

Die einzelnen Schritte einer typischen M&A-Transaktion sind in der folgenden Tabelle 1 übersichtsartig zusammengefasst und idealtypischen, in der Praxis üblichen Zeiträumen zugeordnet.

zeitlicher Rahmen	**Aktivitäten**
Woche 1	Erste Kontaktaufnahme mit dem Zielunternehmen
Woche 3	Erhalt des Unternehmensprofils
Woche 8	Abgabe des „Letter of Intent" (LOI)
Woche 9	Beginn der Verhandlungen
Woche 12	Unternehmenspräsentation seitens der Geschäftsleitung/Durchführung der „Due Diligence"
Woche 13	Erhalt eines Vertragsentwurfs/Klärung offener Fragen der „Due Diligence"
Woche 15	Abgabe des endgültigen Angebots
Woche 17	Letzte Detailverhandlungen
Woche 18	Vertragsunterzeichnung
Woche 20	„Closing"

Tab. 1: Phasen einer M&A-Transaktion aus Käufersicht[37]

In der Praxis variieren die Zeiträume, in denen M&A-Transaktionen zum Abschluss kommen, zum Teil recht deutlich. Die Gründe hierfür sind in unterschiedlichen Professionalitätsgrad der beteiligten Parteien, in der jeweiligen Wettbewerbssituation, in der Komplexität des Zielunternehmens und in den variierenden Anforderungen an die

35 Vgl. Dombret (2002), S. 534-536.

36 Vgl. Peemöller (2003b), S. 6.

37 In Anlehnung an Funk (1995), S. 497.

„Due Diligence“ zu suchen. Zudem verlängern sich bei allgemein abnehmender Aktivität am M&A-Markt tendenziell die Zeiträume bis zum Abschluss einer Transaktion.[38]

2.3 Unternehmensbewertungsansätze und ihre Anwendungen

Je nach Situation und abhängig von Branche und Interessenlage bieten sich einem Kaufinteressenten unterschiedliche Verfahren zur Bewertung von Unternehmen.[39] Die Berechnung eines Unternehmenswertes kann dabei nur als Orientierungsgröße für die Unterbreitung eines Übernahmeangebotes dienen, weil für Unternehmen aufgrund ihres Unikatcharakters naturgemäß keine universellen Marktpreise existieren.[40]

Prinzipiell existieren mit dem philosophischen und dem ökonomischen zwei unterschiedliche Ansätze, um den Wert eines Unternehmens zu bestimmen. Der philosophische Ansatz kann im übertragenden Sinne als Anwendung der „Bigger Fool Theory“ gesehen werden: Der Wert eines Kauf- oder Verkaufobjektes ist irrelevant, solange eine Partei bereit ist, einen noch höheren Preis zu zahlen.[41] Dieser Ansatz betont den hohen Grad an Subjektivität aus Sicht des Betrachters – damit ist letztlich die Wahrnehmung entscheidend. Demgegenüber wird mit dem ökonomischen Ansatz unterstellt, dass Vermögensgegenstände auf Basis der von ihnen künftig zu erwartenden Cash Flow- oder Dividendenzahlungen erworben werden. Die Ausführungen im Rahmen der vorliegenden Arbeit basieren ausschließlich auf der ökonomischen Betrachtungsweise.[42]

Es können grundsätzlich transaktionsorientierte und nicht-transaktionsorientierte Motive für die Erstellung von Bewertungen unterschieden werden.[43]

Als Beispiele für nicht-transaktionsorientierte Bewertungsanlässe sind unter anderem Kreditwürdigkeitsprüfungen, Sanierungen, Bewertungen zur Überprüfung der Unternehmenswertsteigerung im Rahmen des „Shareholder Value“-Konzepts, regelmäßig stattfindende Berechnungen von Wirtschaftsprüfern[44] und Steuerbemessungen zu nennen. Beispiele für transaktionsorientierte Bewertungsanlässe sind unter anderem der Verkauf bzw. Kauf eines Unternehmens oder von Unternehmensteilen, die Fusionen

---

38 Dieser Trend ist seit 2003 im M&A-Markt deutlich zu erkennen.

39 Vgl. in diesem Zusammenhang Wöhe (1990), S. 796. Vgl auch grundlegend Damodaran (1994).

40 Vgl. Jaensch (1989), S. 330.

41 Zum sog. philosophischen Ansatz vgl. Dombret et al. (2004), S. 89.

42 Vgl. Dombret (2004), S. 424.

43 Zu transaktionsorientierten Motiven vgl. im Einzelnen die Ausführungen in Kap. 4.4.1 dieser Arbeit.

44 Bei Wirtschaftsprüfern findet i.d.R. der „IDW S 1“ Anwendung.

von zwei oder mehreren Unternehmen, ein „Book Building" im Vorfeld eines Börsenganges und der Einstieg von neuen bzw. ein Ausstieg von Altgesellschaftern. Bei diesen Beispielen von transaktionsorientierten Motiven liegt der Fokus auf der Bestimmung des maximalen Preises, den ein Käufer zu zahlen bzw. des minimalen Preises, den ein Verkäufer noch zu akzeptieren bereit wäre.

Unternehmensbewertungen beruhen auf einer Reihe etablierter finanzanalytischer, betriebswirtschaftlicher Methoden, die regelmäßig von Aktienanalysten und Investoren, Wirtschaftsprüfern, Investmentbanken und anderen Finanzberatern zur Anwendung gebracht werden.

Die Unsicherheit über die zukünftige Entwicklung eines Unternehmens führt zu einer Komplexität bei der Anwendung des jeweiligen Bewertungsansatzes, und es ergibt sich hieraus eine beachtliche Volatilität potenzieller Unternehmenswerte. Die Prognose künftiger Erträge eines bestimmten Unternehmens erfordert unter anderem einen Einblick in die Entwicklung des gesamten zugrunde liegenden Industriesektors[45] – gegebenenfalls in Verbindung mit der Entwicklung anderer Sektoren oder der Gesamtwirtschaft sowie in die künftige Entwicklung der Wirtschaftlichkeit des Unternehmens. Zusätzlich setzen die Beurteilung von Eintrittswahrscheinlichkeiten für die verschiedenen Szenarien, die Festlegung des adäquaten Diskontierungsfaktors sowie die Bestimmung der langfristigen Wachstumsrate ein ausgeprägtes Urteilsvermögen und eine umfangreiche Erfahrung aus früheren, bereits abgeschlossenen M&A-Transaktionen voraus.

Der Wert eines Unternehmens ist, wie bereits oben ausgeführt, zu einem erheblichen Teil von der individuellen Präferenz der potenziellen Käufer und Verkäufer abhängig. So könnte für den Aktionär eines Unternehmens der Wert zum einen möglicherweise seinem Liquidationswert entsprechen. Andererseits kann der Unternehmenswert aus Sicht des Käufers auch eine strategische Komponente enthalten. Durch die Addition einer Übernahmeprämie[46] zum sogenannten „Stand Alone"-Wert erhält man schließlich den Transaktions- bzw. Übernahmepreis. Abbildung 1 zeigt hierbei exemplarisch fünf wichtige Faktoren, die typischerweise auf die Höhe von Übernahmeprämien wirken.[47]

In dieser Arbeit wird der Unternehmenswert im Weiteren ausschließlich als „Stand Alone"-Wert verstanden, um den fairen Unternehmenswert eindeutig gegenüber der Übernahmeprämie abzugrenzen.

---

45 Die Begriffe „Sektor" und „Branche" werden in dieser Arbeit durchgängig synonym verwendet.

46 Vgl. Kap. 4, Kap. 5 und Kap. 6 der vorliegenden Arbeit.

47 Diese Faktoren werden im späteren Teil dieser Arbeit, basierend auf einem ausführlichen Literaturdiskurs, überarbeitet, angepasst und auf insges. sieben Faktoren erweitert. Vgl. hierzu im Einzelnen Kap. 4.4.2 dieser Arbeit nebst Unterkapiteln und Abb. 11 in Kap. 4.5.

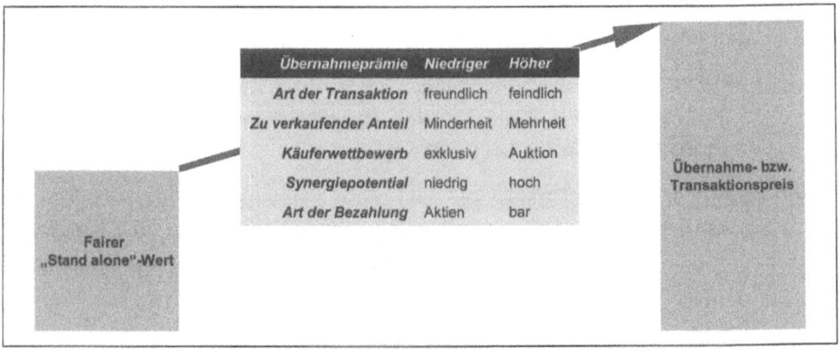

Abb. 1: Vom Unternehmenswert zum Kaufpreis[48]

Käufer, die mehr als den Grenzpreis bezahlen, handeln irrational; dies gilt analog für Verkäufer. Ein Verhandlungserfolg kann daher nur in einem positiven Einigungsbereich zwischen den Vorstellungen von Käufer und Verkäufer zustande kommen, wie dies in Abbildung 2 verdeutlicht wird. Nur bei erzwungenen Transaktionen kann der Einigungsbereich, das heißt die Differenz aus Grenzpreis des Käufers und Grenzpreis des Verkäufers, negativ sein.

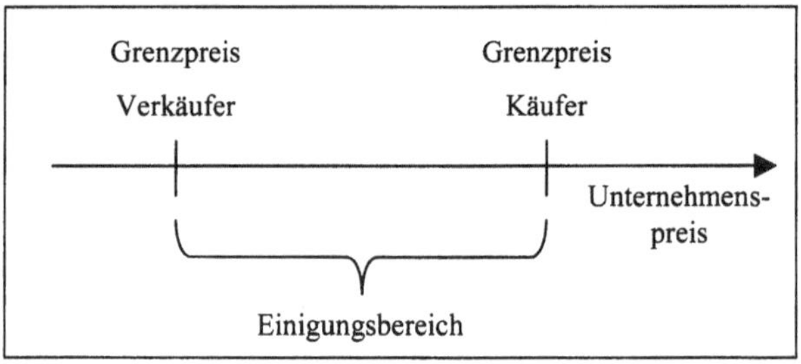

Abb. 2: Einigungsbereich zwischen Grenzpreisen von Käufer und Verkäufer[49]

Bei einem Grenzpreis handelt sich ohne Ausnahme um eine subjektive Einschätzung.[50] Der Grenzpreis eines Käufers weicht aufgrund unterschiedlicher Annahmen bezüglich der erwarteten Cash Flows, Kapitalkosten, Zielsetzungen, Risikoneigungen, Unternehmensstrategien, Annahmen hinsichtlich der Besteuerung, erwarteter Synergien und

---

48 Dombret/ Bender (2000), S. 328. Vgl. in diesem Zusammenhang ausführlich die Ausführungen dieser Arbeit in Kap. 4.4.2.

49 Dombret (2004), S. 426.

50 Vgl. ebenda.

nicht zuletzt bezüglich der Angemessenheit den Übernahmeprämie regelmäßig vom Grenzpreis des Verkäufers ab.

Auch innerhalb einer Gruppe von Verkäufern mit identischen Informationen wird jeder einzelne Verkäufer zu unterschiedlichen Preisvorstellungen gelangen. Daher hängt der Verhandlungserfolg einer Partei stark vom jeweiligen Verhandlungsgeschick ab. Aus diesem Grund sind besonders günstige Unternehmenstransaktionen für denjenigen Verhandlungsführer möglich, dem es gelingt, einen möglichst großen Teil des Einigungsbereiches für sich einzunehmen.

2.3.1 Liquidationswertverfahren

Eine Unternehmensbewertung, die auf der hypothetischen Grundlage der Zerschlagung des Unternehmens oder eines sogenannten „Run Off" bei gleichzeitigem Verkauf der Einzelteile basiert, wird als Liquidationswertermittlung bezeichnet. Hierbei wird die Liquidation aller materiellen und immateriellen Vermögensgegenstände einzeln oder in Gruppen unterstellt.[51]

Bei Anwendung dieses Verfahrens ist zu berücksichtigen, dass bei einer Liquidation Kosten wie zum Beispiel Abbruchkosten oder Abfindungszahlungen an Mitarbeiter anfallen. Ferner ist der Wert der liquidierten Vermögensgegenstände abhängig von dem zur Verfügung stehenden Zeitrahmen, in dem die Liquidation durchgeführt wird. Der Liquidationswert fällt hierbei in der Regel mit steigendem Zeitdruck.

Generell stellt der Liquidationswert den unteren Grenzpreis eines Verkäufers in einer Verhandlungssituationen dar, da die Zerschlagung des Unternehmens seine letztmögliche, in jedem Fall existierende Alternative darstellt. Entsprechend ist diese Form der Unternehmensbewertung von untergeordneter Bedeutung.

2.3.2 Substanzwertverfahren

Traditionell bildet der sogenannte Substanzwert bzw. „Net Asset Value" eines Unternehmens, kurz NAV, den Ausgangspunkt der meisten Bewertungen.[52] Der Substanzwert basiert auf der Addition der Einzelwerte der verkehrsfähigen Güter, die sich laut Inventurliste in einem Unternehmen befinden. Die Bewertung der Gegenstände erfolgt dabei in der Regel zu Wiederbeschaffungspreisen. Der Substanz- oder auch Reproduktionswert gibt damit den Betrag an, der erforderlich wäre, um ein Unternehmen mit der gleichen technischen Leistungsfähigkeit zu errichten und beziffert, wie viel es kosten würde, ein vergleichbares Unternehmen „auf der grünen Wiese" neu aufzubauen.[53]

---

51 Vgl. Sieben/Maltry (2005), S. 398f.

52 Vgl. Dombret (2000), S. 27ff.

53 Vgl. Dombret (2004), S. 429.

Zweckmäßigerweise berücksichtigt man hierbei das Lebensalter der Vermögensgegenstände, weil bei ihnen im Zuge des Gebrauchs eine Wertminderung eingetreten ist. Vermindert man den Reproduktionswert um die entsprechenden Abschreibungen, erhält man den Reproduktionsaltwert bzw. den Teilreproduktionswert der Vermögensgegenstände.

Diese beiden mit dem Substanzwertverfahren ermittelten Wertziffern weisen jedoch die Schwäche auf, dass in ihnen bilanzierungsfähige immaterielle Wirtschaftsgüter wie Unternehmensorganisation, Kundenstamm, Verkehrslage, Marktstellung und Know How bzw. Goodwill nicht enthalten sind.[54]

Diese Werte müssen auf andere Art und Weise berücksichtigt werden und eröffnen damit einen zum Teil erheblichen Bewertungsspielraum. Gerade in wirtschaftlich schwierigen Zeiten mit allgemein unzureichenden Unternehmensergebnissen bietet der Substanzwert den Vorteil, dass die einbezogenen Vermögensgegenstände real vorhanden sind und sich gegebenenfalls liquidieren lassen.[55] Das Substanzwertverfahren kommt in der Praxis häufig dann zum Einsatz, wenn ein ertragsschwaches Unternehmen ein anderes ertragsschwaches Unternehmen aus Kostengründen übernehmen will, um aus der Vereinigung der Produktionskapazitäten Synergieeffekte zu realisieren.[56]

2.3.3 Bewertung mittels Multiplikatoren

Im Rahmen der Bewertung von Unternehmen mittels Multiplikatoren werden Kennzahlen vergleichbarer Unternehmen derselben Branche berechnet und anschließend auf das zu bewertende Unternehmen bezogen. Es handelt sich hierbei üblicherweise um Kennzahlen, die sich entweder auf den Ertrag oder auf die Substanz des zu bewertenden Unternehmens beziehen. Multiplikatoren-Verfahren bieten vor allem die Möglichkeit und damit den Vorteil, innerhalb relativ kurzer Zeit zu einer Aussage bezüglich des Wertes eines Unternehmens zu gelangen.

Der Unternehmenswert kann somit mittels eines Vergleichs mit ähnlichen Unternehmen – also im Vergleich mit einer sogenannten „Peer Group" – ermittelt werden. Zu einer „Peer Group" werden in der Regel diejenigen Unternehmen einer bestimmten Branche zusammengefasst, die sich durch die Zugehörigkeit zu demselben Sektor auszeichnen und darüber hinaus insbesondere auch ein vergleichbares Geschäftsmodell aufweisen.

---

54 Vgl. Wöhe (1990), S. 800.

55 Allerdings dürfte sich die Bewertung eines jungen Unternehmens mit Hilfe des Substanzwertes aus Sicht der Eigentümer des zum Verkauf stehenden Unternehmens als nicht zweckmäßig erweisen. Junge Unternehmen verfügen i.d.R. über eine nur relativ geringe Unternehmenssubstanz in Form von Anlagegütern, aber häufig über ein relativ hohes Wachstumspotenzial mit entsprechend positiven Ertragsaussichten.

56 Vgl. Funk (1995), S. 495.

Um eine relevante Datenbasis zur Berechnung der Multiplikatoren zu erreichen, sollten grundsätzlich möglichst viele vergleichbare Unternehmen untersucht werden. Für jedes dieser Unternehmen werden ausgewählte operative Kennzahlen sowie Kennzahlen aus dem Finanzbereich in Relation zum Preis bzw. zum Unternehmenswert gesetzt, um auf diese Weise Multiplikatoren zum besseren Vergleich der Unternehmen untereinander zu ermitteln.

Grundsätzlich können zwei Arten von Multiplikatoren unterschieden werden. Einerseits sind dies diejenigen, die sich auf börsennotierte Vergleichsunternehmen erstrecken und andererseits diejenigen, die sich auf M&A-Transaktionen von vergleichbaren Unternehmen beziehen. Letztere fallen tendenziell höher aus, da sie Kontrollprämien und Aufschläge für Synergieeffekte in den zu Grunde liegenden Unternehmenswerten enthalten. Die dadurch erhaltene Spannbreite von Multiplikatoren wird dann auf das Bewertungsobjekt implizit angewandt.

Als Grundlage für eine Unternehmensbewertung kann eine Reihe verschiedener Unternehmenskennzahlen verwendet werden.[57] Während die Marktkapitalisierung durch die laufend schwankenden Aktienkurse laufenden Veränderungen unterliegt, werden für die Kennzahlen der Gewinn- und Verlustrechnung Prognosedaten verwendet. Die Bilanzdaten dagegen werden im Normalfall den letzten Veröffentlichungen wie zum Beispiel den Jahres- oder Quartalsberichten entnommen.

Um einen möglichst hohen Grad an Vergleichbarkeit hinsichtlich des Zahlenmaterials zu gewährleisten, sind regelmäßig Anpassungen vorzunehmen. Dies betrifft unter anderem außergewöhnliche Erträge und Aufwendungen, Unterschiede in der Rechnungslegung[58] sowie die unterschiedliche Berücksichtigung von Aktienoptionsprogrammen.

Um die Äquivalenz zwischen den zu vergleichenden Unternehmen zu gewährleisten, müssen die Unternehmen eine Reihe von Voraussetzungen erfüllen:

1. Im ersten Schritt eines Vergleichs sollten möglichst Unternehmen derselben Branche, eines ähnlichen Tätigkeitsgebietes, von vergleichbarer Größe, mit ähnlichen Wachstumsraten bezogen auf Umsatz und Gewinn und von einer ähnlichen historischen Geschäftsentwicklung ausgewählt werden.
2. In einem zweiten Schritt sollte darauf geachtet werden, dass die zu vergleichenden Unternehmen ein äquivalentes Investitionsrisiko besitzen.
3. Außerdem sollte das Finanzierungsrisiko, gemessen am Verschuldungsgrad des zu vergleichenden Unternehmens, so weit wie möglich übereinstimmen. Ist dies

[57] Für eine Übersicht zu verschiedenen Bezugsgrößen für Enterprise- und Equity-Multiplikatoren vgl. u.a. Löhnert/Böckmann (2005), S. 412f.

[58] Zum Beispiel zwischen HGB, IAS und US GAAP.

nicht der Fall, sollte der Unternehmenswert um Effekte aus der Fremdfinanzierung bereinigt und somit ein fiktiv eigenfinanziertes Unternehmen unterstellt werden.[59]

In der Praxis stellt es sich als schwierig heraus, Unternehmen zu identifizieren, die sämtliche der oben genannten Vorraussetzungen erfüllen. Somit wird oft ein Durchschnittsmultiplikator auf Basis der Kennzahlen möglichst vieler Unternehmen, die eine möglichst große Anzahl von gemeinsamen Vorraussetzungen erfüllen, berechnet.[60]

2.3.3.1 Handelsmultiplikatoren

Die Verwendung von Handelsmultiplikatoren basiert auf der Prämisse eines effizienten Kapitalmarktes. Dabei wird unterstellt, dass der Preis bzw. Kurs den fairen Wert des Unternehmens korrekt widerspiegelt. Der Vorteil von Handelsmultiplikatoren besteht vor allem darin, dass Marktgrößen – meist innerhalb eines Sektors – als Vergleichsmaßstab zur Bewertung herangezogen werden. Dadurch verringert sich die Komplexität und eine Aktualisierung kann mit relativ geringen Kosten auf Basis öffentlich verfügbarer Daten vorgenommen werden.

Die Schwäche dieses Ansatzes liegt jedoch vor allem in der Volatilität der Aktienkurse und dem dadurch im Zeitablauf stark schwankenden abgeleiteten Unternehmenswert.[61] Weiterhin werden die individuelle Ertragskraft sowie das Wachstumspotenzial des Unternehmens nicht berücksichtigt. Darüber hinaus sind die Ergebnisse sehr stark abhängig von der zugrunde liegenden „Peer Group"-Auswahl, die zudem nur aus börsennotierten Unternehmen bestehen kann. Schlussendlich besteht auch noch die Problematik der Vergleichbarkeit der Kennzahlen aufgrund unterschiedlicher nationaler Rechnungslegungsvorschriften.

2.3.3.2 Transaktionsmultiplikatoren

Diese Bewertungsmethode ermittelt den Unternehmenswert anhand vergangener, bereits abgeschlossener Unternehmenskäufe und -verkäufe. Wichtige Faktoren neben der Zusammensetzung der in der Regel aus derselben Branche stammenden „Peer Group" sind dabei die Attraktivität des zu übernehmenden Unternehmens, die jeweilige Wettbewerbssituation, die Größe möglicher Synergieeffekte sowie die Höhe des Anteils am erworbenen Eigenkapital. All diese Faktoren bestimmen das Ausmaß der Übernahmeprämien.

---

[59] Dieser Aspekt ist bei der Bewertung von Banken, wie an späterer Stelle dargestellt wird, von untergeordneter Bedeutung .Vgl. hierzu Kap. 2.3.8 der vorliegenden Arbeit.

[60] Vgl. Dombret (2002), S. 538f.

[61] Vgl. Löhnert/Böckmann (2005), S. 416.

So ist vom Erwerber etwa bei der Akquisition einer Mehrheitsbeteiligung eine höhere Prämie zu zahlen als im Falle eines nur geringfügigen Anteils.[62] Eine Annäherung an diese Prämie wird üblicherweise aus historischen Daten abgeleitet. Aufgrund der Tatsache, dass in Transaktionsmultiplikatoren bereits Übernahmeprämien enthalten sind, führt dieser Ansatz im Vergleich zum Einsatz von Handelsmultiplikatoren zumeist zu einem höheren Unternehmenswert.

Die Anwendbarkeit des Transaktionsmultiplikatoren-Ansatzes hängt ganz wesentlich davon ab, dass eine ausreichende Anzahl von vergleichbaren aktuellen Transaktionen vorhanden ist und dass die Informationen, die hierzu veröffentlicht wurden, verfügbar und leicht zugänglich sind. Auf die einzelnen Bestimmungsfaktoren für die Höhe von Übernahmeprämien, die in den Transaktionsmultiplikatoren enthalten sind, wird im Rahmen dieser Arbeit in Kapitel 4 ausführlich eingegangen.

2.3.4 Sum of the Parts

Um eine „Sum of the Parts"-Bewertung – in der Praxis auch Bausteinverfahren genannt – durchzuführen, müssen die Finanzdaten der wesentlichen Geschäftsbereiche eines Unternehmens in sogenannte Bausteine separiert werden. Danach erfolgt die Ermittlung eines Unternehmenswertes für jeden einzelnen dieser Geschäftsbereiche. Im dritten Schritt erfolgt dann die Ableitung diverser Multiplikatoren aus einer „Peer Group", die dann ihrerseits zur Wertermittlung auf den jeweiligen Geschäftsbereich angewandt werden. Diese je Geschäftsbereich gesondert ermittelten Zwischenergebnisse werden sodann summiert und zu den stillen Reserven bzw. zu den stillen Verlusten auf Beteiligungen und Immobilien addiert.

Dieser sogenannte innere Wert wird anschließend mit einer Bezugsgröße wie etwa der Marktkapitalisierung verglichen, um zu beurteilen, ob eine Unter- oder Überbewertung vorliegt. Ein wichtiger Faktor für die Bewertung ist dabei das Ausmaß der Separierbarkeit von Kundengruppen, Produkten und Vertriebswegen der jeweiligen Geschäftsbereiche. Ebenfalls wichtig ist die Auswahl der vergleichbaren Unternehmen für die einzelnen Geschäftsbereiche.

2.3.5 Ertragswertverfahren

Zusätzlich zu den oben dargestellten klassischen, in der deutschen betriebswirtschaftlichen Literatur diskutierten Bewertungsmethoden haben sich Verfahren der Unternehmensbewertung etabliert, die vor allem der angloamerikanischen Bewertungspraxis entstammen.[63] Gerade in den USA als dem größten M&A-Markt der Welt kommen

62 Vgl. Kap. 4.4.2.7 dieser Arbeit.

63 In Deutschland kommt häufig das Ertragswertverfahren nach dem bereits erwähnten „IDW S 1" zum Einsatz. Vgl. hierzu grundlegend Peemöller/Kunowski (2005), S. 204ff.

nahezu ausschließlich Ertragswertverfahren zum Einsatz, bei denen regelmäßig die Ermittlung von Ertragswerten auf der Grundlage von erwarteten Zahlungsüberschüssen bzw. Cash Flows erfolgt. Der Grund für die stärker ausgeprägte finanzwirtschaftliche Orientierung ist hierbei vor allem in dem stärker an Geldströmen orientierten Zielverständnis zu suchen.[64]

Im Gegensatz zum Substanzwert, der die physisch vorhandenen Elemente des Unternehmens in den Vordergrund stellt, handelt es sich beim Ertragswert um einen synthetischer Wert, da er auf das bewusst gesteuerte Zusammenwirken der Unternehmenselemente in Hinblick auf den damit realisierbaren finanziellen Unternehmenserfolg gerichtet ist.[65]

Mit dem Ertragswertverfahren wird der Barwert aller zukünftigen Einnahme- bzw. Ertragsüberschüsse berechnet. Dabei wird mit der Diskontierung dem Umstand Rechnung getragen, dass weiter in der Zukunft liegende Einzahlungen und Auszahlungen aus wirtschaftlicher Sicht weniger relevant werden. Der Ertragswert W errechnet sich für einen Betrachtungshorizont mit n Perioden über die Summierung aller periodischen Einzahlungs-Auszahlungs-Differenzen (E_t–A_t) und abdiskontiert mit einem Kalkulationszinsfuß i wie folgt:

$$W = \sum_{t=1}^{n} (E_t - A_t)(1+i)^{-t} = \sum_{t=1}^{n} \frac{(E_t - A_t)}{(1+i)^t}$$

Eine unendliche Lebensdauer eines Unternehmens unterstellt,[66] kann der Ertragswert W auch nach der einfachen kaufmännischen Kapitalisierungsformel[67] errechnet werden, indem man den geschätzten durchschnittlichen Jahresertrag ins Verhältnis zum geschätzten Kalkulationszinsfuß setzt:

$$W = \frac{durchschnittlicher\ Gewinn}{Kalkulationszinsfuß} * 100$$

Bei der Errechnung des Ertragswertes besteht das grundsätzliche Problem, dass man auf künftige und damit in der Regel ungewisse Erträge bzw. Ertragserwartungen zurückgreifen muss. Fehleinschätzungen des Kundenverhaltens oder des Verhaltens von Konkurrenzunternehmen können die Ertragsaussichten für die Zukunft nachhaltig beeinflussen. Unabhängig davon können auch die konjunkturellen Schwankungen sowie auftretende Strukturkrisen in einer Volkswirtschaft die errechneten Ertragswerte für ein Unternehmen mehr oder minder stark beeinflussen.

---

64 Vgl. Jaensch (1989), S. 335f.

65 Vgl. Jaensch (1989), S. 330.

66 Prinzip des „Going Concern“.

67 Vgl. Wöhe (1990), S. 798.

Diesen Einflussfaktoren muss im Rahmen der Ertragswertmethode gegebenenfalls mit Ab- oder Zuschlägen Rechnung getragen werden. Mit Hilfe von Risiko- und Chancenprofilen sowie Sensitivitätsbetrachtungen lassen sich dann „Best Case"- und „Worst Case"-Ertragswerte und somit Bandbreiten für den Ertragswert errechnen.[68]

2.3.6 Discounted Cash Flow-Methode

Das in der Praxis bedeutendste Verfahren zur Unternehmensbewertung ist die Discounted Cash Flow-Methode, kurz DCF. Sie weist zwar formal eine gewisse Ähnlichkeit zur oben beschriebenen Ertragswertmethode auf. Anders als bei der Ertragswertmethode werden bei der Discounted Cash Flow-Methode die überwiegend zukünftigen Einzahlungsüberschüsse einschließlich der Zinsen auf das Fremdkapital des Unternehmens mit dem gewogenen Kapitalkostensatz der im Unternehmen gebundenen finanziellen Mittel abgezinst.

Wie bei der Ertragswertmethode wird der Barwert der dem Eigentümer zufließenden Zahlungsströme, also der Kapitalwert, ermittelt. Beim Nettoansatz bzw. bei der sogenannten Equity-Methode[69] werden nur die Zahlungsströme, also die Nettoeinnahmen bzw. Nettoausschüttungen an die Eigenkapitalgeber bzw. Eigentümer diskontiert. Zu den mit einer risikoangepassten Renditeforderung der potenziellen Investoren zu diskontierenden Zahlungsströmen zählen Dividenden, Entnahmen, Kapitalrückzahlungen, Körperschaftsgutschriften etc.

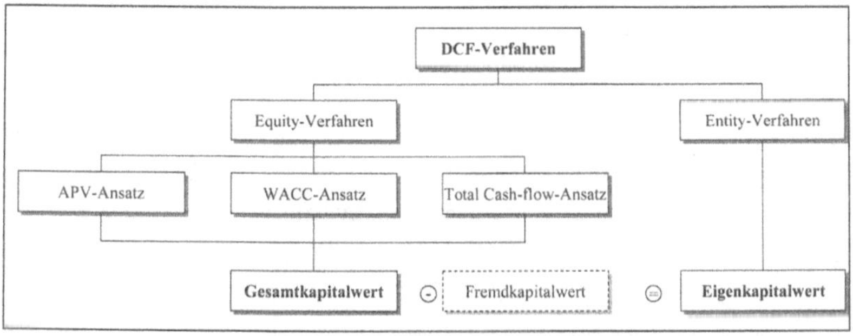

Abb. 3: Überblick über DCF-Methoden[70]

[68] Vgl. Funk (1995), S. 495.

[69] Ein alternativer Bewertungsansatz der Discounted Cash Flow-Methode ist der Bruttoansatz, der sog. „Entity Approach". Beim Bruttoansatz wird zuerst der Barwert der allen Kapitalgebern als Eigen- und Fremdkapitalgebern gemeinsam zufließenden Zahlungsströme ermittelt. Vom Gesamtkapital zu Marktwerten wird dann der Barwert des Fremdkapitals abgezogen, um den Unternehmenswert der Eigentümer zu erhalten.

[70] Dombret (2004), S. 443.

Der Unternehmenswert nach der DCF-Methode kann wie folgt berechnet werden:

$$WU = EK = \sum_{t=1}^{n} \frac{CF_t^{EK}}{(1+r_{EK})^t} + \frac{RW_n}{(1+i)^n}$$

mit:

WU = Wert des Unternehmens

EK = Marktwert des Eigenkapitals

CF_t^{EK} = Erwartungswert des Cash Flow für die Eigentümer in Periode t (bei konstantem Wachstum)

r_{EK} = Erwartungswert der Rendite, risikoangepasste Renditeforderung, Kapitalkosten der Eigentümer

RW_n = Restwert des Unternehmens nach Ablauf des Planungshorizontes zum Zeitpunkt t = n

Wird nun der Unternehmenswert durch die Anzahl der Aktien des Unternehmens dividiert, dann erhält man den sogenannten fairen Wert eines Anteilsscheins an diesem Unternehmen. Die Probleme der Discounted Cash Flow-Methode bestehen wie bei allen in die Zukunft gerichteten Ertragswertverfahren darin, dass die Schätzung des Cash Flows mit umso größeren Unsicherheiten behaftet ist, je weiter sie in die Zukunft reicht. Grundsätzlich wird bei der DCF-Methode unterstellt, dass sämtliche Überschüsse ausgeschüttet und die Ansprüche der Fremdkapitalgeber abgegolten sind.[71] Außerdem erweist sich die Bestimmung des „richtigen" Kalkulationszinsfußes in der Praxis als überaus schwierig und ungenau.

Neben der Prognose der zukünftigen Cash Flows müssen für eine DCF-Bewertung die von den Eigentümern geforderten Eigenkapitalrenditen bzw. Eigenkapitalkosten berechnet werden. Da hierzu nicht jeder Eigentümer individuell befragt werden kann, werden üblicherweise Kapitalkosten des anonymen Kapitalmarktes berechnet.

Im Folgenden werden im Anschluss an eine Besprechung des „Wheighted Cost of Capitel"-Ansatzes die zwei Kapitalmarktmodelle „Arbitrage Pricing Theory" und das „Capital Asset Pricing Model" vorgestellt. Ein grundlegendes Verständnis über die Bestimmung der Eigenkapitalkosten ist notwendig, um einen fundierten Vergleich der einzelnen Bewertungsverfahren durchführen zu können, denn die Annahmen der einzelnen Methoden beeinflussen entscheidend die Qualität der jeweiligen Ergebnisse.

---

[71] Bei dem bei Bankenbewertungen regelmäßig verwendeten „Dividend Discount Model", kurz DDM, werden Überschüsse nur insoweit ausgeschüttet, als sie nicht für die Einhaltung definierter, i.d.R. von der Bankenaufsicht vorgegebener Mindestanforderungen an das Eigenkapital benötigt werden. Zu Besonderheiten der Bankbewertung vgl. detailliert den Exkurs in Unterabschnitt 2.3.8 und die diesbzgl. Ausführungen in Unterabschnitt 6.4.1.3 dieser Arbeit.

2.3.6.1 Weighted Average Cost of Capital

Der „Weighted Average Cost of Capital"-Ansatz (WACC) ist die in der Praxis inzwischen gebräuchlichste Methode zur Berechnung eines Unternehmenswertes auf Basis eines DCF-Verfahrens. Mit dieser Methode wird zunächst der Wert des Gesamtunternehmens ermittelt. Im Anschluss daran wird durch Subtraktion des Marktwertes des Fremdkapitals vom Gesamtunternehmenswert der Wert des Eigenkapitals berechnet.

Im WACC-Ansatz werden die Vorteile, die aus einer etwaigen Fremdfinanzierung entstehen können, nicht über eine korrigierte Überschussgröße, sondern über den veränderten Kapitalkostensatz abgebildet. Als zu diskontierende Überschussgröße wird der Cash Flow an die Eigentümer vor Fremdkapitalzinszahlungen verwendet. Somit wird die Wertverzerrung, die durch die Nichtberücksichtigung von Zinszahlungen entstehen würde, über den Kapitalkostensatz des WACC-Ansatzes korrigiert.

Die durchschnittlich gewogenen Kapitalkosten werden durch Gewichtung der jeweiligen Finanzierungskosten mit ihren Finanzierungsanteilen berechnet. Dies sind einerseits die Eigenkapitalkosten nach Steuern gewichtet mit dem Anteil des Eigenkapitalwertes am Gesamtkapitalwert, andererseits die Fremdkapitalkosten nach Steuern gewichtet mit dem Anteil des Fremdkapitalwertes am Gesamtkapitalwert. Es könnte auch eine weitergehende Differenzierung der einzelnen Fremdfinanzierungsformen und ihrer jeweiligen Kapitalkosten erfolgen. Dabei werden üblicherweise nur zinstragende Verbindlichkeiten berücksichtigt, da Kosten der Finanzierung von nicht zinstragenden Verbindlichkeiten – wie zum Beispiel von Verbindlichkeiten aus Lieferung und Leistung – im Preis der Ware enthalten sind. Daraus ergibt sich folgende vereinfachte Formel zur Berechnung der Gesamtkapitalkosten:

$$WACC = \frac{MV_e}{MV_{d+e}}[r_f + \beta(r_m - r_f)] + \frac{MV_d}{MV_{d+e}} c_d(1-s)$$

mit:

c_d	=	Fremdkapitalkosten
r_f	=	risikofreier Zinssatz
β	=	Betafaktor
r_m	=	Marktrendite
MV_e	=	Marktwert des Eigenkapitals
MV_d	=	Marktwert des Fremdkapitals
MV_{d+e}	=	Marktwert Gesamtkapital
s	=	Steuersatz

Problematisch erweist sich im WACC-Ansatz die Verwendung von Marktwerten in der Berechnung der Diskontierungsgröße. Die gewogenen Kapitalkosten sollen der Berechnung des Marktwertes des Eigenkapitals dienen. Die Verwendung von Buch- anstelle von Marktwerten bei der Ermittlung dieser Diskontierungsgröße erscheint daher nicht sinnvoll. Somit besteht hier ein sogenanntes Zirkularitätsproblem, für das in der Literatur verschiedenen Lösungen vorgeschlagen werden.

Eine Lösungsmöglichkeit besteht in der iterativen Generierung des WACC. Dazu wird von einer Schätzgröße des WACC ausgegangen, mit deren Hilfe der Wert des Eigenkapitals berechnet wird. Dieser Wert wird in die WACC-Formel eingesetzt und damit wiederum der Wert des Eigenkapitals berechnet. Nach einer genügenden Anzahl von Iterationen stellen sich nur noch minimale Veränderungen ein, und es resultiert ein relativ exakter Wert.

Eine weitere Möglichkeit stellt die Verwendung einer konstanten Kapitalstruktur dar, wobei von aktuellen Werten ausgegangen wird. Jedoch ist dieser Ansatz aus verschiedenen Gründen nicht empfehlenswert. Zum einen müsste auch hierzu das Zirkularitätsproblem gelöst werden, zum anderen könnte das Unternehmen zum jeweiligen Bewertungszeitpunkt von der gewünschten Kapitalstruktur abweichen.

Die wohl in der Praxis gängigste Variante bezüglich der Festlegung einer Kapitalstruktur ist die Annahme einer über die Zeit hinweg konstanten Zielkapitalstruktur. Hierbei besteht das Problem der Definition der Zielkapitalstruktur. Dazu wird vorgeschlagen, sich an der aktuellen Struktur, an der Struktur von vergleichbaren Unternehmen und an den Finanzierungsvorgaben der Unternehmensleitung zu orientieren. Die Festlegung einer Zielkapitalstruktur hat den entscheidenden Vorteil, dass das Zirkularitätsproblem auf diese Weise gelöst werden kann und somit konstante Kapitalkosten über den Zeitablauf angesetzt werden können.

Eine Verfeinerung des Modells einer konstanten Kapitalstruktur besteht in der Planung der einzelnen Finanzierungsformen relativ zum Gesamtunternehmenswert, so dass beispielsweise in jeder Periode 50% Eigen- und 50% Fremdkapital vorhanden sein sollen. Damit wird eine „atmende" Finanzierungsstrategie verfolgt. Hier werden für die jeweilige Planungsperiode die Anteile der Kapitalarten am Gesamtkapital und somit der „Leverage" – also der Verschuldungshebel – geplant.

In diesem sogenannten L-Modell wird damit das Zirkularitätsproblem vermieden. Durch die Planung einer relativen Kapitalstruktur verändern sich im Zeitablauf die Fremdkapitalbestände relativ zum Eigenkapital, wodurch auch die aus Fremdfinanzierung erzielbaren Steuervorteile variabel und somit nicht mehr risikolos werden.

2.3.6.2 Arbitrage Pricing Theory

Die von Ross[72] entwickelte „Arbitrage Pricing Theory", kurz APT, versucht mit Hilfe einer multivariaten Regressionsanalyse einen linearen Zusammenhang zwischen Kapitalkosten und einer endlichen Reihe von makroökonomischen Risikofaktoren herzustellen. Die APT legt jedoch nicht den Auswahlmodus für die Risikofaktoren fest, so dass diese vom Bewerter selbst gewählt werden müssen. Als Beispiele hierfür werden Veränderungen des Industrieproduktionsindexes, der realen kurzfristigen Zinsen, der kurz- und langfristigen Inflation oder des Kreditausfallrisikos genannt.

Unterstellt wird bei der APT ein perfekter Kapitalmarkt ohne Arbitragemöglichkeiten. Dadurch läst sich der Preis eines Wertpapiers aufgrund vorhandener Preise anderer Wertpapiere ermitteln. Die Ermittlung der Kapitalkosten erfolgt mit Hilfe der folgenden Bewertungsgleichung:

$$k = i + \sum_{j=1}^{n} \left(E(F_j) - i \right) \cdot \alpha_j$$

mit:

j	Faktorindex
n	Anzahl Faktoren
$E(F_j)$	Erwartungswert über die Rendite eines Portfolios, das den Faktor j nachbildet und von allen anderen Faktoren unabhängig ist
α_j	Sensitivität der Aktienrendite bezüglich des j-ten Faktors

Der Wert $E(F_j)$ muss unabhängig von den anderen Faktoren sein, da ansonsten eine Arbitragemöglichkeit durch Bildung eines Portfolios aus anderen Wertpapieren bestünde. Der Term $(E(F_j)-i)$ repräsentiert die Risikoprämie des j-ten Faktors über die risikolose Marktrendite.

Die APT hat den Vorteil, dass geringere Annahmen im Vergleich zum unten beschriebenen „Capital Asset Pricing Model", kurz CAPM, verwendet werden.[73] So müssen Anleger nicht das Marktportfolio halten. Vielmehr genügt es, wenn sie über eine ausreichend diversifiziertes Portfolio verfügen. Auch werden bei den Anlegern keine homogenen Erwartungen unterstellt – sie müssen lediglich übereinstimmende Faktormodelle besitzen. Außerdem müssen keine Annahmen über die Nutzenfunktion der Anleger getroffen werden. Prinzipiell könnte das risikolose Wertpapier in der APT auch durch ein Portfolio mit totaler Risikovernichtung ersetzt werden.

---

72 Vgl. Ross (1976), S. 341ff.

73 Vgl. Kap. 2.3.6.3 dieser Arbeit.

Obwohl mit Hilfe der APT ein theoretisch genaueres Ergebnis als beim „Capital Asset Pricing Model" zur Erklärung historischer Daten gewonnen werden kann, besteht der Nachteil in der schwierigen Identifizierung der relevanten Faktoren und der zugehörigen Datenbeschaffung. Zur Ermittlung der Kapitalkosten müssen dementsprechend lange Datenreihen sowohl über die Aktie selbst als auch über sämtliche potenziell relevanten Faktoren vorliegen. Eine Ableitung der Kapitalkosten über Vergangenheitsdaten erscheint zudem in einem sich rasant verändernden Umfeld als problematisch.

2.3.6.3 Capital Asset Pricing Model

Beim CAPM handelt es sich um ein von Sharpe (1964),[74] Lintner (1965)[75] und Mossin (1966)[76] entwickeltes Gleichgewichtsmodell, das auf der von Markowitz[77] entwickelten Portfoliotheorie und dem Separationstheorem von Tobin[78] basiert. Investoren betrachten nur die beiden Parameter Erwartungswert der Rendite und deren Standardabweichung, es existiert ein risikoloser Zinssatz, die Anleger haben homogene Erwartungen bezüglich ihrer Wahrnehmung der Renditeverteilungen und alle Anlagetitel sind beliebig teilbar. Steuern und Transaktionskosten werden vernachlässigt, Geldwert- und Zinssatzänderungen treten nicht auf. Die Investoren planen für eine Periode.

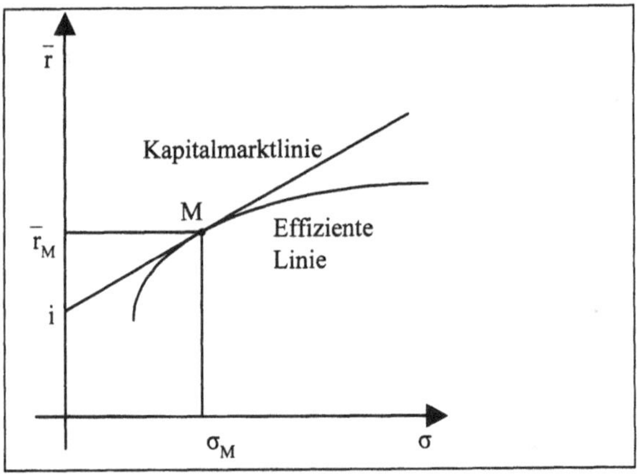

Abb. 4: Marktportfolio, Kapitalmarktlinie und effiziente Linie im CAPM[79]

---

74 Vgl. Sharpe (1964), S. 425ff.

75 Vgl. Lintner (1965), S. 12ff.

76 Vgl. Mossin (1966), S. 768ff.

77 Vgl. Markowitz (1952), S. 77ff.

78 Vgl. Tobin (1958), S. 71ff.

79 Vgl. hierzu grundlegend Sharpe (1964), Lintner (1965), und Mossin (1966).

Durch die Kombination einzelner Anlagetitel stehen dem Anleger eine unendliche Anzahl möglicher Portfolios zur Verfügung. Da der Anleger aber annahmegemäß risikoavers ist und nur die Erwartungswerte der Renditen und deren Standardabweichung betrachtet, sind für ihn auch nur die Portfolios auf der sogenannten effizienten Linie interessant. Durch Kombination dieser Portfolios mit der Anlage im risikolosen Wertpapier bzw. in der Aufnahme von Fremdkapital zu den Konditionen des risikolosen Wertpapiers entstehen dem Anleger die Anlagemöglichkeiten auf der Kapitalmarktlinie. Der attraktivste Punkt unter Rendite- und Risiko-Gesichtspunkten ist dabei das Marktportfolio M, das alle am Markt vorhandenen Anlagetitel enthält. Diese Überlegungen werden in obiger Abbildung 4 verdeutlicht.

Der Erwartungswert der Rendite, der den gesuchten Eigenkapitalkosten entspricht, kann aus der Kapitalmarktlinie hergeleitet werden, da genau diese Linie die Alternativanlage für einen neuen Anlagetitel darstellt. Die Eigenkapitalkosten im CAPM sind demnach durch die Funktion der Kapitalmarktlinie gemäß folgender Gleichung definiert:[80]

$$k_j = i + (\bar{r}_M - i)\frac{\operatorname{cov}(\tilde{r}_j, \tilde{r}_M)}{\sigma_M^2} = i + (\bar{r}_M - i)\cdot\beta_j^U$$

mit:

i	sicherer Marktzinssatz
r_M	Marktrendite
σ_M^2	Varianz
cov	Covarianz
β_j^U	modellspezifisches Risikomaß des Assets j (Beta)
j	Faktorindex

Die Eigenkapitalkosten steigen somit linear mit dem systematischen, das heißt nicht durch Diversifikation zu vermeidenden Risiko – ausgedrückt durch den Terminus β – an.

Folglich wird die Risikoprämie $(\bar{r}_M - i)$ allein durch den Betafaktor beeinflusst. Dies stellt einen wesentlichen Vorteil gegenüber der in Kapitel 2.3.6.2 beschriebenen APT dar, da klar festgelegt ist, welche Faktoren risikobeeinflussend sind.[81]

---

80 Zur genauen mathematischen Herleitung der Wertpapiermarktlinie vgl. Elton/Gruber (1991), S. 283ff., und Francis/Archer (1971), S. 136ff.

81 In der Praxis kommt z.T. auch das sog. BARRA-Beta zum Einsatz. Dieses stellt ein multivariates Mehrfaktorenmodell dar. Vgl. hierzu Grinold/Kahn (1999).

Theoretisch stellt der risikolose Zinssatz die Rendite einer Anlageform ohne jegliches Ausfallrisiko dar. Eine solche Anlageform existiert jedoch in der Praxis nicht, da selbst Staatsanleihen ein – wenn auch nur geringes – Risiko aufweisen. Mangels Alternative wird in der Praxis auf Staatsanleihen erster Bonität zurückgegriffen, wobei sich bei diesen Papieren die Frage nach der zu verwendenden Laufzeit stellt. Generell wird empfohlen, die Rendite einer langfristigen Staatsanleihe als sicheren Zinssatz zu verwenden.

Die Wahl einer Staatsanleihe birgt den Nachteil eines länderspezifischen Risikos. Dieser Nachteil kann durch Verwendung eines Anleihekorbs, der sich aus allen existierenden Staatsanleihen erster Bonität zusammensetzt, relativiert werden.

Das Marktportfolio enthält theoretisch alle handelbaren Anlagetitel. Ein solches Portfolio in der Praxis zu bestimmen, würde ein sehr aufwändiges Verfahren bedeuten. Theoretisch sollte eine Zukunftsbetrachtung dieses Portfolios erfolgen. Dafür liegen jedoch keine Daten vor. In der Praxis werden daher üblicherweise historische Werte von bedeutenden Aktienindizes als beste Schätzwerte für die Zukunft verwendet. Diese beinhalten zwar nicht sämtliche Anlageformen wie etwa Anleihen, Immobilien und Edelmetalle, erscheinen aber dennoch brauchbar für die Schätzung der Marktrendite.

Betafaktoren können aus den Vergangenheitswerten des betreffenden Unternehmens und des relevanten Indexes geschätzt werden. Der Betafaktor – das sogenannte systematisches Risiko – wird dabei durch eine Regressionsanalyse zwischen den Überrenditen berechnet. Er entspricht der Steigung der Regressionsgeraden. Als relevanter Index wird hierbei der Index betrachtet, der von den Investoren als Alternative für die Investition in ein bestimmtes Unternehmen angesehen werden kann. Voraussetzung ist hierfür eine fortlaufende Preisnotierung an einer Börse.

Alternativ können Betafaktoren als Branchen-Betafaktoren berechnet werden. Bei diesem Vorgehen wird davon ausgegangen, dass Unternehmen derselben Branche ein ähnliches Risikoprofil aufweisen, singuläre Verzerrungen vermieden werden können und eine höhere Stabilität gegeben ist.

Die Überprüfung der Haltbarkeit der einzelnen Annahmen des CAPM ergibt jedoch, dass diese in der Praxis wohl so nicht anzutreffen sind. Eine Vernachlässigung von Steuern und Transaktionskosten und eine Verschuldung zum Anlagezinssatz erscheinen wenig realistisch. Eine alleinige Orientierung an Renditeerwartungen und Standardabweichungen kann jedoch unter der realistischen Annahme von normalverteilten Renditen sinnvoll erscheinen. Eine Anwendung des ursprünglich einperiodigen CAPM auf mehrere aufeinander folgende Perioden kann nur mit Vorsicht und unter bestimmten theoretischen Voraussetzungen erfolgen.

Dennoch wird durch das CAPM eine brauchbare Möglichkeit zur Erklärung von Aktienkursen gegeben. Auch wird das CAPM im Unternehmensbewertungsprozess allgemein als sinnvolles Mittel zur Komplexitätsreduktion angesehen.

2.3.6.4 Ewige Rente

Die nachfolgende Abbildung 5 umfasst die Prognose von Dividendenzahlungen[82] und zeigt, wie ein Endwert auf Basis eines normalisierten Jahres[83] abgeleitet werden kann:

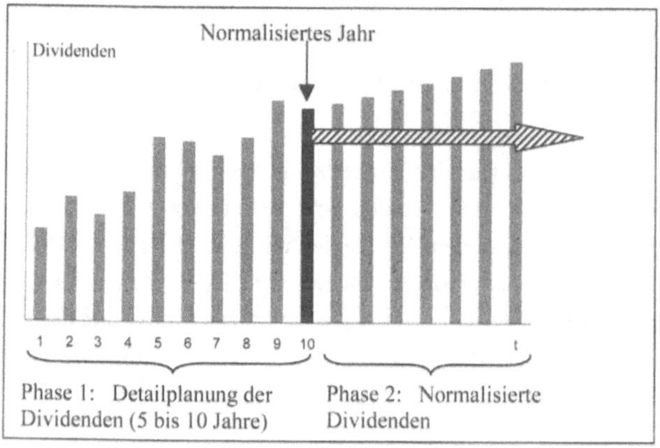

Abb. 5: Das ewige Wachstum im Rahmen des Dividend Discount Models [84]

Die in der Abbildung 5 abgetragene Phase 1 bildet dabei exemplarisch prognostizierte Dividenden ab, die dem – in der Regel vertraulichen – Geschäftsplan der Geschäftsleitung zu entnehmen sind. Ausgangspunkt für Phase 2 ist schließlich eine sogenannte normalisierte Dividende. Das normalisierte Jahr sollte dabei ein von außerordentlichen Einflüssen möglichst unverzerrtes Bild abgegeben.

Für die Endwertberechnung stehen vor allem drei Vorgehensweisen zur Verfügung:

1. die Annuitätenmethode
2. das Wachstumsmodell sowie
3. Exit-Multiplikatoren.

Die Annuitätenmethode beinhaltet die Prämisse, dass die Höhe der Dividende über die Zeit hinweg konstant bleibt und dass das Unternehmen nicht in der Lage ist, weiteres

---

82 Phase 1 in Abb. 5.

83 Phase 2 in Abb. 5.

84 Dombret (2004), S. 439.

Wachstum zu generieren. Es ist damit vor allem anwendbar auf Unternehmen, die sich in bereits gesättigten Märken bewegen oder nicht die Möglichkeit oder den Willen zur Expansion besitzen.

Beim Wachstumsmodell hingegen wird davon ausgegangen, dass die Dividenden einem unendlich stetigen, jährlichen Wachstum unterliegen. Da sich das zu bewertende Unternehmen in der Phase 2 in einem mehr oder weniger stabilen Zustand befinden sollte, orientiert sich die Rate für das ewige Wachstum in der Praxis zum Beispiel an dem Wachstum des jeweiligen Bruttoinlandsproduktes des Landes, in dem das Unternehmen tätig ist. Damit liegt die jährliche Rate für das ewige Wachstum in reifen Industrienationen typischerweise zwischen 1% und 3%.

Von diesen zwei Ansätzen führt üblicherweise das Wachstumsmodell zu den plausibelsten Ergebnissen.

Neben den beiden vorhergehenden Modellen können auch Exit-Multiplikatoren bei Bewertungen zu Hilfe genommen werden. In diesem Fall werden am Ende der Phase 1 Multiplikatoren auf die relevanten Kennzahlen wie zum Beispiel auf den Gewinn oder auf den Buchwert des Unternehmens angewendet. Diese Kennzahlen müssen dabei ebenfalls in einer normalisierten Version vorliegen. Das Risiko bei diesem Ansatz besteht in den Schwankungen, denen Multiplikatoren im Laufe der Zeit unterliegen und die damit zu einer Verzerrung des Endwertes führen können.[85]

2.3.7 Gordon Growth Model

Beim Gordon Growth Modell (GGM) handelt es sich um ein unter Aktienanalysten inzwischen weit verbreitetes Bewertungsverfahren, das konzeptionell auf einem vereinfachten Discounted Cash Flow-Modell basiert. Im Vergleich dazu werden im Folgenden aus Vereinfachungsgründen jedoch nur drei Parameter berücksichtigt, und zwar das nachhaltiges Gewinnniveau, die Diskontierungsrate sowie die Rate des ewigen Wachstums. Daraus ergibt sich die folgende Bewertungsformel:[86]

$$Unternehmenswert = \frac{E}{c_e - g}$$

mit:

E = nachhaltiges Gewinnniveau

c_e = Eigenkapitalkosten

g = ewige Wachstumsrate

---

[85] Vgl. Dombret et al. (2004), S. 97-99.

[86] Als Nebenbedingung des GGM gilt: $c_e > g$.

Bedenkt man die geringe Anzahl der hier verwendeten Einflussgrößen, so ist offensichtlich, dass bereits eine kleine Veränderung der zugrunde liegenden Annahmen zu großen Auswirkungen auf den Unternehmenswert führen kann. Daher ist dieses Modell in einigen Fällen nicht oder nur begrenzt anwendbar – etwa bei Restrukturierungen oder wenn zukünftig massive Veränderungen in der Performance des Unternehmens zu erwarten sind. Das Hauptanwendungsgebiet dieses Modells ist die überschlägige Wertermittlung bei Unternehmen, die sich bereits in einem stabilen Stadium ihrer Entwicklung befinden.

2.3.8 Exkurs: Besonderheiten bei Bankbewertungen

Finanzinstitute, die im Folgenden gesondert vorgestellt und diskutiert werden, nehmen im Rahmen der theoretischen und praktischen Unternehmensbewertung eine Sonderstellung ein.[87] Die gesonderte, exkursartige Betrachtung der Besonderheiten im Zusammenhang mit der Wertermittlung bei Banken ist an dieser Stelle auch deshalb erforderlich, weil die Sonderrolle der Banken im empirischen Teil dieser Arbeit problematisiert wird.[88]

2.3.8.1 Grundlegende Unterschiede

Der grundsätzliche Unterschied zwischen Banken und herkömmlichen Unternehmen, sogenannten „Corporates", besteht vor allem in den folgenden drei Aspekten:[89]

1. in der Behandlung von Fremdkapital
2. in der Form der Regulierung
3. und hinsichtlich Investitionen.

Im Zusammenhang mit der Bewertungsthematik steht bei Finanzinstitutionen die Behandlung des Fremdkapitals im Mittelpunkt des Interesses. Unternehmen, die keine Finanzinstitute darstellen, sehen Fremdkapital als reine Finanzierungsquelle an, das benötigt wird, um ihrem Geschäftszweck nachzukommen. Für Banken stellt Fremdkapital vielmehr notwendiges „Rohmaterial" dar. Dies führt beispielsweise dazu, dass bei Finanzinstituten nur das Eigenkapital im Rahmen der Bewertung berücksichtigt wird.

Die Bedeutung des Eigenkapitals für Banken zeigt sich allein anhand der Vielzahl von Vorschriften zu dieser Bilanzposition. So überwachen die nationalen Aufsichtsbehörden die Eigenkapitalquoten der Banken, und hier insbesondere die Kernkapitalquote sowie die Quote des gesamten haftenden Eigenkapitals.

---

87 Vgl. Dombret (2004), S. 441-443.

88 Vgl. Kap. 6.4.1.3 der vorliegenden Arbeit.

89 Vgl. Dombret et al. (2004), S. 100ff.

Im Gegensatz zu „Corporates“ ist es bei Banken schwieriger, das Fremdkapital zu bestimmen. Beispielsweise besitzen Kundeneinlagen ähnliche Eigenschaften wie verzinsliches Fremdkapital. Würden sie aber wie Fremdkapital behandelt, müsste das operative Ergebnis vor Zinszahlungen an die Einleger berechnet werden. Dies ist jedoch problematisch, da Zinsaufwendungen oft den größten Aufwandsposten einer Bank darstellen.

Schließlich unterliegen Banken, und dies nicht nur in Deutschland, besonders strengen regulatorischen Auflagen und Beschränkungen. Beim gesamten Finanzsektor handelt es sich um eine stark regulierte Industrie, wobei die Regulierung unterschiedliche Erscheinungsformen annehmen kann. So müssen zum einen die bereits erwähnten Mindestkapitalquoten eingehalten werden, um auf diese Weise Anspruchsberechtigte sowie Einleger zu schützen. Zum anderen bestehen umfangreiche Investitions- und Wachstumsrestriktionen sowie Einschränkungen, welche Kapitalbeteiligungen von einer Bank gar nicht oder nur bis zu einer bestimmten Höhe eingegangen werden dürfen. Außerhalb Deutschlands kommt hinzu, dass der Markteintritt sowie der Verkauf an ausländische Investoren oftmals durch Aufsichtsbehörden beschränkt oder sogar untersagt werden können.

Investitionen im Sinne von „Capital Expenditures“ und Investitionen in das Nettoumlaufvermögen – also Investitionen in das sogenannte „Working Capital“ – kommen bei Finanzinstitutionen eine andere Bedeutung zu, als dies bei herkömmlichen Unternehmen der Fall ist. Erweiterungsinvestitionen von „Corporates“ umfassen im Regelfall Investitionen in Produktionsstätten, Anlagegüter und in das übrige Anlagevermögen, während Banken vornehmlich in immaterielle Vermögensgegenstände wie etwa Humankapital bzw. in ihre Marke investieren. Daher werden diese Investitionen im Falle der Banken in deren betrieblichen Aufwendungen mitberücksichtigt.

Daraus resultiert, dass sowohl Erweiterungsinvestitionen als auch Abschreibungen auf das Anlagevermögen bei Banken relativ niedrig ausfallen. Das Nettoumlaufvermögen, das sich durch die Differenz zwischen dem Umlaufvermögen und den kurzfristigen Verbindlichkeiten ergibt, hat somit nur eine geringe Bedeutung für Banken, da beispielsweise die meisten Positionen einer Bankbilanz unter eine dieser Kategorien fallen. Veränderungen in dieser Differenz können sowohl groß als auch volatil ausfallen, ohne einen nennenswerten Einfluss auf zukünftiges Wachstum zu haben.

2.3.8.2 Unterschiede bei der Bewertung mittels Multiplikatoren

Bei den Multiplikatoren herkömmlicher „Corporates“ wird allgemein zwischen Enterprise- und Equity-Multiplikatoren unterschieden. Enterprise-Multiplikatoren beziehen sich vor allem auf EBITA,[90] EBITDA[91] oder aber auf andere gängige Umsatzgrößen. Diese Multiplikatoren eignen sich jedoch nicht dazu, den Wert einer Bank zu bestimmen, da sich hier die bereits erwähnte Problematik bei der Abgrenzung des Fremdkapitals ergibt.

Im Equity Value-Verfahren wird zunächst der Wert des Eigenkapitals berechnet, zu dem anschließend der Wert des Fremdkapitals addiert wird, um zu einem Unternehmensgesamtwert zu gelangen.

Der Unterschied zwischen Enterprise Value und Equity Value kann am Beispiel eines Unternehmensverkaufes erläutert werden. Der Käufer bezahlt hierbei an den Verkäufer den Wert des Eigenkapitals, also den Equity Value. Zusätzlich hat er noch den Wert des Fremdkapitals zu tragen. Somit bezahlt er insgesamt den Unternehmensgesamtwert, den sogenannten Enterprise Value. Diese Überlegungen sind in der folgenden Abbildung 6 dargestellt.

	Marktkapitalisierung (Anzahl der Aktien x Börsenkurs)
+	Netto Finanzverbindlichkeiten (Zinstragende Verbindlichkeiten ./. zinstragende Forderungen
+	Anteile Dritter
+	Barwert der Leasingverbindlichkeiten
+	Pensionsverpflichtungen
	Enterprise Value (EV)
-	Marktwert des Fremdkapitals
	Equity Value

Abb. 6: Berechnung des Enterprise Value und des Equity Value [92]

Equity-Multiplikatoren, die sich ihrerseits auf das Kurs-Buchwert-Verhältnis (KBV) und das Kurs-Gewinn-Verhältnis (KGV) beziehen, sind allerdings auch bei Banken anwendbar. Das KBV ist deshalb vorteilhaft, weil es auch dann verwendet werden kann, wenn ein negatives Geschäftsergebnis vorliegt; hingegen bezieht sich das KGV auf den um außerordentliche Einflüsse bereinigten Gewinn. Daher besteht beim KGV eine Problematik bei der Anwendung auf Unternehmen, die nicht profitabel sind bzw. starken zyklischen Schwankungen unterliegen. Zudem kann das KGV durch Bilanzierungs- und Bewertungsvorschriften beeinflusst werden.

---

90 EBITA ist definiert als Gewinn vor Zinsen, Steuern und Abschreibungen auf immaterielle Vermögensgegenstände.

91 EBITDA ist definiert als Gewinn vor Zinsen, Steuern und Abschreibungen auf immaterielle und materielle Vermögensgegenstände. Vgl. auch die diesbzgl. Ausführung in Kap. 6.4.2 dieser Arbeit.

92 Dombret (2004), S. 442.

2.3.8.3 DDM versus DCF

Abbildung 7 zeigt synoptisch die Unterschiede zwischen dem Dividend Discount Model, kurz DDM, und dem DCF-Ansatz auf. Während das DDM-Verfahren für die Bewertung von Finanzinstituten entwickelt wurde, ist das DCF-Verfahren für alle anderen Arten von Unternehmen geeignet. Durch die Tatsache, dass Fremdkapital, wie bereits dargestellt, bei Banken als „Rohmaterial" angesehen wird, werden nur die aus dem CAPM oder aus der APT ermittelten Eigenkapitalkosten als Diskontierungsrate verwendet, um den Marktwert des Eigenkapitals zu ermitteln.

	DDM	DCF
Anwendbar bei	Finanzinstitutionen	Traditionelle Unternehmen
Zielgröße	Wert des Eigenkapitals	Wert des Eigen-oder Gesamtkapitals
Bewertungsgrundlage	Dividenden	Flow to equity (Equity-Verfahren) Free cash flow (Entity-Verfahren)
Diskontierungsrate	Eigenkapitalkosten	WACC (Entity-Verfahren) Eigenkapitalkosten (Equity-Verfahren)

Abb. 7: Unterschiede zwischen DDM und DCF[93]

Grundsätzlich lassen sich zwei verschiedene Typen von DCF-Ansätzen unterscheiden, und zwar die Entity- und die Equity-Methode. Entity-Methoden berechnen den Marktwert des gesamten Unternehmens inklusive Fremdkapital. Um zum Wert des Eigenkapitals zu gelangen, muss im Anschluss an die Berechnung des Gesamtunternehmenswertes der Wert des Fremdkapitals subtrahiert werden. Equity-Methoden berechnen den Wert des Eigenkapitals hingegen direkt.

2.3.9 Zusammenfassung der Bewertungsmethoden

Ein typischer Bewertungsprozess gestaltet sich in der Praxis im Wesentlichen anhand der drei nachfolgend dargestellten Schritte:

Zum Zwecke der Definition des Bewertungszwecks werden zuerst Fragen allgemeiner Natur analysiert: Was ist der Anlass der Bewertung? Aus welcher Perspektive und Motivation – zum Beispiel Verkäufer- oder Käuferseite, Börseneinführung etc. – wird sie unternommen? Soll ein *Preis* oder soll ein Unternehmens*wert* ermittelt werden? Im Falle einer Preisbestimmung muss die Frage einer angemessenen Übernahmeprämie geklärt werden, auf die an späterer Stelle in Kapitel 6 dieser Arbeit eingegangen wird.

93 Dombret (2004), S. 443.

In einem zweiten Schritt werden die Rahmenbedingungen der Bewertung festgelegt. Bedingt dadurch, dass gutem Urteilsvermögen im Bewertungsprozess eine besonders hohe Bedeutung zukommt, sind sowohl die allgemeine ökonomische Lage als auch die jeweiligen Einzelsituationen, denen die zu bewertenden Unternehmen ausgesetzt sind, entscheidende Schlüsselfaktoren. Wichtige Fragen in diesem Zusammenhang sind unter anderem:

1. Welche rechtlichen Rahmenbedingungen sind gegeben? Welche gesetzlichen Investitionsbeschränkungen bzw. welche durch Aufsichtsbehörden vorgegebenen Wachstumsrestriktionen bestehen?
2. Welche Trends zeichnen sich in der jeweiligen Branche ab?
3. Welche wesentlichen Geschäftsrisiken können auftreten?
4. Wie wird sich der Aktienmarkt entwickeln? Wo steht das zu bewertende Unternehmen im Zyklus? Was sind die sich daraus ergebenden Auswirkungen auf die GuV des betrachteten Unternehmens?
5. Wie groß sind die eventuell vorhandenen stillen Reserven oder stillen Verluste?
6. Wie steht das Unternehmen im Vergleich zu internationalen „Benchmarks" da?
7. Wie wird sich die zunehmende Konsolidierung im jeweiligen Sektor zum Beispiel auf die Kostenstruktur, auf die Erweiterung der Kundengruppen und auf die Optimierung des Vertriebs auswirken?
8. Wie kann die Wertschöpfung der Kundenbeziehung optimiert werden?

Von zentraler Bedeutung ist insofern unter anderem die klare Abgrenzung und Kenntnis der jeweiligen Branche, in der das zu bewertende Unternehmen tätig ist.

Im dritten und letzten Schritt werden schließlich die oben beschriebenen Bewertungsmethoden angewandt und ein Bewertungsergebnis erzielt. Im Vordergrund steht hierbei vor allem die Bestimmung eines Bewertungskorridors.[94]

In diesem Zusammenhang lässt sich festhalten, dass abhängig von der für den Bewertungsprozess verfügbaren Zeit sowie abhängig von der Komplexität der einzelnen Modelle überschlägige Berechnungen wie etwa das Substanzwertverfahren und die Multiplikatormethode am häufigsten Verwendung finden. Branchenkenntnisse sind essentiell zur bestmöglichen Einordnung des Bewertungsobjekts.

In der folgenden Abbildung 8 sind nun die verschiedenen, oben diskutierten Bewertungsmethoden mit ihren spezifischen Vor- und Nachteilen zusammengefasst gegenübergestellt.

---

[94] Vgl. Dombret/Bender (2001), S. 332.

	Beschreibung	Vorteile	Nachteile	Eignung
Net Asset Value (NAV)	Berücksichtigt neben der Höhe des Eigenkapitals stille Reserven und Verluste	▪ Einfache Anwendbarkeit ▪ Oft Untergrenze für den fairen Wert	▪ Kein Zukunftsbezug ▪ Beschränkte Aussagekraft	◔
Handelsmult.	Ermittlung der Relationen von Marktpreis zu wichtigen Kenngrößen für vergleichbare Unternehmen („peers"). Übertragung dieser Relationen auf das Unternehmen	▪ Einfachheit ▪ Frei von subjektiven Annahmen ▪ Aktueller Bezug	▪ Beschränkte Vergleichbarkeit, da nicht immer wirklich vergleichbare börsen-notierte Unternehmen vorhanden sind ▪ Vorraussetzung funktionierender Märkte	◔
Transaktionsmult.	Bildung und Anwendung von Preisrelationen basierend auf vergleichbaren Transaktionen	▪ Einfachheit ▪ Enthält eine Prämie ▪ Berücksichtigt Marktstellung und -struktur	▪ Prämien/Abschläge für Kontrolle, Synergien, etc. schwer zu bestimmen ▪ Historische Zahlenbasis ▪ Spezifika der Transaktionen unberücksichtigt	◑
Sum of the Parts	Bewertung des Unternehmens als Summe der einzeln bewerteten Divisionen	▪ Unterschiedliche Geschäftsmodellen der Divisionen kann durch entsprechende Wertreiber Rechnung getragen werden ▪ Bausteine können durch DDMs detailliert bewertet werden	▪ Aufwendig ▪ Detailliertes Verständnis des Geschäftsmodells notwendig	◕
Ertragswert (DDM)	Ermittlung des Unternehmenswertes durch Abdiskontierung zukünftiger Ertragsgrößen (Dividenden) auf den heutigen Zeitpunkt	▪ Theoretische Nähe zum „wahren" Unternehmenswert ▪ Einfache Identifizierung von Werttreibern	▪ Prognose der zukünftigen Unternehmensdaten mit Unsicherheiten belastet ▪ Großer Einfluss des Endwertes	●

Abb. 8: Bewertungsmethoden im Überblick[95]

Die bedeutendste Bewertungsmethode stellt – wie beschrieben – das DCF-Verfahren dar, bei dem der Marktwert des Eigenkapitals durch die Diskontierung zukünftiger Cash Flows ermittelt wird.[96] Die „Sum of the Parts"-Methode liefert ebenfalls aussagefähige Resultate, da hier die separierbaren Einzelteile des betrachteten Unternehmens einzeln bewertet werden. Transaktions- und Handelsmultiplikatoren hingegen sind zwar relativ einfach anwendbar, aber stark von der Verfügbarkeit der Daten und der verwendeten „Peer Group" abhängig. Dem Substanzwertverfahren kommt die geringste praktische Bedeutung zu und beschreibt aus Sicht eines Verkäufers häufig seine Preisuntergrenze.

In der Praxis stellt zweifellos die Discounted Cash Flow-Methode das Herzstück einer modernen Ansprüchen genügenden Unternehmensbewertung dar.[97]

95 Dombret (2004), S. 441.

96 Vgl. z.B. Dombret (2002), S. 537f.

97 Vgl. ebenda.

3 Juristische Rahmenbedingungen für M&A-Transaktionen

3.1 Grundlegende juristische Bemerkungen

Nur klare juristische Standards können Bewertungssicherheit am Markt für Fusionen und Übernahmen gewährleisten, während Ungereimtheiten bei Übernahmeregeln unmittelbar zu Bewertungsabschlägen führen können. Juristische Rahmenbedingungen, die auf Länder- bzw. auf Marktebene wirken und sich naturgemäß von Jurisdiktion zu Jurisdiktion unterscheiden, haben insofern wesentliche Auswirkung auf die Höhe von Übernahmeprämien in den jeweiligen Märkten.

Aus diesem Grund werden sie nachfolgend im Einzelnen für Deutschland, Frankreich, Großbritannien und die USA[98] näher analysiert, wobei allerdings eine detaillierte und vollumfängliche Auflistung und Besprechung aller relevanten Gesetze, Verordnungen und Regeln, die im Falle von Mergers & Acquisitions zur Anwendung kommen können, im Rahmen dieser Arbeit weder vorgenommen werden kann noch soll. Im folgenden Kapitel 3.2 werden mit wesentlichen Vorschriften und den dahinter stehenden Absichten des Gesetzgebers bzw. der regulierenden Behörden vielmehr zentrale juristische Eckpfeiler des M&A-Geschäfts dargestellt und ausgewertet.

Für die Höhe von Übernahmeprämien in den vier betrachteten Volkswirtschaften ist nicht zuletzt auch die jeweilige wettbewerbsrechtliche Situation von Bedeutung. Das übergeordnete Ziel bei der Gesetzesausgestaltung in allen betrachteten Jurisdiktionen ist die Vermeidung der Entstehung marktbeherrschender Unternehmen, die zur Verhinderung oder Einschränkung des Wettbewerbs und damit zur Verschlechterung der Verbrauchersituation führen können. Aus diesem Grund werden in Kapitel 3.3 grundlegend vor allem anmeldepflichtige, genehmigungspflichtige und verbotene Unternehmenszusammenschlüsse bzw. -übernahmen und die damit verbundenen Prozesse definiert.

Kapitel 3.4 fasst die wesentlichen internationalen Unterschiede übersichtsartig zusammen und gibt eine Wertung ab, in welchem Ausmaß juristische Rahmenbedingungen auf Übernahmeprämien wirken können. In diesem Zusammenhang wird die Sonderrolle Deutschlands identifiziert und dargelegt.

Im Rahmen der Besprechung der juristischen Rahmenbedingungen für M&A-Transaktionen in diesem Kapitel und in dieser Arbeit wurde trotz ihrer grundsätzlichen

Bedeutung für das M&A-Geschäft bewusst auf die detaillierte Darstellung der unterschiedlichen nationalen Rechnungslegungsvorschriften verzichtet. Dies geschieht aus den folgenden Gründen:

Zunächst hätte eine vergleichende Besprechung der diversen nationalen Rechnungslegungsvorschriften den Rahmen der vorliegenden Arbeit gesprengt. Zudem harmonisieren sich die nationalen Rechnungslegungsvorschriften börsennotierter – und damit in der Regel größerer – Gesellschaften[99] im Rahmen der Globalisierung tendenziell, was nicht zuletzt von der zunehmenden Bedeutung von Aktienanalysten und institutionellen Anlegern ausgeht.[100] Vor allem aber kommen bei der Wertermittlung im Rahmen von M&A-Transaktionen regelmäßig Ertragswertverfahren[101] zum Einsatz, die in ihrem Vorgehen vermehrt von nationalen Rechnungslegungen abstrahieren.[102]

Insgesamt rechtfertigen die vorgenannten Gründe somit den Verzicht auf die explizite Diskussion und Analyse der jeweiligen nationalen Rechnungslegungsvorschriften, zumal der Mehrwert einer solchen Diskussion im Zusammenhang mit der Zielsetzung der vorliegenden Arbeit eher fraglich erscheint.

In den vier betrachteten Ländern Deutschland, Frankreich, Großbritannien und den USA hat sich schließlich in vielen M&A-Transaktionen die Verwendung sogenannter „Fairness Opinions“[103] durchgesetzt, die ebenfalls die im Investmentbanking typischerweise zur Anwendung kommenden Bewertungsverfahren nutzen. Hierbei werden internationale Bewertungsstandards verwenden, die aus diesem Grunde bereits in Kapitel 2.3 ausführlich vorgestellt wurden.

3.2 Gesellschaftsrechtliche Rahmenbedingungen für M&A-Transaktionen

3.2.1 M&A-relevante Rechtsnormen in Deutschland

Im Gegensatz zu den meisten anderen Volkswirtschaften existierten im deutschen Gesellschaftsrecht bis zum Inkrafttreten des Wertpapiererwerbs- und Übernahmegesetzes,

98 Zur Begründung der Länderauswahl vgl. im Einzelnen die diesbzgl. Ausführungen in Kap. 5.2 dieser Arbeit.

99 Gemeint sind hiermit Großbetriebe im Peemöller'schen Sinne. Vgl. Peemöller (2003b), S. 5.

100 Vgl. in diesem Zusammenhang die Ausführungen in Kap. 4.2.2 dieser Arbeit iZm dem Thema „Corporate Governance“.

101 Vgl. die diesbzgl. Ausführungen in Kap. 2.3.5 und in Kap. 2.3.6 der vorliegenden Arbeit.

102 Mit Ausnahme von feindlichen Übernahmeversuchen.

103 In einigen der betrachteten Jurisdiktionen sind „Fairness Opinions“ sogar vorgeschrieben. Zur Definition von „Fairness Opinions“ vgl. Kap. 3.3 der vorliegenden Arbeit.

kurz WpÜG, keine übernahmespezifischen gesetzlichen Vorschriften.[104] Im Falle von Unternehmensübernahmen musste hierzulande auf die allgemeinen Regelungen des Aktiengesetzes (AktG) zurückgegriffen werden.[105] Eine gewisse mittelbare Schutzfunktion für die Zielgesellschaft gewährleistete allein das Wertpapierhandelsgesetz (WpHG) über die darin enthaltenen Regelungen bezüglich des Insiderhandels mit Wertpapieren und den Mitteilungspflichten beim Erwerb von Wertpapieren.[106]

Obwohl öffentlichen Übernahmeangebote in Deutschland lange Zeit keine besonders große Rolle spielten, hat die Börsensachverständigenkommission beim Bundesminister für Finanzen bereits im Januar 1979 erstmals Leitsätze für eine freiwillige Selbstkontrolle in Hinblick auf Kauf- und Umtauschangebote bei börsennotierten Unternehmen aufgestellt. Da sich diese Leitsätze in der Folgezeit aber als nicht sehr wirksam erwiesen, wurde im Jahre 1995 ein Übernahmekodex zur Regulierung von Unternehmensübernahmen eingeführt.

Dieser Übernahmekodex zielte im Wesentlichen darauf ab, Marktmanipulationen vorzubeugen und sicherzustellen, dass alle Beteiligte die Grundsätze von Treu und Glauben beachten.[107] Bei Unternehmensübernahmen sollten nach dem Übernahmekodex vor allem die folgenden Prinzipien gelten:

1. die Gleichbehandlung aller Aktionäre
2. die Informationspflicht gegenüber den Aktionären der Zielgesellschaft und gegenüber den konkurrierenden Bietern
3. das Verbot der Marktbeeinflussung
4. die Pflicht zur Kontaktaufnahme im Vorfeld des Übernahmeangebots sowie
5. die Pflicht zur Unterrichtung von Börse, Bundesaufsichtsamt und Übernahmekommission.

Außerdem empfahl der Kodex, einen Wertpapierdienstleister einzubeziehen.[108]

Der auf freiwilliger Basis eingeführte deutsche Übernahmekodex wurde allerdings nur von weniger als der Hälfte der börsennotierten inländischen Unternehmen mittels Abgabe einer Anerkennungserklärung akzeptiert. Auf diese Weise konnte der Kodex die gewünschte flächendeckende Wirkung nicht entfalten, was zu erheblicher Kritik an seiner Ausgestaltung geführt hat. Eine wichtige Ursache für die mangelnde Akzeptanz des Übernahmekodex dürfte vor allem darin gelegen haben, dass er lediglich als Ver-

---

104 Zum WpÜG vgl. ausführlich Semler/Volhard (2001).
105 Das Umwandlungsgesetz (UmwG) beinhaltet Vorschriften zu Fusionen. Vgl. Picot (1998).
106 Vgl. Albrecht (2001), S. 4.
107 Vgl. Hirte (2002), S. 315.
108 Vgl. Heinle (2001), S. 52.

haltensempfehlung konzipiert war und keine Gesetzeskraft besaß. Er entwickelte sich nicht annähernd in gleichem Maße zur Kapitalmarktusance, wie dies insbesondere in den angelsächsischen Ländern bei ähnlichen freiwilligen Vorschriften der Fall war.

Weil die Selbstverpflichtung der Unternehmen zur Einhaltung bestimmter Verhaltensnormen bei Unternehmensübernahmen praktisch nicht zum Tragen kam, und weil vor allem die in dieser Arbeit bereits eingangs beschriebene Übernahme von Mannesmann durch Vodafone die Probleme eines unreguliert verlaufenden Verfahrens offen zu Tage treten ließ, hat der Gesetzgeber als Alternative zur freiwilligen Selbstregulierung schließlich den Weg der Gesetzgebung beschritten. Ende 2001 wurde das Wertpapiererwerbs- und Übernahmegesetz verabschiedet und zum 1. Januar 2002 in Kraft gesetzt.[109]

Das WpÜG findet Anwendung auf Gesellschaften mit Sitz in Deutschland, die zum Ziel einer Unternehmensübernahme geworden und deren Aktien an einer inländischen Börse zum amtlichen Handel oder zum geregelten Markt zugelassen sind. Die Intention bei der Schaffung des WpÜG bestand darin, feste Rahmenbedingungen beim Erwerb von Kontrollmehrheiten an einer Zielgesellschaft und anderen öffentlichen Angeboten zum Erwerb von Wertpapieren in Deutschland vorzugeben.[110] Diese sollen nicht nur den Anforderungen der globalisierten Finanzmärkte angemessen Rechnung tragen, indem sie sich an internationalen Standards orientieren und ein faires und geordnetes Angebotsverfahren gewährleisten, sondern auch den Wirtschaftsstandort und Finanzplatz Deutschland im internationalen Wettbewerb stärken.[111]

In Anlehnung an ausländisches Recht – zum Beispiel an den „City Code on Takeovers and Mergers" in Großbritannien und den „Williams Act" in den USA – sowie in Übereinstimmung mit den Vorgaben der Übernahme-Richtlinie der Europäischen Union[112] werden im WpÜG allgemeine Leitlinien formuliert, deren übergeordnetes Ziel darin besteht, einheitliche Grundsätze für öffentliche Angebote zu definieren, die den Erwerb von Wertpapieren zum Gegenstand haben.

Diese Grundsätze lauten wie folgt:[113]

1. *Gleichbehandlung*: Alle Aktionäre einer Aktiengattung sind gleich zu behandeln.
2. *Gewährleistung umfassender Transparenz*: Das Gesetz soll gewährleisten, dass die Inhaber von Wertpapieren der Zielgesellschaft über genügend Zeit und aus-

---

109 Vgl. Beckmann/Kersting/Mielke (2003), S. 12.

110 Vgl. dazu auch Fleischer/Kalss (2002), S. 1ff.

111 Vgl. Hirte (2002), S. 4.

112 Vgl. hierzu Kommission (2002), S. 1ff.

113 Vgl. Beckmann/Kersting/Mielke (2003), S. 12f.

reichende Informationen verfügen, um in Kenntnis der Sachlage über das Angebot entscheiden zu können. Der Bieter ist somit verpflichtet, seine Pläne frühzeitig offen zu legen und alle wesentlichen Informationen, die für die Entscheidung hinsichtlich der Annahme oder Ablehnung des Angebots von Relevanz sind in einer Angebotsunterlage zu unterbreiten. Außerdem muss der Bieter in regelmäßigen Abständen über seinen Erfolg hinsichtlich des Erwerbs von Aktien der Zielgesellschaft berichten. Durch diese Informations- und Mitteilungspflicht soll nicht nur eine verlässliche Informationsgrundlage geschaffen, sondern es sollen auch mögliche Informationsasymmetrien zwischen Bieter und Aktionären der Zielgesellschaft bzw. dem Management der Zielgesellschaft und den Anteilseignern abgebaut werden. Mit der Einführung des Transparenzgebots sollen insbesondere die Rechte der Minderheitsaktionäre gestärkt werden. Über die Regelungen des WpÜG werden erstmals auch die Rechte der Arbeitnehmer der Zielgesellschaft in ein Übernahmeverfahren einbezogen.

3. *Pflichten der Leitungs- und Aufsichtsorgane*: Der Vorstand und der Aufsichtrat der Zielgesellschaft sind verpflichtet, während des Angebotsverfahrens im Interesse des Unternehmens – also insbesondere der Aktionäre und der Arbeitnehmer – und darüber hinaus im Interesse des Gemeinwohls zu handeln. Dabei ist es unerheblich, ob es sich um einen freundlichen oder feindlichen Übernahmeversuch handelt. Um diese Aufgaben zu erfüllen, sind den Organen der Zielgesellschaft während des Angebotsverfahrens besondere Sorgfaltspflichten auferlegt worden.

4. *Sicherstellung eines zügigen Verfahrens*: Das Angebotsverfahren ist vom Bieter und der Zielgesellschaft rasch durchzuführen. Der sich ergebende Schwebezustand soll im Interesse der Verfahrensbeteiligten und des Kapitalmarktes auf einen möglichst kurzen Zeitraum beschränkt werden.

5. *Verhinderung von Marktverzerrungen*: Beim Handel mit Wertpapieren der Gesellschaften beider Parteien dürfen keine Marktverzerrungen geschaffen werden, da hierdurch Aktionäre zu sachlich nicht gerechtfertigten Entscheidungen verleitet werden können.

Nach dem WpÜG ist der Verfahrensablauf für ein Übernahmeverfahren fest vorgegeben. Hat sich ein Bieter zur teilweisen oder vollständigen Übernahme bzw. zur Erlangung der Kontrolle über ein Unternehmen entschieden, dann muss er seine Übernahmeabsicht dem Zielunternehmen, den Börsen sowie der Bundesanstalt für Finanzdienstleistungsaufsicht, kurz BaFin, unverzüglich mitteilen. Ist diese Mitteilung erfolgt, beginnt die Vorangebotsphase. Innerhalb einer vierwöchigen Frist, die unter bestimmten Bedingungen um 10 weitere Werktage verlängert werden kann, muss der

Bieter die Angebotsunterlage mit allen wichtigen übernahmerelevanten Informationen zusammenstellen.

Mit der Übermittlung der Angebotsunterlagen an die BaFin beginnt die eigentliche Angebotsphase. Die BaFin überprüft nun die Rechtmäßigkeit der Angebotsbedingungen. Wird die Angebotsunterlage nicht beanstandet, muss sie anschließend vom Bieter allen Organen der Zielgesellschaft, und zwar dem Vorstand, Aufsichtsrat etc. übermittelt und im Börsenpflichtblatt bzw. im Internet veröffentlicht werden.[114]

Während der Durchführungsphase der Übernahme, die nicht weniger als vier Wochen und nicht länger als 10 Wochen betragen darf, muss der Bieter die Öffentlichkeit und die BaFin regelmäßig – das heißt während der ersten Zeit wöchentlich und in der letzten Woche vor Ablauf der Annahmefrist sogar täglich – über die jeweilige Höhe seines Bestandes an Wertpapieren und Stimmrechten an der Zielgesellschaft informieren.[115]

Während der Durchführungsphase kann der Bieter sein Übernahmeangebot jederzeit verbessern, was insbesondere dann der Fall sein wird, wenn andere Bieter ebenfalls Interesse an dem Zielunternehmen äußern und ihrerseits ein Übernahmeangebot unterbreiten. Während dieser Zeit haben die Organe der Zielgesellschaft – also Vorstand, Aufsichtsrat und Arbeitnehmervertretung – ihrer Pflicht zur Abgabe einer Stellungsnahme bezüglich der Unternehmensübernahme nachzukommen und den Aktionären gegenüber eine Empfehlung zur Annahme oder Ablehnung der Übernahme auszusprechen. Außerdem gilt eine Neutralitätspflicht des Vorstands gegenüber der Übernahme, was bedeutet, dass er eigenständig keine Maßnahmen treffen darf, die den Erfolg einer eingeleiteten Übernahme beeinträchtigen. Nach dem Ablauf der Annahmefrist muss schließlich der Bieter die Öffentlichkeit und die BaFin über den Ausgang des Angebotsverfahrens informieren.

In der sogenannten Nacharbeitsphase wird die Übernahme abgewickelt. Die Abwicklung der Übernahme ist im WpÜG nicht im Einzelnen geregelt. Aufgrund der Vorgabe einer insgesamt zügigen Vorgehensweise sind auch die Übertragung der Unternehmensanteile sowie die Erbringung der Gegenleistung rasch durchzuführen.

Die Nacharbeitsphase kann sich bis zu einem Jahr hinziehen. Sofern sich der Bieter innerhalb eines Jahres nach der Veröffentlichung des Ergebnisses des Übernahmeangebots mit einzelnen Aktionären auf eine bessere als die im Angebot genannte Gegenleistung einigt, dann schuldet der Bieter den Aktionären, die das ursprüngliche Angebot bereits angenommen haben, aufgrund des Gleichbehandlungsgrundsatzes den Unterschiedbetrag.[116]

---

114 Vgl. Beckmann/Kersting/Mielke (2003), S. 62ff.

115 Vgl. Beckmann/Kersting/Mielke (2003), S. 77.

116 Vgl. Beckmann/Kersting/Mielke (2003), S. 81f.

Die verschiedenen Ablaufphasen einer Unternehmensübernahme nach dem WpÜG sind in der nachfolgenden Abbildung 9 nochmals zusammenfassend dargestellt.

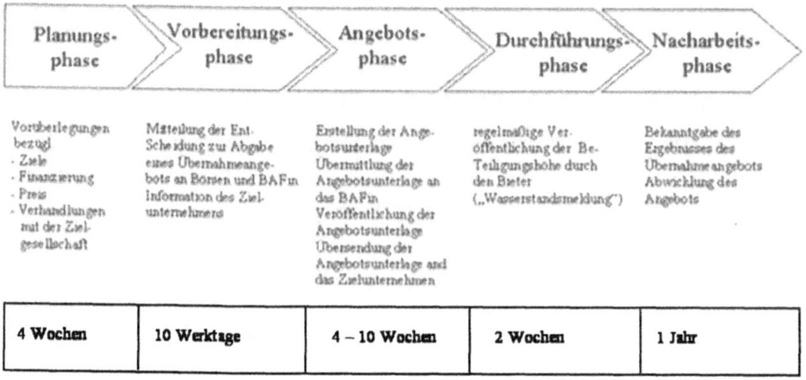

Abb. 9: Ablaufphasen einer Unternehmensübernahme nach dem WpÜG[117]

Hat ein Bieter direkt oder indirekt mindestens 30% der Stimmrechtsanteile an einer Gesellschaft erreicht, muss er den übrigen Aktionären ein Pflichtangebot mit einer angemessenen Gegenleistung unterbreiten.[118] Diese Gegenleistung bestimmt sich nach der WpÜG-Angebotsverordnung und kann entweder in einer auf Euro lautenden Geldleistung oder in liquiden, an einem organisierten Markt des Europäischen Wirtschaftsraums notierenden Aktien bestehen.

Dem Bieter ist es nach dem WpÜG darüber hinaus grundsätzlich freigestellt, ob er die Anteile der Zielgesellschaft gegen Bargeld oder im Tausch gegen eigene Aktien erwirbt. Der Angebotspreis, den ein Bieter den freien Aktionären im Rahmen des Pflichtangebots anzubieten hat, muss mindestens dem volumengewichteten durchschnittlichen Börsenpreis der Zielgesellschaft der letzten drei Monate vor Bekanntmachung der Erwerbsabsicht entsprechen.[119] Hat das Bieterunternehmen in diesem Zeitraum von drei Monaten bereits Aktien der Zielgesellschaft erworben, muss der Übernahmepreis mindestens so hoch sein wie der höchste vom Bieter gezahlte Anteilspreis.[120]

Als Schutz für die Kleinaktionäre liegt die “Squeeze Out“-Schwelle in Deutschland bei 95% des Aktienkapitals. Besitzt ein Aktionär mehr als 95% der Aktien einer Ge-

---

117 Beckmann/Kersting/Mielke (2003), S. 155.

118 Vgl. Graßl (2003), S. 333ff.

119 Hierunter ist die Veröffentlichung des Kaufangebotes zu verstehen.

120 Vgl. Hirte (2002), S. 19.

sellschaft, kann die Hauptversammlung beschließen, dass die Minderheitsaktionäre ihre Aktien dem Hauptaktionär gegen Gewährung einer angemessenen Bar-Abfindung übertragen müssen. In Deutschland kommt es in der jüngsten Vergangenheit häufig zu Anfechtungsklagen einzelner Aktionäre, die im Wesentlichen auf eine Verzögerung und auf eine finanzielle Abfindung ihres Lästigkeitswerts ausgerichtet sind.[121]

3.2.2 M&A-relevante Rechtsnormen in Frankreich

Sowohl freundliche als auch feindliche Unternehmensübernahmen bilden seit geraumer Zeit einen festen Bestandteil des französischen Wirtschaftsgeschehens. Aufgrund der langen Erfahrung im Umgang mit der Übertragung von Eigentumsrechten eines Unternehmens auf ein anderes hat sich deshalb in Frankreich mittlerweile ein detailliertes börsenrechtliches Regelungswerk herausgebildet, das verbindliche Verhaltensregeln enthält, die insbesondere dem Schutz der Anteilseigner der Zielgesellschaft dienen.[122]

Neben einigen übernahmerechtlichen Bestimmungen im französischen Gesellschaftsrecht, dem „Code de Commerce", finden sich vor allem einschlägige Bestimmungen im „Règlement général des Conseil des Marchés Financiers", kurz RCMF, sowie im RCOB, dem sogenannten „Réglement 89-03" der Börsenkommission, der sogenannten „Commission des Opérations de Bourse".

Im RCMF sind die generell während eines Übernahmeverfahrens zu beachtenden Grundsätze festgelegt, wie zum Beispiel die Beachtung des allgemeinen Gesellschaftsinteresses – des sogenannten „interêt social" – , die Gleichbehandlung der Aktionäre der Zielgesellschaft, die Transparenz des Verfahrens sowie die Sicherstellung eines fairen und freien Bieterwettbewerbs. Auch das RCOB enthält Bestimmungen bezüglich der Transparenz des Verfahrens und den Informationspflichten gegenüber den Anteileignern und der Öffentlichkeit, wobei auf die Beachtung der Schutzrechte der Anteilseigner insgesamt ein stärkeres Gewicht gelegt wird. Der Anwendungsbereich des RCOB ist nicht auf französische Unternehmen beschränkt, sondern gilt gleichermaßen auch für ausländische Unternehmen.[123]

Unterbreitet eine Bietergesellschaft ein freiwilliges Übernahmeangebot, sei es in Form einer Bar-Offerte („Offre publique d'Achat", kurz OPA) oder in Form eines Aktientauschs („Offre publique d'Echange", kurz OPE), ist dieses Übernahmeangebot grundsätzlich unwiderruflich, es sei denn, die vom Bieter festgelegte Mindestbeteiligung kann wegen einer unzureichenden Resonanz auf Seiten der Aktionäre der Zielgesellschaft nicht erreicht werden, oder aber seitens der Zielgesellschaft wurden während

[121] Das Risiko ergibt sich aus dem in Deutschland hierfür vorgesehenen Spruchstellenverfahren.

[122] Vgl. Klein/Stuck (2001), S. 488.

[123] Vgl. ebenda.

der Angebotsphase Maßnahmen eingeleitet, die den ursprünglichen Wert des Unternehmens erheblich verändern.

Das Angebotsverfahren wird dadurch eröffnet, dass der Bieter unter Einschaltung eines im Investmentsektor zugelassenen Dienstleistungsunternehmens einen Angebotsentwurf beim „Conseil des Marchés Financiers" einreicht,[124] der die mit der Übernahme verfolgten Ziele und Absichten sowie den angebotenen Übernahmepreis enthalten muss. Nachdem der „Conseil des Marchés Financiers" innerhalb von fünf Tagen über die Zulässigkeit des Übernahmeangebots entschieden hat, wird der Kurs der Aktien der Zielgesellschaft ausgesetzt, und die Angebotsfrist von 25 bis maximal 35 Börsentagen beginnt zu laufen.

Während dieser Angebotsfrist müssen alle wichtigen Ereignisse öffentlich bekannt gegeben werden. Wichtige Ereignisse sind beispielsweise die vom Bieter getroffene Vereinbarungen bezüglich des Kaufangebots, von den Aktionären der Zielgesellschaft getroffene Vereinbarungen, Aktienkäufe und Aktienverkäufe durch beteiligte Unternehmen, deren Management oder sonstigen Personen, die über eine mindestens 5%ige Kapital- oder Stimmrechtsbeteiligung verfügen, sowie alle Maßnahmen der Zielgesellschaft, die über die laufende Geschäftsführung hinausgehen. Außerdem ist das Management der Zielgesellschaften gehalten, sein Verhalten ausschließlich am eigenen Gesellschaftsinteresse auszurichten.[125]

Nachdem ein Übernahmeverfahren in Gang gesetzt worden ist, kann ein anderer Übernahmeinteressent bis fünf Tage vor Ablauf der Angebotsfrist den Anteilseignern des Zielunternehmens ein konkurrierendes Angebot unterbreiten. Handelte es sich beim ursprünglichen Übernahmeangebot um eine Bar-Offerte, also um eine OPA, muss der Kaufpreis des Konkurrenzangebots mindestens 2% über dem Ausgangsangebot liegen; alternativ muss das Konkurrenzangebot inhaltlich mindestens so ausgestaltet sein, dass die im ursprünglichen Übernahmeangebot festgelegte Mindestquote der angestrebten Übernahme entfällt. Für den Fall, dass das ursprüngliche Angebot als Tauschangebot, also als OPE, abgegeben worden war, muss das Konkurrenzangebot für die Anteileigners der Zielgesellschaft eine deutliche Verbesserung im Vergleich zum ursprünglichen Übernahmeangebot mit sich bringen

Haben sich einzelne oder alle Anteilseigner einer Zielgesellschaft von ihren Unternehmensanteilen bereits getrennt, bevor das Konkurrenzangebot von einem Dritten fristgerecht eingereicht wurde, dann werden diese Anteilsverkäufe unwirksam und die Anteilseigner werden wieder in ihren Ausgangszustand zurückversetzt. Tritt der ursprüngliche Bieter nicht innerhalb von fünf Tagen von seinem Übernahmeangebot zu-

---

124 Vgl. Brüls (2000), S. 892.

125 Vgl. Klein/Stucki (2001), S. 489f.

rück, sondern überbietet seinerseits das Konkurrenzangebot, kann es zu einem mehrere Monate andauernden, gegenseitigen Überbietungsprozess kommen, wobei die Anzahl der Mehrgebote gesetzlich nicht limitiert ist. Der Übernahmepreis und damit die Übernahmeprämie entwickeln sich in diesem Fall positiv zum Nutzen der Anteilseigner der Zielgesellschaft.[126]

Weiterhin ist im RCMF festgelegt, dass, nachdem eine natürliche oder juristische Person allein oder durch ein abgestimmtes Verhalten mit Dritten („de concert") mehr als ein Drittel des Grundkapitals oder mehr als Drittel der Stimmrechte erworben hat, zum einen der „Conseil des Marchés Financiers" über diesen Vorgang informiert werden und zum anderen gegenüber den Anteilseignern der Zielgesellschaft ein Pflichtangebot über den Erwerb aller Unternehmensanteile abgegeben werden muss.

Erwirbt eine natürliche oder eine juristische Person allein oder durch ein gemeinsam abgestimmtes Verhalten mit einem Dritten die Mehrheit am Grundkapital oder an den Stimmrechten eines Unternehmens, dann besteht für den bzw. für die Bieter die Verpflichtung zur Abgabe einer Kursgarantiezusage, einer sogenannten „garantie de cours". Diese Kursgarantiezusage hat zum Inhalt, dass der Mehrheitsaktionär innerhalb eines Zeitraums von mindestens 10 Börsentagen alle ihm zum Kauf angebotenen Anteilsscheine übernehmen muss. Dies hat zu dem Preis bzw. Kurs zu geschehen, zu dem er selbst das Aktienpaket erworben hat. Wird die Pflicht zur Abgabe einer „garantie de cours" nicht beachtet, können die Anteilseigner der Zielgesellschaft hieraus Schadensersatzansprüche ableiten.[127]

Das RCMF gewährleistet einen ausdrücklichen Schutz für Minderheitsgesellschafter. Hat ein Bieter oder eine „de concert" handelnde Bietergruppe die Grenze von 95% des Grundkapitals bzw. der Stimmrechte an einem Unternehmen erreicht, haben die Inhaber der restlichen Anteilsscheine ein Austrittsrecht aus dem Unternehmen. Diesem Austrittsrecht wird dadurch Geltung verschafft, dass die restlichen Anteilsscheininhaber beim „Conseil des Marchés Financiers" beantragen, dass der Mehrheitsgesellschafter ein öffentliches Angebot – eine sogenannte „offre publique de retrait" zum Erwerb ihrer Anteilsscheine abzugeben hat. Alternativ zu dieser Vorgehensweise – dies dürfte in der Übernahmepraxis der weitaus häufigere Fall sein – kann der Mehrheitsgesellschafter von sich aus den Minderheitsgesellschaftern ein „offre publique de retrait" unterbreiten oder sie gegen Zahlung einer angemessenen Bar-Abfindung von ihrem Anteilsbesitz mittels „Squeeze Out" ausschließen.[128]

[126] Vgl. Klein/Stucki (2001), S. 490.

[127] Vgl. ebenda.

[128] Vgl. Klein/Stucki (2001), S. 491.

Schließlich soll noch darauf verwiesen werden, dass auch in den einschlägigen französischen Übernahmegesetzen – insbesondere im RCOB – die Zulässigkeit von Verteidigungshandlungen durch die Zielgesellschaft restriktiv gehandhabt wird. Zwar sind durchaus Maßnahmen zulässig, die eine Übernahme erschweren – wie zum Beispiel die Durchführung einer Kapitalerhöhung, die zur Folge hat, dass sich die Übernahme für den Bieter verteuert. Abwehrmaßnahmen dürfen jedoch gerade während der Angebotsphase nicht zu Wettbewerbsverzerrungen zwischen den Bietern führen und müssen die Interessen der Anteilseigner berücksichtigen.[129]

3.2.3 M&A-relevante Rechtsnormen in Großbritannien

In Großbritannien bildet der „City Code on Takeovers and Mergers“ das zentrale Regelungswerk für Unternehmensübernahmen. Dieser City Code, der wegen der Farbe seines Einbandes regelmäßig auch als „Blue Book“ bezeichnet wird, ist im Jahre 1968 erstmals publiziert und seitdem mehrfach geändert worden.[130]

Beim City Code handelt es sich um eine freiwillige Selbstbeschränkung der Marktteilnehmer, wobei die Einhaltung der Regeln des Verhaltenskodex streng vom „Panel on Takeovers and Mergers“ überwacht wird. Obwohl dieser Verhaltenskodex gerichtlich anerkannt ist, zählen dessen multilaterale Vereinbarungen nach angelsächsischer Vorstellung nicht zum britischen Recht.[131]

Dass die Verhaltensvorschriften dennoch über Quasi-Gesetzeskraft verfügen, liegt an den weitreichenden Sanktionsmöglichkeiten, über die das „Panel on Takeovers und Mergers“ verfügt.[132] Verstößt ein in eine Unternehmensübernahme involvierter Marktteilnehmer gegen die Vorschriften des City Code, kann dieser Verstoß vom „Panel on Takeovers and Mergers“ öffentlich gerügt werden mit der Folge, dass die Eignung des Gerügten für Anlagegeschäfte in Frage gestellt werden kann.

Bei schwerwiegenden Verstößen kann das Aufsichtsorgan die an der Börse tätigen Investmentbanken sogar anweisen, nicht mehr für diese Gesellschaft tätig zu werden, was allgemein als „cold shouldering“ bezeichnet wird und einem Ausschluss des betroffenen Marktteilnehmers vom Finanzplatz London gleichkommt.[133]

Obwohl in Großbritannien einige wenige Fragen zu Übernahmeangeboten auch gesetzlich geregelt sind – es finden sich zum Beispiel einschlägige Vorschriften im „Companies Act“ von 1985 und in den „Licensed Dealers Rules“ von 1983[134] – , so

---

129 Vgl. Klein/Stucki (2001), S. 492f.

130 Vgl. Zinser (2001), S. 481.

131 Vgl. Krause (1996), S. 43.

132 Vgl. Zinser (2001), S. 487.

133 Vgl. Krause (1996), S. 47.

134 Vgl. Zinser (2001), S. 481f.

kommt dem „City Code on Takeovers and Mergers“ für M&A-Geschäfte in Großbritannien dennoch die überragende Bedeutung zu.

Die Verhaltensvorschriften des City Code gelten für alle Zielunternehmen in der Rechtsform der „public limited company“, und zwar unabhängig davon, ob diese Unternehmen an der Börse notiert sind oder nicht. Darüber hinaus ist der City Code auch auf Unternehmen in der Rechtsform der „private limited company“ anwendbar, sofern das Unternehmen in den vergangenen 10 Jahren an der Börse notiert war, seine Anteile zum Verkauf angeboten haben oder eine Prospektunterlage über die Ausgabe von Aktien herausgegeben hat.[135]

Die Vorschriften des City Code richten sich im Wesentlichen an die an Unternehmensübernahmen beteiligten Interessengruppen. Aus den insgesamt 10 Prinzipien, den sogenannten „principles“, und aus den 28 Regeln, den „rules“, lassen sich die folgenden vier Grundgedanken für ein faires Übernahmeverfahren ableiten:[136]

1. alle Aktionäre müssen gleich behandelt werden
2. es muss eine umfassende und rechtzeitige Information gewährleistet sein
3. alle Verteidigungstaktiken mit obstruktivem Charakter sind verboten, was bedeutet, dass alles Handeln an den Interessen der Anteilseigner auszurichten ist
4. es darf zu keinerlei Beeinträchtigungen der Funktionsfähigkeit des Kapitalmarktes kommen.

Gemäß den Vorgaben des City Code wird ein Übernahmeverfahren damit eingeleitet,[137] dass der Bieter das Management des Zielunternehmens, das sogenannte „board of directors“, über seine festen Übernahmeabsichten in Kenntnis setzt. Daraufhin muss das Management die Aktionäre und das Aufsichtsgremium, das „panel“, über die bestehende Übernahmeabsicht informieren.

Die Mitteilung muss bereits in diesem frühen Stadium umfangreiche Informationen über das Übernahmevorhaben beinhalten wie zum Beispiel die Identität des Bieters, die Angebotsmodalitäten und gegebenenfalls die bereits bestehende Beteiligung des Bieters an dem Zielunternehmen. Mit dieser Informationspflicht sollen die Anteilseigner in die Lage versetzt werden, sich umfassend mit dem bevorstehenden Angebot vertraut zu machen und sich dessen Vor- und Nachteilen auseinanderzusetzen.

Die Mitteilungspflicht steht in Zusammenhang mit dem oben genannten Prinzip der umfassenden und rechtzeitigen Information, wodurch insbesondere auch dem Entstehen von Informationsvorsprüngen bei einzelnen Marktteilnehmern und der damit ver-

135 Vgl. Beckmann/Kersting/Mielke (2003), S. 6, und Zinser (2001), S. 482.

136 Vgl. Krause (1996), S. 46, und Zinser (2001), S. 482f.

137 Vgl. zum Verfahrensablauf Beckmann/Kersting/Mielke (2003), S. 6f., sowie Zinser (2001), S. 482ff.

bundenen Gefahr des Insiderhandels entgegengewirkt werden soll. Daher kann ein potenzieller Bieter schon bereits zur Ankündigung seines Vorhabens gezwungen sein, wenn die Zielgesellschaft aus einer zuverlässigen Quelle von den bestehenden Übernahmeplänen erfährt.

Hat eine Bietergesellschaft ihr Übernahmevorhaben mitgeteilt, ist sie zur Weiterführung des Verfahrens verpflichtet, wobei es ihr unbenommen bleibt, den Abschluss des Verfahrens an bestimmte Bedingungen zu knüpfen wie zum Beispiel an das Erreichen von mindestens 51% des Kapitals oder an das Erreichen der Mehrheit der Stimmrechte. Dies bedeutet in der praktischen Konsequenz, dass sich der Bieter innerhalb von 28 Tagen mit allen Aktionären der Zielgesellschaft in Verbindung zu setzen und ihnen detaillierte und sorgfältig zusammengestellte Angebotsunterlagen zuzuleiten hat.

Mit der Übersendung der Unterlagen beginnt die Annahmefrist für das Übernahmeangebot, die mindestes 21 und höchstens 60 Tage beträgt. In diesen Angebotsunterlagen müssen finanzielle Informationen über den Bieter enthalten sein wie etwa seine Gewinn- und Verlustrechnungen der letzten drei Jahre, die jüngste Bilanz sowie GuV, Angaben über seine wirtschaftliche Situation und die Liquiditätslage, die Namen der Manager, der bereits bestehende Beteiligungsgrad an dem Zielunternehmen sowie der Beteiligungserwerb am Zielunternehmen in den vergangenen zwölf Monaten. Ferner hat der Bieter seine Pläne hinsichtlich der weiteren Geschäftspolitik im Zielunternehmen und bezüglich etwaiger Änderungen im Hinblick auf die Anzahl und der Stellung der Arbeitnehmer darzulegen. Darüber hinaus hat er eine wirtschaftliche Rechtfertigung seines Übernahmeangebots abzugeben.

Nachdem den Aktionären diese detaillierten Angebotsunterlagen zugeleitet worden sind, ist das Management der Zielgesellschaft verpflichtet, von unabhängigen Sachverständigen eine oder mehrere Gutachten – sogenannte „Fairness Opinions“ – über das Übernahmevorhaben und seine finanzielle Angemessenheit einzuholen und dieses bzw. diese mit einer eigenen Stellungnahme an die Aktionäre weiterzuleiten. Eine besondere Bedeutung kommt dabei der Erklärung des Managements der Zielgesellschaft zu, ob es beabsichtigt, das Angebot anzunehmen oder abzulehnen. Der Zweck dieser Vorgehensweise besteht darin, dass sich die Anteilseigner einen noch besseren Eindruck über die Angemessenheit des Übernahmeangebots bilden können.

Eines der Kernstücke des City Code stellt das Pflichtangebot dar, da es auf den Schutz von Minderheiten zielt und die finanzielle Gleichbehandlung aller Anteilseigner sicherstellen soll. Mit Hilfe eines einheitlichen Pflichtangebots soll zum Beispiel verhindert werden, dass ein Großaktionär aufgrund seiner überragenden Stellung im Unternehmen für den Verkauf seiner Anteilsscheine an den Bieter in den Genuss eines sogenannten Paketzuschlags – also einer individuellen Kontroll- bzw. Übernahmeprämie – gelangt.[138]

So ist derjenige, der mindestens 30% des Kapitals bzw. der Stimmrechte eines Unternehmens erworben hat, verpflichtet, allen anderen Anteilsinhabern ein Übernahmeangebot unterbreiten. Ein Zwangsangebot hat darüber hinaus auch derjenige zu unterbreiten, der bereits zwischen 30% und 50% des Kapitals bzw. der Stimmrechte hält und weitere Anteilsscheine hinzukauft. Führt ein Pflichtangebot nicht zum Erreichen eines mindestens 50%igen Stimmrechtsanteils an dem Unternehmen, muss der Bieter die eingegangenen Annahmeerklärungen an die Aktionäre zurückschicken und seine Beteiligung auf weniger als 30% reduzieren.

Für das Erfordernis eines Pflichtangebots ist es unerheblich, ob die Kontrollschwellen von einem Einzelnen oder durch ein gemeinschaftliches Zusammenwirken mehrer Unternehmen oder Personen erreicht werden. Auf diese Weise wirkt der City Code explizit etwaigen Umgehungsversuchen entgegen.

Entsprechend des oben an dritter Stelle genannten Grundgedankens – alle Verteidigungsmaßnahmen mit obstruktivem Charakter sind untersagt – misst der City Code der Zulässigkeit von Abwehrmaßnahmen einen besonderen Stellenwert bei. Generell sind alle Maßnahmen der Zielgesellschaft unzulässig, die darauf gerichtet sind, einen Übernahmeversuch zu vereiteln, was etwa dadurch geschehen kann, dass die Zielgesellschaft für den potenziellen Übernehmer unattraktiver gemacht wird. Insbesondere darf das Management der Zielgesellschaft nach Erhalt der Mitteilung über eine geplante Übernahme keinerlei übernahmerelevanten Maßnahmen mehr durchführen, zu denen es nicht durch einen Beschluss der Hauptversammlung ermächtigt ist.[139]

Aufgrund dieser restriktiven Regelung arbeitet das Management der Zielgesellschaft in der Regel einvernehmlich mit den Übernahmeinteressenten zusammen. Dennoch sind Verteidigungsmaßnahmen nicht generell unzulässig. So ist es der Zielgesellschaft bzw. dessen Management unbenommen, nach einem Bieter Ausschau zu halten, der bereit und in der Lage ist, ein höheres Übernahmeangebot zu unterbreiten.[140] Auch sind die Verteidigungsmaßnahmen nicht von der restriktiven Regelung erfasst, die eine Gesellschaft bereits vor dem Vorliegen eines konkreten Übernahmeangebots getroffen hat.

Kommen Gerüchte über eine bevorstehende Unternehmensübernahme auf oder wird eine Unternehmensübernahme öffentlich angekündigt, kann dies – je nach Ausmaß des spekulativen Moments – mit mehr oder minder starken Kursausschlägen verbunden sein. Während sich das Lancieren von Gerüchten kaum wirksam unterbinden lässt,

---

138 Vgl. Brüls (2000), S. 891.

139 Zu den von der Zustimmung der Hauptversammlung abhängigen Maßnahmen vgl. Kirchner (2000), S. 107.

140 Zu diesen sog. „White Knights“ vgl. Kap. 4.4.2.2 der vorliegenden Arbeit.

kann die Gefahr der Kursbeeinflussung über das Ankündigen einer Unternehmensübernahme hingegen dadurch gemindert werden, dass ein Bieter an sein Angebot gebunden bleibt.

Zur Sicherstellung der Funktionsfähigkeit des UK-Kapitalmarktes und als Vertrauensschutz in seine Lauterkeit sieht der City Code deshalb vor, dass ein Bieter grundsätzlich nicht von seinem Übernahmeangebot zurücktreten kann. Auch ist eine Angebotsverschlechterung unzulässig, wenn sie faktisch einer Rücknahme des Angebots gleichkommt. Ein Bieter kann sein Angebot inhaltlich aber jederzeit zu Gunsten der Anteilseigner abändern, so dass er gerade im Hinblick auf etwa eingehende Konkurrenzangebote ein hohes Maß an Flexibilität erhält.

Von großer Relevanz ist schließlich die im City Code enthaltene Regelung, dass es dem Bieter im Falle einer gescheiterten Übernahme untersagt ist, innerhalb von zwölf Monaten ein weiteres Übernahmeangebot für dasselbe Unternehmen zu unterbreiten. Der Bieter darf während dieses Zeitraums von der Zielgesellschaft auch nur so viele Anteile erwerben, dass er hierdurch kein Pflichtangebot auslöst.

Auf der Grundlage des „City Codes on Takeovers and Mergers" konnte sich in Großbritannien ein funktionierender M&A-Markt entwickeln, der durch einen hohen Grad an Aktivität gekennzeichnet ist. Aufgrund seiner detaillierten und den gesamten Verfahrenablauf betreffenden Regelungen hat der City Code eine bedeutende Ausstrahlungskraft entfaltet. Zahlreiche Regelungen des auf freiwilliger Basis abgeschlossenen Verhaltenskodex finden sich mittlerweile in den Übernahmegesetzen anderer Länder. Selbst die von der EU erlassene Übernahmerichtlinie zur Vereinheitlichung des Gemeinschaftsrechts[141] basiert im Wesentlichen auf bewährten City Code- Regelungen.

3.2.4 M&A-relevante Rechtsnormen in den USA

In den 1960er Jahren war der US-amerikanische Mergers & Acquisitions-Markt durch eine Vielzahl feindlicher Übernahmeversuche geprägt. Zahlreiche feindliche Übernahmeangebote basierten zu diesem Zeitpunkt nicht unwesentlich auf einem Überraschungsmoment mit dem Ziel, die Zielgesellschaft hinsichtlich ihrer Verteidigungsmöglichkeiten einzuschränken.[142]

So war zu dieser Zeit zum Beispiel das sogenannte „Saturday Night Special" eine durchaus gängige Praxis, demzufolge den Anteileignern eines Zielunternehmens vom Tag des Übernahmeangebots, das zumeist Freitagnacht erfolgte, genau eine Woche Zeit eingeräumt wurde, um ihre Aktien dem übernahmewilligen Unternehmen zum Verkauf anzubieten. Mit dieser Taktik sollten zeitlicher Druck auf die Anteilseigner

---

141 Vgl. EU (2004), S. 12ff.

142 Vgl. Depser (1992), S. 351.

des Zielunternehmens ausgeübt und die Erfolgsaussichten des Übernahmeverfahrens verbessert werden.[143]

Diese Wochenfrist war für die Anteilseigner in aller Regel zu knapp bemessen, um sich einen abschließenden Eindruck von den Konsequenzen einer Annahme oder Ablehnung des Übernahmeangebots bilden zu können. Zudem reichte diese kurze Zeitspanne in den seltensten Fällen dazu aus, um erfolgreich einem anderen Investor zu finden, der einen höheren Preis für das Unternehmen zu zahlen bereit gewesen wäre.

Diese Vorgehensweise war zwar nach dem „Securities Exchange Act" (SEA) aus dem Jahre 1934 grundsätzlich zulässig, hatte aber zur Folge, dass sich die Anteileigner in einer relativ ungünstigen Position befanden und beim Verkauf ihrer Unternehmensanteile nicht den höchstmöglichen Preis – also den Preis, der sich unter transparenten Marktbedingungen ergeben hätte – realisieren konnten. Vor diesem Hintergrund wurde in den USA im Jahre 1968 der „Williams Act" erlassen, der seither als §§13 (d)-(e) und 14 (d)-(f) einen Bestandteil des „Securities Exchange Act" bildet.

Das Hauptanliegen des „Williams Act" besteht zum einen im Schutz der Anteilseigner der Zielunternehmen, indem er eine weitreichende Publizitätspflicht – eine „full disclosure" – hinsichtlich einer Übernahmeabsicht statuiert. Insbesondere sollen die Anteileigner des Zielunternehmens über die Hintergründe der Übernahme, über die Absichten des Bieters und über dessen finanzielle Situation informiert werden. Zum anderen garantiert der „Williams Act" den Anteilseignern der Zielgesellschaft Ansprüche auf wichtige Rechte wie etwa auf das Recht auf Gleichbehandlung und das Recht auf einen Schutz vor Übervorteilung.

So sieht der „Williams Act" zum Beispiel vor, dass jeder Aktienerwerb, der eine Beteiligungsquote von 5% der Anteile an einer an einer US-Börse notierten Gesellschaft überschreitet, der „Securities and Exchange Commission", kurz SEC, angezeigt werden muss. Darüber hinaus muss der Erwerber die Zielgesellschaft sowie alle Börsen, an denen die betreffenden Aktien gehandelt werden, von dem Vorgang unterrichten. Beispielsweise muss der Bieter Angaben über die Anzahl der erworbenen Aktien, seine Identität, seinen Unternehmenssitz und seine Staatszugehörigkeit, die Höhe und die Herkunft der für den Aktienerwerb aufgewandten Mittel, seine mit der Übernahme verbundenen Absichten und die gegebenenfalls vorhandenen Interessen Dritter an dieser Transaktion machen. Außerdem darf der Erwerber innerhalb von 10 Tagen nach der Bekanntmachung des Aktienerwerbs seine Beteiligungsquote an dem Unternehmen nicht weiter erhöhen.[144]

---

143 Vgl. Albrecht (2001), S. 8f.

144 Vgl. dazu Albrecht (2001), S. 12ff., und Depser (1992), S. 353.

Handelt es sich bei dem Übernahmeangebot um ein „Tender Offer" nach §14 SEA, dann ähneln die einzuhaltenden Offenlegungs- und Anzeigepflichten zwar den oben beschriebenen Regeln. Die Regelungen werden insgesamt aber wesentlich strenger gehandhabt.

Von großer Bedeutung ist bereits der Zeitpunkt der Eröffnung eines „Tender Offer", weil ab diesem Zeitpunkt die einschlägigen Verfahrensfristen zu laufen beginnen. Beispielsweise kann ein „Tender Offer" durch eine öffentliche Bekanntgabe eröffnet werden, sofern in der Ankündigung eindeutig die Zielgesellschaft, die genaue Anzahl der betroffenen Aktien und der Preis pro Unternehmensanteil bzw. die Preisspanne genannt sind. Auch in einem „Tender Offer"-Verfahren ist der Bieter dazu verpflichtet, der SEC das Überschreiten der Beteiligungsquote von 5% an einem Zielunternehmen mitteilen.

Darüber hinaus muss der Bieter aber auch die Anteilseigner der Zielgesellschaft direkt und in angemessener Weise über sein Übernahmevorhaben informieren. Diese Informationspflicht erstreckt sich neben der Angabe der Höhe des Anteilspreises und der Anzahl der für den Erwerb des Unternehmens ins Auge gefassten Anteile auf die Offenlegung der mit dem Unternehmenserwerb beabsichtigten Ziele. Das bedeutet unter anderem, dass der Bieter den Anteilseignern des Zielunternehmens mitteilen muss, ob er das Unternehmen nach der Übernahme zu veräußern beabsichtigt, ob das amtierende Management entlassen, die Dividendenpolitik geändert, ob das Unternehmen nach erfolgter Übernahme umgewandelt und wie die Unternehmensübernahme finanziert werden sollen – im Tausch gegen eigene Stamm- oder Vorzugsaktien, durch die Emission hochverzinslicher und besonders risikoreicher Anleihen, den sogenannten „Junk Bonds", oder gegen Barzahlung.[145]

Neben den bieterseitigen Anzeige- und Offenlegungspflichten sieht der „Williams Act" im Rahmen eines „Tender Offer" aber auch bestimmte Offenlegungspflichten auf Seiten der Zielgesellschaften vor. Insbesondere hat das Management einer Zielgesellschaft den eigenen Anteilseignern gegenüber eine Stellungsnahme zum „Tender Offer" abzugeben, in der entweder die Annahme oder die Ablehnung des Übernahmeangebots empfohlen wird. Die Empfehlung ist umfassend zu begründen, und zwar unabhängig davon, wie sie ausfällt.[146]

Und schließlich enthält der „Williams Act" detaillierte Bestimmungen, die die Anteilseigner einer Zielgesellschaft vor den Folgen einer übereilten Entscheidung schützen und die Gleichbehandlung aller Anteilseigner gewährleisten sollen. Zentrale Rege-

145 Vgl. Albrecht (2001), S. 18f.

146 Vgl. Albrecht (2001), S. 20f.

lungen sind im SEA das Rücktrittsrecht, die pro rata-Regelung, die „Best Price“-Regel und die Mindestlaufzeit eines „Tender Offer“ von 20 Werktagen.

Verstöße gegen die Vorgaben des „Williams Act“ können ein strafrechtliches Vorgehen des US-amerikanischen Justizministeriums nach sich ziehen oder auf dem Wege einer Privatklage geahndet werden.

Abschließend soll festgehalten werden, dass es sich bei dem „Williams Act“ um eine US-bundesgesetzliche Regelung handelt, die auf die Herstellung einer „Waffengleichheit“ zwischen Bietern und Zielunternehmen abzielt.

Daneben existieren in den USA aber auch auf einzelstaatlicher Ebene zahlreiche Regelungen, die gelegentlich als „Blue Sky Laws“[147] oder als „Anti-Takeover Statutes“ bezeichnet werden. Diese Regelungen zielen auf den Schutz der lokalen Wirtschaft ab und können Unternehmensübernahmen zum Teil nicht unerheblich erschweren.[148] Die sehr spezifische Ausgestaltung und Interessenlage lassen – zusammen mit dem in dieser Arbeit nur begrenzt zur Verfügung stehenden Raum – eine detaillierte Behandlung der „Blue Sky Laws“ bzw. der„Anti-Takeover Statutes“ nicht zu. Hierfür wird weiterführend auf die einschlägige grundlegende Literatur verwiesen.[149]

3.3 Wettbewerbsrechtliche Rahmenbedingungen für M&A-Transaktionen

Schließen sich zwei oder mehr Unternehmen zu einer größeren wirtschaftlichen Einheit zusammen bzw. wird ein Wettbewerber übernommen, bleibt dies in aller Regel nicht ohne Auswirkungen auf den Wettbewerb in den betroffenen Märkten. Dies ist nicht überraschend, denn vielfach stellt gerade die Erlangung von Marktmacht bzw. einer marktbeherrschenden Stellung ein wichtiges Ziel vieler Unternehmensübernahmen bzw. -fusionen dar.[150]

Verfügt ein Unternehmen jedoch über Marktmacht, weil sich zum Beispiel durch die Übernahme eines Konkurrenten die Anzahl der verbleibenden Anbieter in einem Markt verringert, wird es hierdurch in die Lage versetzt, zumindest in gewissen Grenzen die Preise, Mengen bzw. Qualitäten eines angebotenen Produktes eigenständig festzulegen oder nach gewissen Kriterien zu differenzieren.[151] Bezieht sich die Übernahme auf ein Unternehmen, das in einem vor- oder nachgelagerten Markt aktiv ist, dann kann im Falle von Marktmacht nicht nur die Beschaffung der benötigten Vorleis-

147 Vgl. Albrecht (2002), S. 30.

148 Vgl. Depser (1992), S. 354.

149 Vgl. hierzu grundlegend Mahoney (2001) und Subramanian (2003).

150 Vgl. Albrecht (2001), S. 6.

151 Vgl. dazu Wöhe (1990), S. 666f. sowie S. 679ff.

tungen oder die Verteilung der produzierten Produkte über einen wichtigen Absatzkanal sichergestellt werden, sondern es entsteht dadurch auch die Möglichkeit der Behinderung von Konkurrenten, indem diese von der Nutzung dieses Beschaffungs- oder Absatzweges ausgeschlossen werden. Darüber hinaus können dadurch Markteintrittsbarrieren für eventuelle Neukonkurrenten errichtet werden.

Die Existenz eines funktionsfähigen Wettbewerbs bildet ein wichtiges konstitutives Element jeder marktwirtschaftlich organisierten Volkswirtschaft. Zu dessen Sicherstellung sind daher Wettbewerbsgesetze erlassen worden mit dem Ziel, wettbewerbsbeschränkende Praktiken möglichst zu unterbinden und für einen Interessenausgleich zwischen Unternehmen und Konsumenten zu sorgen. Sie üben insofern direkten Einfluss auf die Höhe von Übernahmepreisen und damit auch auf die Höhe von Übernahmeprämien aus.

Im Folgenden werden deshalb die M&A-relevanten Wettbewerbsgesetze in den ausgewählten Ländern im Einzelnen vorgestellt und in ihrer Auswirkung auf Übernahmeprämien bewertet.

3.3.1 Wettbewerbsrechtliche Bestimmungen in Deutschland

In Deutschland fallen Unternehmensübernahmen in den Regelungsbereich des Gesetzes gegen Wettbewerbsbeschränkungen, kurz GWB.[152] Obwohl das GWB ursprünglich bereits im Jahre 1958 in Kraft gesetzt wurde, ist die Entstehung von Marktmacht durch Unternehmensübernahmen aufgrund einer Regelungslücke erst seit 1973 wettbewerbsrechtlich geregelt.[153] Inzwischen wurde das GWB bereits mehrfach überarbeitet, wobei die letzten Änderungen vor allem darauf gerichtet sind, die deutschen wettbewerbs- und kartellrechtlichen Bestimmungen stärker mit den einschlägigen EU-Regelungen in Einklang zu bringen.

Die Durchsetzung der wettbewerbs- und kartellrechtlichen Bestimmungen bezüglich Unternehmensübernahmen obliegt dem Bundeskartellamt, das unabhängig agiert und als Bundesoberbehörde dem Bundeswirtschaftsministerium untersteht.

---

152 Die nationale Zuständigkeit für die Überprüfung der Zulässigkeit von Unternehmensübernahmen endet in Deutschland wie in allen anderen EU-Mitgliedstaaten dort, wo die Zuständigkeit der EU-Kommission als supranationalem Organ beginnt. In den Zuständigkeitsbereich der EU-Kommission fallen alle Unternehmenszusammenschlüsse von gemeinschaftsweiter Bedeutung. Ein solcher Unternehmenszusammenschluss von gemeinschaftsweiter Bedeutung liegt immer dann vor, wenn alle am Zusammenschluss beteiligten Unternehmen einen weltweiten Gesamtumsatz von mehr als €5 Mrd. haben und mindestens zwei der beteiligten Unternehmen einen EU-Umsatz von jeweils mehr als €250 Mio. aufweisen – oder aber alle am Zusammenschluss beteiligten Unternehmen verfügen zusammen einen weltweiten Gesamtumsatz von mehr als €2,5 Mrd., mindestens zwei der beteiligten Unternehmen erzielen einen gemeinschaftsweiten Umsatz von mehr als €100 Mio. und alle am Zusammenschluss beteiligten Unternehmen erzielen in mindestens drei EU-Mitgliedstaaten einen Gesamtumsatz von jeweils mehr als €100 Mio. Vgl. hierzu ausführlich Bundeskartellamt (2004), S. 1f.

153 Vgl. Berg (1993), S. 2462.

Das Gesetz gegen Wettbewerbsbeschränkungen regelt umfassend alle Formen unternehmerischer Konzentration, die darauf gerichtet oder zumindest geeignet sind, den Wettbewerb auf den jeweiligen Märkten nachhaltig zu beeinträchtigen. Deshalb fällt grundsätzlich jede Form des direkten oder indirekten Kontrollerwerbs an einem Unternehmen, jede Übernahme von wesentlichen Teilen des Vermögens eines anderen Unternehmens, der Erwerb von mindestens 25% bzw. 50% des Kapitals bzw. der Stimmrechte an einem anderen Unternehmen sowie diverse Formen der Unternehmenskooperation unter die einschlägigen Regelungen des Gesetzes gegen Wettbewerbsbeschränkungen.[154]

In Deutschland muss dem Bundeskartellamt jede Unternehmensübernahme gemeldet werden, wenn:

1. der weltweite Umsatz der beteiligten Unternehmen mehr als €500 Mio. beträgt
2. der Umsatz wenigstens eines der beteiligten Unternehmen innerhalb Deutschlands €25 Mio. überschreitet
3. nicht bestimmte Ausnahmetatbestände vorliegen wie zum Beispiel, dass es sich bei dem relevanten Markt um einen unbedeutenden Markt mit einem Umsatzvolumen von weniger als €15 Mio. pro Jahr handelt.

Für die Anmeldung einer Unternehmensübernahme beim Bundeskartellamt existieren keine gesetzlichen Terminvorgaben.[155] Allerdings ist die Vorschrift zu beachten, dass eine geplante Unternehmensübernahme der Behörde rechtzeitig bekannt gemacht werden muss. Vor allem muss beachtet werden, dass eine überprüfungspflichtige Unternehmensübernahme nicht vollzogen werden darf, bevor die Überprüfung durch das Bundeskartellamt abgeschlossen ist. Bei Nichtbeachtung kann der Übernahmevertrag für ungültig erklärt werden.

Ist das Bundeskartellamt über eine meldepflichtige Unternehmensübernahme informiert und sind alle für den Prozess erforderlichen Unterlagen eingereicht worden, muss die Behörde innerhalb eines Monats entscheiden, ob von dieser Unternehmensübernahme eine Beeinträchtigung des Wettbewerbs im relevanten Markt ausgeht oder nicht.[156]

Lässt die Unternehmensübernahme keine wesentliche Beeinträchtigung des Wettbewerbs im relevanten Markt erwarten, wird sie genehmigt.[157] Kommt das Bundeskartellamt in dieser ersten Überprüfungsphase hingegen zu dem Urteil, dass von der an-

---

[154] Vgl. dazu LBR (2005b), S. 1ff.

[155] Zum Anmeldeverfahren vgl. Bundeskartellamt (2005), S. 1ff.

[156] Vgl. Bundeskartellamt (2000a), S: 1ff.

[157] In der Praxis werden rd. 95% aller angemeldeten, meldepflichtigen Unternehmensübernahmen in Deutschland innerhalb von vier Wochen entschieden.

gekündigten Unternehmensübernahme eine erhebliche Beeinträchtigung des Wettbewerbs ausgehen kann, ist das geplante Übernahmevorhaben im Rahmen einer zweiten Überprüfungsphase, die sich bis zu vier Monaten und in Einzelfällen sogar über einen noch längeren Zeitraum erstrecken kann, einer sehr detaillierten Untersuchung zu unterziehen.

Kommt das Bundeskartellamt in dieser zweiten Überprüfungsphase zu dem Ergebnis, dass das Unternehmen mit der Übernahme in eine marktbeherrschende Position[158] gelangt, wird es die Übernahme regelmäßig verbieten. Eine Erlaubnis wird nur in den Fällen erteilt, in denen der Übernehmer nachweisen kann, dass es trotz der marktbeherrschenden Stellung zu einer Verbesserung der Marktversorgung kommt, dass Effizienzgewinne eventuell entstehende gesamtwirtschaftliche Nachteile aufwiegen oder wenn sich der Übernehmer bereit erklärt, sich von wichtigen Teilen seines bisherigen Unternehmensvermögens zu trennen, um auf diese Weise seine Marktmacht zu reduzieren.

In Deutschland existieren nur wenige Sonderbestimmungen, die zusätzlich zu den allgemeinen Regelungen des Gesetzes gegen Wettbewerbsbeschränkungen zu beachten sind bzw. diese außer Kraft setzen. Beispielsweise sind im Rundfunkstaatsvertrag spezielle Regelungen bezüglich der Eigentumsverhältnisse von Fernsehsendern enthalten, um die Konzentrationstendenzen in diesem Sektor stärker einzuschränken. Darüber hinaus muss bei der Übernahme von Banken oder Versicherungsgesellschaften die BaFin eingeschaltet und gehört werden.

Eine wichtige Ausnahmeregelung stellt in Deutschland die „Ministererlaubnis" dar. Ist eine Unternehmensübernahme aufgrund ihrer wettbewerbsbeschränkenden Wirkung vom Bundeskartellamt untersagt worden, kann der Bundesminister für Wirtschaft auf Antrag die Erlaubnis zur Unternehmensübernahme dennoch erteilen, wenn die Wettbewerbsbeschränkung von den gesamtwirtschaftlichen Vorteilen aufgewogen bzw. wenn die Übernahme durch ein überragendes Interesse der Allgemeinheit gerechtfertigt ist.

3.3.2 Wettbewerbsrechtliche Bestimmungen in Frankreich

Seit dem Inkrafttreten eines neuen Wirtschaftsgesetzes am 19. Mai 2002 gelten für Unternehmensübernahmen in Frankreich veränderte wettbewerbsrechtliche Bestimmungen. Die Verantwortung für die Gesetzmäßigkeit der Unternehmensübernahmen liegt beim französischen Wirtschaftsministerium, das sich seinerseits für die Einhaltung der neuen Regelungen der „Direction Générale de la Concurrence, de la Con-

---

[158] Zum Begriff der Marktbeherrschung vgl. Bundeskartellamt (2000b), S. 5ff.

sommation et de la Régression des Fraudes“ sowie dem unabhängigen „Conseil de la Concurrence“ bedient.[159]

Unter einer Unternehmensübernahme wird in Frankreich eine Form der Unternehmenskonzentration verstanden, die dadurch entsteht, dass zwei oder mehr vorher unabhängige Unternehmen miteinander verschmelzen oder dass eine oder mehrere Personen, die bereits wenigstens ein Unternehmen kontrollieren, eine direkte oder indirekte Kontrolle über zumindest einen Teil eines anderen Unternehmens erlangen.

Von Kontrolle wird in diesem Zusammenhang gesprochen, wenn durch den Besitz von Unternehmensvermögen, durch Eigentumsrechte oder durch Verträge ein entscheidender Einfluss auf die Unternehmensaktivitäten ausgeübt werden kann. Selbst im Falle von Minderheitsrechten kann eine Kontrollsituation vorliegen, und zwar in solchen Fällen, in denen über die Möglichkeit der Ausübung eines Vetorechts die strategischen Entscheidungen des Zielunternehmens beeinflusst werden können.

Unternehmensübernahmen sind in Frankreich nur dann von wettbewerbsrechtlicher Relevanz, wenn ein oder beide der folgenden Schwellenwerte erreicht bzw. überschritten werden:

1. Alle an der M&A-Transaktion beteiligten Unternehmen müssen zusammengenommen ein weltweites Umsatzvolumen vor Steuern von mehr als €150 Mio. aufweisen.
2. Sofern es sich um zwei Vertragsparteien handelt, muss jede Vertragspartei in Frankreich ein Umsatzvolumen von mindestens €50 Mio. aufweisen.

Nach französischem Recht müssen Unternehmensübernahmen den Behörden mitgeteilt werden. Zeitliche Fristen, innerhalb derer die Behörden von der Übernahme in Kenntnis gesetzt werden müssen, existieren hingegen in Frankreich nicht. Die Mitteilung kann zum Beispiel erfolgen, wenn die Bieter- und die Zielgesellschaft eine unwiderrufliche Übernahmeverpflichtung eingegangen sind, wenn sie ihre Kauf- bzw. Verkaufsabsichten öffentlich bekannt gemacht haben oder wenn der Bieter die Kontrolle über die Zielgesellschaft erlangt hat.

Bei einem Verstoß gegen diese Meldepflicht muss die Meldung nachgereicht oder aber die Übernahme muss rückgängig gemacht werden. In jedem Fall hat die Meldung einer Unternehmensübernahme eine aufschiebende Wirkung. Dies bedeutet, dass eine Übernahme so lange nicht rechtswirksam werden kann, wie das französische Wirtschaftsministerium seine Zustimmung hierzu nicht erteilt hat. Nur in Ausnahmefällen und nach vorheriger Genehmigung können die beteiligten Unternehmen die Übernahme weiter vorantreiben, sofern diese Maßnahmen erforderlich und gerechtfertigt sind.

[159] Vgl. dazu LBR (2005c), S. 1ff.

Damit die Behörden in Frankreich die Genehmigungsfähigkeit einer Unternehmensübernahme überprüfen können, müssen die beteiligten Unternehmen bestimmte Informationen bzw. Dokumente zur Verfügung stellen. So muss den französischen Behörden:

1. eine Kopie der Übereinkunft über die Unternehmensübernahme sowie eine Aufstellung über die rechtlichen und finanzwirtschaftlichen Aspekte der M&A-Transaktion einschließlich der Wettbewerbswirkungen der Übernahme vorgelegt werden
2. die Identität der Vertragsparteien einschließlich der zwischen ihnen bestehenden wirtschaftlichen Beziehungen mitgeteilt werden
3. mitgeteilt werden, wie der relevante Markt abgegrenzt wird – Produktmarkt, räumliche Ausdehnung des Marktes – und welche Substitutionsprodukte gegebenenfalls betroffen sind
4. und die Marktposition näher beschrieben werden, die der Bieter im relevanten Markt nach der Übernahme einnehmen will.

Bei der Zusammenstellung der Informationen und Dokumente für die Behörden ist von Bedeutung, dass das französische Übernahmerecht hinsichtlich der Märkte eine Unterscheidung danach vornimmt, ob sie von einer Übernahme betroffen sind oder ob sie von einer Übernahme beeinflusst werden. Von einem „betroffenen" Markt wird ausgegangen, wenn sich die Übernahme direkt oder auch nur indirekt auf ihn auswirkt. Bei einem „beeinflussten" Markt handelt es sich hingegen um einen Markt, mit dem der Übernahmekandidat in vor- oder in nachgelagerter Stufe wirtschaftlich verbunden ist und in dem er über einen Marktanteil von mindestens 25% verfügt.

Die Informationen bezüglich der betroffenen Märkte müssen aufgrund der unmittelbaren Wettbewerbsrelevanz wesentlich detaillierter zusammengetragen werden als die Informationen bezüglich der beeinflussten Märkte. Insgesamt ist die Informationssammlung für die Unternehmen zeitintensiv und erfordert erfahrungsgemäß einen Zeitraum von 15 bis 30 Tagen.

Die behördliche Überprüfung eines Übernahmevorhabens vollzieht sich in Frankreich in zwei Phasen. Die erste Phase dient der Meinungsbildung durch das Wirtschaftsministerium. Hierfür ist ein Zeitraum von fünf Wochen vorgesehen, dessen Frist mit dem Tage zu laufen beginnt, an dem alle erforderlichen Dokumente vorliegen. Diese fünfwöchige Frist kann auf maximal acht Wochen verlängert werden, was etwa dann erforderlich wird, wenn die Unternehmen erfolgte Änderungen in ihren Übernahmebedingungen nachreichen. Bestehen nach der Durchsicht der Unterlagen von Seiten des Ministeriums keine Wettbewerbsbedenken, kann die Unternehmensübernahme von den Vertragsparteien rechtskräftig vollzogen werden.

Lässt das geplante Übernahmevorhaben jedoch eine bedeutende Beeinträchtigung des Wettbewerbs erwarten, mündet die behördliche Überprüfung in eine zweite Phase. In dieser zweiten Phase leitet das Wirtschaftsministerium die Angelegenheit an den unabhängigen Wettbewerbsrat weiter. Dieser Wettbewerbsrat muss sich innerhalb von drei Monaten eine Meinung über das Übernahmevorhaben bilden und diese als Empfehlung an das Wirtschaftsministerium übermitteln.

Das Wirtschaftsministerium muss auf der Grundlage dieser Empfehlung innerhalb von vier Wochen zu einer Entscheidung über die Zulässigkeit der Unternehmensübernahme gelangen. Unter ganz bestimmten Bedingungen kann diese Frist nochmals um drei weitere Wochen verlängert werden. Das Ergebnis der zweiten Phase besteht nun darin, dass das Wirtschaftsministerium entweder die Unternehmensübernahme verbietet oder nur unter bestimmten Auflagen erlaubt.

Da die an der Übernahme beteiligten Unternehmen während der beiden Überprüfungsphasen mit der Behörde in engem Kontakt stehen, können die einer Genehmigung im Wege stehenden Wettbewerbsprobleme dadurch relativ zügig beseitigt werden. Somit können zum Beispiel bereits während des Verfahrens Unternehmensbeteiligungen aufgegeben, Patente veräußert und bestehende Verträge aufgelöst oder entsprechende Verpflichtungen von Seiten der Unternehmen eingegangen werden. Die Entscheidung des Wirtschaftsministeriums kann dem Obersten Verwaltungsgericht, dem „Conseil d`Etat", zur Überprüfung vorgelegt werden, wenn bei der Überprüfung gegen Verfahrensvorschriften verstoßen worden ist oder wenn der Verdacht des Machtmissbrauchs besteht.

Somit muss von den Marktteilnehmern für die Genehmigung einer Unternehmensübernahme in Frankreich ein Zeitraum von minimal fünf Wochen bis maximal acht Monaten eingeplant werden.

Neben diesen allgemeinen wettbewerbsrechtlichen Übernahmeregelungen existieren in Frankreich für bestimmte Branchen spezifische Übernahmeregelungen. Hierbei handelt es sich in der Regel um Branchen, die ein besonderes öffentliches Interesse genießen. So gelten in Frankreich spezielle Übernahmeregelungen für:[160]

1. *Rundfunkanstalten*: Sofern der französische Staat an einer Rundfunkanstalt beteiligt ist, dürfen ausländische Unternehmen nicht mehr als 20% des Kapitals bzw. der Stimmrechte innehaben.
2. *Presseunternehmen*: An einem Presseunternehmen, dessen Gesamtauflage zu mindestens 30% aus Tageszeitungen besteht, dürfen sich ausländische Unternehmen mit nicht mehr als 20% des Kapitals bzw. der Stimmrechte beteiligen.

---

160 Vgl. LBR (2005c), S. 14.

3. *Versicherungen und Anlagegesellschaften*: Unternehmensübernahmen in diesen Bereichen bedürfen der Zustimmung der entsprechenden Behörden.
4. *Rüstungsunternehmen, Lottogesellschaften, Spielkasinos und Sicherheitsunternehmen*: Unternehmensbeteiligungen bzw. Unternehmensübernahmen an derartigen Unternehmen bedürfen der Zustimmung des Finanzministeriums.

3.3.3 Wettbewerbsrechtliche Bestimmungen in Großbritannien

Unter bestimmten Bedingungen können Unternehmensübernahmen in Großbritannien aus wettbewerbspolitischen Erwägungen heraus Beschränkungen unterworfen sein. Die wichtigste gesetzliche Bestimmung hierfür bildet der im Jahr 2002 erlassene und am 20. Juni 2003 in Kraft gesetzte „Enterprise Act", der den „Fair Trading Act" aus dem Jahre 1973 ablöste.[161]

Der „Enterprise Act" regelt die Vorgehensweise bei der behördlichen Überprüfung von Unternehmensübernahmen. So ist im „Enterprise Act" festgelegt, dass das „Office of Fair Trading" zunächst zu überprüfen hat, ob es sich um eine aus wettbewerbspolitischer Sicht relevante Unternehmensübernahme handelt, die vor allem dadurch gekennzeichnet sein muss, dass ein Unternehmenserwerb zu einer wesentlichen Verschlechterung der Wettbewerbssituation in Großbritannien führt bzw. erwartet werden kann, dass die Akquisition in Zukunft zur einer Beeinträchtigung des Wettbewerbs führen wird.

Wenn dies der Fall ist, ist das „Office of Fair Trading" verpflichtet, die Angelegenheit an die „Competition Commission" weiterzuleiten, die ihrerseits eine nochmalige Untersuchung der mit der Unternehmensübernahme verbundenen Wettbewerbsfolgen durchführt. Kommen die Mitglieder der „Competition Commission" mit einer 2/3-Mehrheit zu dem Ergebnis, dass die Unternehmensübernahme mit einer wettbewerbsverschlechternden Wirkung verbunden ist, ist die Behörde gleichzeitig verpflichtet, Maßnahmen festzulegen, mit deren Hilfe die nachteiligen Wirkungen für den Wettbewerb in Großbritannien entweder verhindert, beseitigt oder zumindest gelindert werden können.

Eine relevante Übernahme kann in Großbritannien aus wettbewerbspolitischer Sicht immer dann vorliegen, wenn

1. zwei oder mehr Unternehmen entweder unter eine gemeinsame Kontrolle gebracht bzw. in ein gemeinsames Eigentum überführt oder aber wenn Vereinbarungen getroffen werden, durch die die beteiligten Unternehmen ihre rechtliche und/oder wirtschaftliche Unabhängigkeit verlieren

---

[161] Vgl. dazu LBR (2005a), S. 1ff.

2. die Übernahme noch nicht stattgefunden hat bzw. die Anmeldung der Übernahme beim „Office of Fair Trading“ nicht länger als vier Monate zurückliegt
3. die Transaktion die gesetzlich festgelegten Schwellenwerte erreicht, wobei sich die Schwellenwerte auf die Marktversorgung („share of supply“) und auf Umsatzgrößen bezieht.

Eine relevante Unternehmensübernahme liegt demnach vor, wenn durch die Übernahme ein Marktversorgungsgrad[162] von mindestens 25% erreicht wird bzw. wenn die Zielgesellschaft in Großbritannien einen Umsatz in Höhe von mindestens £70 Millionen aufweist.

Unternehmensübernahmen müssen in Großbritannien den Wettbewerbsbehörden nicht angekündigt werden. In der Praxis werden viele der geplanten Unternehmensübernahmen den Behörden dennoch freiwillig mittels einer „Merger Notice“ offiziell angezeigt, um den beteiligten Vertragsparteien auf diese Weise Rechtssicherheit zu verschaffen. Der Vorteil eines freiwilligen „Merger Notice“ ist vor allem darin zu sehen, dass das „Office of Fair Trading“ in diesem Fall innerhalb von 20 Werktagen entscheiden muss, ob das geplante Übernahmevorhaben einer genaueren Überprüfung durch die „Competition Commission“ bedarf oder nicht. Diese Zeitspanne kann um maximal 10 weitere Werktage ausgedehnt werden.

Für die übrigen Fälle, bei denen das „Office of Fair Trading“ auf anderem Wege von Unternehmensübernahmen in Kenntnis gesetzt wird, gibt es keinen festen Zeitplan für die Überprüfung. Allerdings hat sich beim „Office of Fair Trading“ die Vorgehensweise etabliert, dass die beteiligten Unternehmen in der Regel innerhalb von 40 Werktagen mit einer Entscheidung bezüglich ihres Übernahmevorhabens rechnen können.

Bei der Entscheidung, ob das „Office of Fair Trading“ das Übernahmevorhaben zu einer Überprüfung an die „Competition Commission“ weiterleitet oder nicht, besteht ein nicht unerheblicher Ermessensspielraum. So kann das Übernahmevorhaben ohne weitere Untersuchung genehmigt werden, wenn eine festgestellte Beeinträchtigung des Wettbewerbs durch einen höheren Kundennutzen überkompensiert wird oder wenn der betroffene Markt unbedeutend ist. Außerdem kann das „Office of Fair Trading“ eine nicht ausreichend ausgearbeitete Übernahmevereinbarung an die Vertragsparteien zurückgeben.

In den Fällen, in denen das „Office of Fair Trading“ die „Competition Commission“ einschalten muss, muss diese innerhalb von 24 Wochen, also innerhalb von sechs Mo-

162 Der hier erwähnte Marktversorgungsgrad ist nicht mit dem Begriff des Marktanteils zu verwechseln. In die Beschreibung des Marktversorgungsgrades gehen mehr Kriterien ein als lediglich die Höhe des Umsatzes. Vgl. hierzu v.a. LBR (2005a), S. 3.

naten einen Untersuchungsbericht angefertigt haben. In besonderen Fällen kann diese Frist um weitere acht Wochen verlängert werden.

Endet die Untersuchung mit dem Ergebnis, dass die geplante Unternehmensübernahme mit einer Verschlechterung des Wettbewerbs verbunden ist oder die Gefahr des Entstehens einer marktbeherrschenden Position beinhaltet, dann kann die Wettbewerbsbehörde die Übernahme verbieten oder nur unter Auflagen zulassen, die geeignet sind, die negativen Wettbewerbsfolgen zu verhindern. Eine derartige Auflage besteht etwa darin, dass eine wettbewerbsbehindernde Unternehmensübernahme dann genehmigt wird, wenn der Käufer sich von einem Teilen seines bisherigen Unternehmens in Form eines Desinvestment trennt oder bisher bearbeitete Geschäftsfelder aufgibt.

Nach dem „Economic Act“ darf sich ein „Merger Notice“ zwar nicht auf eine bereits vollzogene Unternehmensübernahme beziehen. Das Gesetz enthält aber keine Vorschrift darüber, dass ein Übernahmevorhaben während der Zeitdauer der Überprüfung durch das „Office of Fair Trading“ von den Vertragsparteien nicht weiter vorangetrieben und faktisch zum Abschluss gebracht werden darf. Das „Office of Fair Trading“ kann sich jedoch bis zu seiner Entscheidung, ob es den Vorgang an die „Competition Commission“ weiterleitet oder nicht, von den beteiligten Unternehmen zusichern lassen, dass sie keine weiteren Fakten schaffen, die ein Präjudiz für die Entscheidung der „Competition Commission“ bedeuten könnten.

Sofern durch Unternehmensübernahmen in Großbritannien Aspekte der nationalen Sicherheit tangiert werden bzw. Unternehmen aus Branchen Gegenstand einer geplanten Transaktion sind, an denen ein öffentliches Interesse besteht, können für solche Übernahmen Beschränkungen bestehen. Außerdem müssen gegebenenfalls gesonderte gesetzliche Bestimmungen beachtet werden, die die jeweiligen Einzelheiten der Übernahme regeln. Für den Medienbereich ist dies beispielsweise der „Communications Act“ aus dem Jahre 2003; für Unternehmen aus dem Bereich der Wasserversorgung sind zum Beispiel die Regelungen des „Water Act“ von 2003 maßgebend.[163]

3.3.4 Wettbewerbsrechtliche Bestimmungen in den USA

Auch in den USA dürfen Unternehmensübernahmen nur dann vollzogen werden, wenn sie den wettbewerbs- und kartellrechtlichen Anforderungen genügen. Zur Absicherung der Wettbewerbskonformität sind vom amerikanischen Gesetzgeber insgesamt drei Rechtsnormen verabschiedet worden.[164]

Die wichtigste Rechtsnorm stellt in diesem Zusammenhang der im Jahre 1914 verabschiedete und im Jahre 1950 überarbeitete „Clayton Act“ dar. Nach Abschnitt 7 dieses

---

163 Vgl. LBR (2005a), S. 18.

164 Vgl. zu einer umfassenden Übersicht LBR (2005d), S 1 ff.

Gesetzes sind Mergers & Acquisitions generell verboten, wenn sie zu einer wesentlichen Verschlechterung der Wettbewerbssituation führen können oder wenn damit die Gefahr einer Monopolisierung verbunden ist. Unternehmensübernahmen können aber auch nach dem „Sherman Act“ angefochten und untersagt werden, wenn sie mit einer unzumutbaren Behinderung des Handels verbunden sind oder von den US-amerikanischen Behörden als Versuch der Monopolisierung eines Marktes angesehen werden.

Der Gültigkeitsbereich dieser beiden Rechtsnormen ist bewusst sehr weit gefasst, so dass sie auf nahezu alle Transaktionen wie zum Beispiel auf den Erwerb eines Minder- oder Mehrheitsanteils an den Stimmrechten oder an den Vermögenswerten eines Unternehmen sowie auf die Fusion zweier Unternehmen angewendet werden können.

Die dritte M&A-relevante Rechtnorm in den USA bildet der im Jahre 1976 erlassene und im Februar 2001 überarbeitete „Hart-Scott-Rodino Antitrust Improvement Act“, kurz „HSR Act“. Mit dem „HSR Act“ werden die beiden auf der US-amerikanischen Bundesebene angesiedelten Wettbewerbsbehörden, die „Federal Trade Commission“ und die „Antitrust Division of the Department of Justice“ in die Lage versetzt, die wettbewerbsrelevanten Folgen einer Unternehmensübernahme zu überprüfen, und zwar bevor diese von den beteiligten Vertragsparteien vollzogen worden ist.

Die „Antitrust Division of the Department of Justice“ verfügt über die exklusive Zuständigkeit zur Umsetzung des „Sherman Act“, während die „Federal Trade Commission“ als unabhängige Bundesbehörde zusammen mit der „Antitrust Division of the Department of Justice“ für die Einhaltung des „Clayton Act“ verantwortlich ist. Trotz dieser Zuständigkeitsüberschneidung wird jede M&A-Transaktion üblicherweise nur von einer der beiden Behörden überprüft. Welche Behörde sich in Hinblick auf den „Clayton Act“ mit einem bestimmten M&A-Vorgang befasst, wird nach Gesichtspunkten der Zweckmäßigkeit und auf informellem Wege entschieden.

Nach der US-amerikanischen Rechtslage besteht für M&A-Transaktionen eine Mitteilungspflicht, wenn

1. entweder der Käufer oder der Verkäufer eines Unternehmens am US-amerikanischen Geschäftsleben teilnimmt
2. es zu einer Übertragung von Vermögenswerten oder Stimmrechten kommt
3. das weltweite Umsatzvolumen – oder alternativ das Unternehmensvermögen – des einen Unternehmens mindestens \$10 Mio. und das des anderen Unternehmens mindestens \$100 Mio. überschreitet
4. bzw. keine ausdrückliche Befreiung von der Mitteilungspflicht existiert.

Ausgenommen von der Mitteilungspflicht können M&A-Transaktionen sein, die entweder ausschließlich auf den Erwerb von Immobilien oder von Unternehmensteilen gerichtet sind, die ihrerseits nicht mit der Übernahme von Entscheidungsrechten wie „voting securities“ verbunden sind, oder Akquisitionen von ausländischen Unternehmen durch US-amerikanische Unternehmen, wenn das Absatzvolumen des ausländischen Unternehmens innerhalb der USA im vorangegangenen Finanzjahr die Grenze von $50 Mio. nicht überschritten hat. Ob der Befreiungstatbestand tatsächlich vorliegt oder nicht, wird auf der Grundlage der Überprüfung jedes Einzelfalls entschieden.

Hinsichtlich der Anzeigepflicht für geplante Unternehmensübernahmen in den USA bei der zuständigen Behörde existieren für die beteiligten Unternehmen keine festen Fristen. Die beteiligten Unternehmen können ihr Vorhaben den Behörden anzeigen, und zwar entweder nachdem sie eine Absichtserklärung für die Unternehmensübernahme abgegeben oder nachdem sie eine definitive Übereinkunft über ihr Vorhaben getroffen haben. Zum Zeitpunkt der Mitteilung an die Behörden darf die Unternehmensübernahme jedoch keinesfalls bereits vollzogen worden sein. In diesem Fall kann die zuständige Behörde eine bereits vollzogene Transaktion untersagen und wieder rückgängig machen.

Die Wettbewerbsbehörden sind hinsichtlich ihres Überprüfungsauftrages von M&A-Transaktionen allerdings an die Einhaltung festgelegter Fristen gebunden. Erhebt eine der beiden Wettbewerbsbehörden innerhalb der Frist von 30 Tagen nach Bekanntgabe der Übernahmeabsicht – im Falle einer Bar-Offerte („cash tender offer“) sogar innerhalb der Frist von nur 15 Tagen – keine Bedenken gegen das Vorhaben, dann können die beteiligten Unternehmen die Übernahme rechtskräftig vollziehen. Kommt eine Wettbewerbsbehörde jedoch zu dem Ergebnis, dass durch eine Unternehmensübernahme der Wettbewerb in einem relevanten Markt beeinträchtigt werden könnte, muss sie mit dem kaufenden und dem verkaufenden Unternehmen nach Möglichkeiten suchen, wie die Wettbewerbsprobleme durch eine Modifikation der geplanten Transaktion bzw. durch Abänderung der übrigen Rahmenbedingungen gelöst werden können.

In der Regel besteht die Lösung der Wettbewerbsproblematik darin, dass sich der Käufer eines Unternehmens mit der Wettbewerbsbehörde dahingehend einigt, dass er sich entweder von einem Teil seines bisherigen Unternehmensvermögens trennt oder nur bestimmte Teile des Zielunternehmens übernimmt. Eine Voraussetzung für diesen Lösungsweg besteht jedoch darin, dass ein Unternehmen gefunden werden kann, das die Wettbewerbsposition des abgebenden Unternehmens auch vollumfänglich ausfüllen kann.

Für die Durchsetzung des Wettbewerbsgedankens verfügen in den USA die „Federal Trade Commission“ und die „Antitrust Division of the Department of Justice“ nur in sehr beschränkten Umfang über staatliche Zwangsgewalt. Sie sind zwar berechtigt, alle für die Überprüfung der rechtlichen Zulässigkeit von Unternehmensübernahmen erforderlichen Informationen und Dokumente einzuholen und Anhörungen der beteiligten Parteien und dritter Betroffener – wie zum Beispiel Konkurrenten, Lieferanten und Konsumenten – durchzuführen. Das Recht zum Verbot von M&A-Transaktionen besitzen diese Behörden jedoch nicht, so dass für die Durchsetzung von Übernahmeverboten regelmäßig die US-Gerichte eingeschaltet werden müssen.

Auch in den USA sind für einzelne Branchen spezielle gesetzliche Rahmenbedingungen erlassen worden. So ist die Genehmigung von Unternehmensübernahmen im Bankensektor oder in der Telekommunikations- und Verkehrsindustrie nicht an die Zustimmung der „Federal Trade Commission" und der „Antitrust Division of the Department of Justice", sondern an die Zustimmung anderer Bundesbehörden gebunden. Weitere Branchen unterliegen Beschränkungen, wenn sie von ausländischen Investoren übernommen werden sollen. M&A-Transaktionen, die geeignet sind, die nationale Sicherheit zu beeinträchtigen, werden in den USA einer besonders eingehenden Überprüfung unterzogen.

3.4 Zusammenfassende Wertung juristischer Rahmenbedingungen für M&A

Die im Rahmen dieser Arbeit betrachteten Länder lassen sich grob in zwei Gruppen einteilen. So unterliegen Deutschland, Frankreich und Großbritannien trotz eigener, länderspezifischer Gesetzgebungen alle dem einschlägigen EU-Recht. Die USA untergliedern ihre Gesetzgebung hingegen in eine landes- und eine bundesstaatliche Ebene. Trotz dieser grundlegenden Unterscheidung ähneln sich die M&A-relevanten rechtlichen Bestimmungen der vier betrachteten Länder dennoch überraschenderweise in einer Reihe von Einzelaspekten.

Generell kann von einem Einfluss der geltenden Rechtsvorschriften und Gesetze auf die Höhe von Übernahmeprämien ausgegangen werden. Die Begründung hierfür liegt vor allem darin, dass den jeweiligen juristischen Rahmenbedingungen erhebliche Bedeutung im Zusammenhang mit den zu treffenden Übernahmeentscheidungen zukommt und sie sich somit unmittelbar auch auf alle damit verbundenen Elemente wie zum Beispiel die Anzahl der infrage kommenden Bieter und Zielunternehmen und die Höhe der Übernahmeprämie auswirken. Dabei sind – wie in den vorangegangen Ausführungen der Kapitel 3.2 und 3.3 deutlich wurde – vor allem die gesellschafts- und die wettbewerbsrechtlichen Bestimmungen von vergleichsweise hoher Bedeutung.

Die jeweils gesetzlich geregelten Mindestgebote im Rahmen von M&A-Transaktionen beeinflussen hierbei die Prämienhöhe in besonderem Maße. Je höher die mindestens zu bietenden Übernahmeprämien von Gesetzes wegen angesetzt sind, umso niedriger fällt in der Praxis die Bereitschaft potenzieller Käufer zur Abgabe von Angeboten aus.

Insofern sind vor allem die jeweils national zur Berechnung der Mindestgebote festgelegten Faktoren von entscheidender Bedeutung. Diese unterscheiden sich voneinander vor allem in ihren konkreten Bestimmungen zur Berechnung der Mindestangebotshöhe, und hier zum Beispiel hinsichtlich des zur Berechnung zugrunde liegenden Zeitraums. Damit verbunden beeinflussen Bestimmungen hinsichtlich der Ausübungsmöglichkeiten von Stimmrechten im Zusammenhang mit etwaigen Gleichstellungsgrundsätzen die Höhe von Übernahmeprämien. Immaterielle Vermögenswerte werden zum Beispiel hinsichtlich ihrer Höhe und ihres bilanziellen Ansatzes durch die Auslegung gesetzlicher Vorschriften bestimmt.

Ebenfalls beeinflussen die Informations- und Mitteilungspflichten in hohem Maße die Bereitschaft zur Durchführung von M&A-Transaktionen und damit die Zahlung von Übernahmeprämien. In der Praxis ist regelmäßig festzustellen, dass mit steigenden gesetzlichen Informationsanforderungen und weiteren Bedingungen, die an die Genehmigung von Übernahmen bzw. Fusionen gebunden sind, die Bereitschaft der Marktteilnehmer zur Zahlung hoher Übernahmeprämien sinkt. Mitteilungs- und Dokumentationspflichten sind allein bereits deshalb elementar, weil Übernahmeverträge im Falle ihrer Verletzung in der Regel kündbar bzw. unwirksam sind.[165]

Neben der Frage, wie zeitintensiv sich ein Übernahmeprozess in der jeweiligen Jurisdiktion darstellt und mit welchem administrativen Aufwand er verbunden ist, lässt sich in Anbetracht der Schnelllebigkeit der Märkte auch der Mitteilungszeitpunkt als ein bedeutender Aspekt mit direkten Auswirkungen auf die Höhe von Übernahmeprämien identifizieren. Ab dem Zeitpunkt der Bekanntgabe einer Übernahmeabsicht beeinflussen nämlich die jeweiligen nationalen Bestimmungen hinsichtlich der Prüfungsdauer sowie hinsichtlich des Genehmigungsverfahrens den weiteren Verlauf von M&A-Transaktionen.

Müssen zum Beispiel mit den nationalen Aufsichtsbehörden – wie bei den betrachteten vier Ländern üblich – aufgrund von staatlichen wettbewerbsrechtlichen Einwänden Verhandlungen zur Genehmigung einer Übernahme geführt werden, beansprucht dies in der Regel einen längeren Zeitraum, in dem die Durchführung einer Übernahme nicht vollzogen werden kann. Des Weiteren steigt das Risiko eines möglichen vollständigen Verbots durch die zuständige Behörde bzw. durch die zuständigen Behörden. Somit ist auch die Anzahl der einzelnen Institutionen zu beachten, die in der jeweiligen Jurisdiktion von Bietern zur Genehmigung von M&A-Transaktionen einzuschalten sind.

Je nach gesetzlichem Regelwerk und in Abhängigkeit von der Marktposition des Käufers bedarf die Genehmigung einer Übernahme in den vier betrachteten Ländern zwi-

165 Vgl. Hopt (2002a), S. 35.

schen vier Wochen und einigen Monaten. Auch dieser Aspekt wirkt sich unmittelbar zum einen auf die Bereitschaft zur Zahlung von Übernahmeprämien und zum anderen auf die Höhe dieser Übernahmeprämien aus. Der Zeitfaktor spielt nicht zuletzt deshalb eine wesentliche Rolle im Zusammenhang mit der Frage, ob und in wieweit zusätzlichen Bietern eine mehr oder weniger lange Reaktionszeit zur Abgabe von Gegengeboten eingeräumt wird und welche gesetzlichen Regelungen zur Höhe der Gebotsdifferenz existieren.[166]

Weiterhin ist für M&A-Transaktionen die Marktdefinition bzw. die Marktabgrenzung im Rahmen der nationalen Genehmigungsprozesse von essenzieller Bedeutung, zumal diese von Land zu Land unterschiedlich ausfallen.[167] Schließlich beeinflusst die Definition eines relevanten Marktes die Übernahmeabsicht bereits in einer frühen Phase, und zwar in der Phase der Genehmigung, die für die Dauer und Erfolgsaussichten der M&A-Transaktion entscheidend ist. Werden Märkte sehr eng definiert, besteht die Gefahr einer negativen Bewertung des Zielunternehmens durch den Bieter, weil dies dessen zukünftige Markt- und Wettbewerbsposition beeinträchtigt und damit vergleichsweise niedrige Übernahmeprämien zur Konsequenz haben kann.

Im Zusammenhang mit den wettbewerbsrechtlichen Vorschriften muss weiterhin die jeweilige nationale Definition der eine Übernahme beschränkenden Marktanteile berücksichtig werden. Beispielweise existiert in den USA eine Schwelle von 70% und in einigen der europäischen Länder eine Schwelle von 50%, ab der ein Unternehmen hinsichtlich seiner Marktstellung als dominant angesehen wird. Insofern existieren mehrere Schnittstellen, an denen wettbewerbsrechtliche Bestimmungen und Vorschriften direkten und indirekten Einfluss auf Übernahmeentscheidungen im Allgemeinen und auf die Höhe von Übernahmeprämie im Besonderen ausüben.

Offensichtlich üben Gesetze, die die Anfertigung sogenannter „Fairness Opinions" vorschreiben, einen unmittelbaren Einfluss auf die Höhe von Übernahmenprämien aus. Solche gesondert erstellten Wertgutachten von Investmentbanken zur Überprüfung der Angemessenheit des Transaktionspreises im Verhältnis zum fairen Wert eines Unternehmens sind zwar zum Beispiel in Großbritannien und den USA üblich, aber in Deutschland trotz zunehmender Akzeptanz nicht vorgeschrieben. Eine „Fairness Opinion" wird in der Regel von einer externen und unabhängigen Institution – zum Beispiel von einem Wirtschaftsprüfer oder von einer Investmentbank – erstellt und sichert die Geschäftsleitung des bietenden wie auch die Zielunternehmens bezüglich der Höhe des Transaktionspreises und dessen Angemessenheit ab.

---

166 In Deutschland kommen in diesem Zusammenhang den gesetzlichen „Squeeze Out"-Regeln besondere Bedeutung zu, die gegenwärtig durch langwierige Aktionärsklagen im Rahmen des sogenannten Spruchstellenverfahrens erheblich verzögert, deutlich verteuert und damit ad absurdum geführt werden können.

167 Vgl. Hopt (2002b), S. 340.

Resultierend aus den Erkenntnissen des Kapitels 3 dieser Arbeit sind die unterschiedlichen rechtlichen Rahmenbedingungen für M&A-Transaktionen ein im Rahmen eines Übernahmeprozesses nicht zu vernachlässigender Faktor. Die Höhe der Übernahmeprämie wird hierbei nicht zuletzt durch die jeweiligen nationalen juristischen Rahmenbedingungen determiniert. Vergleichsweise strenge wettbewerbspolitische Vorschriften, das im Rahmen der „Squeeze-Out"-Regeln angewandte Spruchstellenverfahren mit seinen erheblichen negativen Auswirkungen sowie das Fehlen sogenannter „Fairness Opinions" benachteiligen hierbei Deutschland tendenziell beträchtlich gegenüber den anderen betrachteten Ländern.

4 Bestimmungsfaktoren von Übernahmeprämien

4.1 Grundlagen zu Übernahmeprämien

Hat sich ein Unternehmen zur Übernahme eines Zielunternehmens entschieden, ist der übernahmewillige Bieter dem folgenden Dilemma ausgesetzt: zahlt er eine zu hohe Übernahmeprämie[168] für das Zielunternehmen, dann schmälert dies unmittelbar die Rendite des Übernahmeobjekts. Wird hingegen ein zu niedriger Kaufpreis für das Zielunternehmen geboten, besteht die Gefahr, dass die Übernahme nicht zustande kommt und dass der Bieter somit auf den realisierbaren Übernahmegewinn verzichten muss.[169]

Diese Ausgangssituation aus Sicht des Bieters macht deutlich, dass für ihn der Optimierung der Übernahmeprämie eine große Bedeutung zukommt. Die Übernahmeprämie muss einerseits so hoch sein, dass sie die Anteilseigner des Zielunternehmens zur Aufgabe ihre Kontrollrechte bewegt. Auf der anderen Seite darf die Übernahmeprämie nicht so hoch ausfallen, dass die Unternehmensübernahme wirtschaftlich uninteressant oder möglicherweise sogar mit einer Verschwendung knapper finanzieller Ressourcen verbunden wird.[170]

Aus kapitalmarkttheoretischer Sicht wird der Marktwert eines Unternehmens durch den Gegenwartswert aller künftig erwirtschafteten Nettoerträge repräsentiert. Unter der Prämisse eines vollkommenen Kapitalmarktes, auf dem alle Marktteilnehmer gleichermaßen vollumfänglich informiert sind, wird aus kapitalmarkttheoretischen Überlegungen heraus kein rational handelnder Kaufinteressent bereit sein, einen Kaufpreis für ein Unternehmen zu zahlen, der höher ist als dessen Gegenwartswert.

Im Falle vollkommener Kapitalmärkte, auf denen jede unternehmensspezifische Veränderung sofort antizipiert wird und sich unmittelbar in der Höhe der Preise für Unternehmensanteile niederschlägt, kann das Auftreten von Übernahmeprämien im Sinne eines Aufschlags auf denjenigen Anteils- oder Unternehmenswert, der zeitlich vor der Bekanntmachung der Übernahmeabsicht herrschte, nicht erklärt werden. Demzufolge sind Übernahmeprämien nur dann erklärbar, wenn die Kapitalmarkteffizienzthese[171] abgeschwächt wird, inhomogene Erwartungen der Marktteilnehmer zugelassen und weitere länder- , sektor- und transaktionsspezifische Faktoren berücksichtigt werden, die das Übernahmeverhalten und damit die Bereitschaft zur Prämienzahlung beeinflus-

[168] Zur Definition von Übernahmeprämien vgl. Kap. 2.1.3 der vorliegenden Arbeit.

[169] Vgl. Walkling/Edmister (1985), S. 27.

[170] Vgl. Varaiya/Ferris (1987), S. 64.

[171] Vgl. in diesem Zusammenhang Fama (1970), S. 383ff.

sen können. Auf diese Weise wird nicht zuletzt den Erfahrungen aus der Praxis Rechnung getragen.

Angesichts des in der Realität zu beobachtenden Phänomens relativ hoher Übernahmeprämien[172] stellt sich deshalb die Frage, warum übernahmewillige Unternehmen überhaupt bereit sein könnten, derart hohe Prämien für einen Kontrollwechsel zu bezahlen.[173] Einen Hinweis auf diese Frage liefern vor allem die den Unternehmensübernahmen zu Grunde liegenden Motive, die nachfolgend im Einzelnen besprochen werden.

In der Literatur finden sich mehr als ein Dutzend höchst unterschiedlicher Treiber für Unternehmensübernahmen.[174] Als Übernahmemotive bzw. -treiber werden beispielsweise die Erzielung von Skalenerträgen, Synergieeffekte, Überschussliquidität, Unterbewertung des Zielunternehmens, Managementkompetenz, steuerliche Gründe und die zunehmende Globalisierung der Wirtschaft angeführt.[175]

Diese Vielfalt an Übernahmemotiven liefert nicht nur einen Hinweis auf die Bereitschaft zur Zahlung von Übernahmeprämien, sondern sie legt auch nahe, dass Unternehmensübernahmen schon wegen ihrer höchst unterschiedlichen Ertragspotenziale für das übernahmebereite Unternehmen mit der Zahlung unterschiedlich hoher Übernahmeprämien verbunden sind.

Angesichts der Vielfalt an Übernahmemotiven und –treibern wird im Folgenden eine Systematisierung der grundlegenden Bestimmungsfaktoren für Übernahmefaktoren vorgenommen. Trotz gewisser Unschärfen und Überschneidungen lassen sich die in der Literatur behandelten Bestimmungsfaktoren jeweils unterschiedlichen Aggregationsebenen zuordnen, so dass nachfolgend im Rahmen dieser Arbeit für Übernahmeprämien grundsätzlich zwischen

1. markt- bzw. länderspezifische Bestimmungsfaktoren (Kapitel 4.2)
2. branchen- bzw. sektorspezifische Bestimmungsfaktoren (Kapitel 4.3) sowie
3. unternehmens- bzw. transaktionsspezifische Bestimmungsfaktoren (Kapitel 4.4)

unterschieden wird.

Die im vorangegangenen Kapitel 3 bereits vorgestellten und im Einzelnen diskutierten M&A-relevanten juristischen Rahmenbedingungen sind in diesem Zusammenhang den markt- bzw. länderspezifischen Bestimmungsfaktoren zuzuordnen.

---

172 Vgl. z.B. die Ausführungen in der Einleitung (Kap. 1.1) dieser Arbeit zur Übernahme von Mannesmann durch Vodafone-Airtouch.

173 Vgl. Varaiya (1987), S. 175.

174 Vgl. Jensen (1988), S. 28.

175 Vgl. dazu z.B. Jensen (1988), S. 28, und Walkling/Edmister (1985), S. 30.

4.2 Markt- und länderspezifische Faktoren von Prämien

4.2.1 Kapitalmarkt- versus Bankorientierung

Auf der Aggregationsebene des jeweiligen Landes bzw. Marktes handelt es sich bei der generellen Unterscheidung zwischen einer Kapitalmarktorientierung einerseits und einer Bankorientierung andererseits um einen in der internationalen Finanzwissenschaft häufig analysierten Untersuchungsgegenstand. Die wesentliche Fragestellung besteht hierbei in der relativen Bedeutung von Finanzintermediären in verschiedenen Ländern. Häufiger Gegenstand dieser Betrachtungen sind die als bankorientiert geltenden Finanzsysteme in Deutschland und Japan[176] gegenüber den als marktorientiert eingestuften Finanzsystemen in den USA und Großbritannien.[177]

Die folgende Tabelle 2 veranschaulicht die unterschiedlichen Finanzierungsquellen in den genannten vier Ländern – eingeteilt in Kredite, Anleihen und Aktien – im Zeitablauf von neun Jahren.

Jahr	Kreditvolumen				Anleihen				Aktien			
	Deutschl.	Japan	UK	USA	Deutschl.	Japan	UK	USA	Deutschl.	Japan	UK	USA
1993	92	93	59	34	0,3	5,3	4,1	0,7	23	67	120	76
1994	94	92	55	35	0,4	4,7	4,2	0,7	24	75	109	71
1995	99	94	58	37	0,4	3,8	4,3	0,8	23	67	118	93
1996	106	92	74	37	0,4	3,5	4,8	0,9	28	64	138	108
1997	113	88	75	38	0,5	2,9	5,4	1,1	39	50	150	128
1998	117	84	74	39	0,6	2,6	6,4	1,4	51	62	166	144
1999	121	83	80	39	0,9	2,0	8,3	2,0	68	100	196	181
2000	129	82	92	41	2,1	1,3	10,4	2,4	68	67	181	155
2001	131	80	94	41	2,2	1,2	10,5	3,3	58	54	150	137

Tab. 2: Bedeutung von Finanzierungsquellen im Ländervergleich (% des BIP)[178]

Die in diesem Zusammenhang in der einschlägigen Literatur vertretene Hypothese lautet, dass sich bankorientierte Volkswirtschaften auf vergleichsweise große Banken-

176 Das im Rahmen dieser Arbeit betrachtete Frankreich wird zu den bankorientierten Finanzsystemen gezählt.

177 Zum Vergleich des deutschen mit Finanzsystemen anderer Länder vgl. v.a. die diesbzgl. Ausführungen von Edwards/Fischer (1994) und grundlegend die von Fama (1979).

178 Vgl. World Federation of Stock Exchanges (2004). Vgl. ebenso OECD (2002). Anmerkungen zu Tab. 2: Kreditvolumen ohne Inter-Bankenmarkt. Anleihen = ausstehende Commercial Bonds + ausstehende Commercial Paper. Aktien = Marktkapitalisierung.

systeme – gemessen zum Beispiel an der Summe der nationalen Bankaktiva – stützen. Derartige Systeme gehen somit mit einem überdurchschnittlich hohen Anteil des klassischen Bankkreditgeschäfts an der gesamten nationalen Unternehmensfinanzierung sowie beträchtlichen, von Banken teilweise auch langfristig gehaltenen Aktienpaketen bzw. Anteilen an Unternehmen einher.[179]

Obige Tabelle 2 zeigt deutlich die Bedeutung des klassischen Bankkredites für die Unternehmensfinanzierung in Deutschland im Vergleich zu einer Finanzierung durch Anleihen oder Aktien. Dabei ist in Deutschland nicht nur der Anteil der Kreditfinanzierung im Vergleich zu den anderen betrachteten Ländern wesentlich größer, sondern das ausstehende Kreditvolumen hat sich auch über den gesamten Betrachtungszeitraum hinweg kontinuierlich erhöht. In den USA und Großbritannien ist hingegen das relative Volumen der ausstehenden Unternehmensanleihen deutlich größer. Darüber hinaus weisen diese Länder auch Aktienmärkte mit erheblich höherer Liquidität auf.[180]

Die oben dargestellte Tabelle 2 bestätigt dabei die Ergebnisse der wichtigsten zu diesem Thema durchgeführten Studien. In seiner empirischen Untersuchung über die relative Bedeutung von Banken und Finanzmärkten hat Levine (2002)[181] insgesamt 48 Märkte über einen Zeitraum von 15 Jahren betrachtet. Diese ausführliche Studie bestätigt Deutschlands Rolle als stark bankorientierter Finanzmarkt.

Hermann (2001) erklärt die Bankorientierung Deutschlands vor allem anhand der folgenden zwei Aspekte:

1. unterschiedliche juristische Tradition („common law versus civil law"[182]) und
2. Bedeutung des deutschen Mittelstands mit nur begrenztem Zugang zu den Kapitalmärkten.

Edwards und Fischer (1994) untersuchten die Kapitalquellen für Investitionen deutscher Firmen zwischen 1950 und 1989.[183] Die Autoren konnten dabei zeigen, dass der Anteil der klassischen Kredit- an der Gesamtfremdfinanzierung in Deutschland zwischen 16% und 21% beträgt, der Anteil von Anleihen und Aktien hingegen nur bei 1% bis 2,5% liegt. Allen und Gale (1995) haben Deutschland mit den USA verglichen und dabei festgestellt, dass Anleihen in Deutschland zwar ein bedeutendes Finanzierungsinstrument für die öffentliche Hand, nicht aber für die Unternehmensfinanzierung dar-

---

179 Als aktuelle Ausarbeitung zu diesem Thema mit Deutschland als Referenzpunkt vgl. Krahnen/Schmidt (2004).

180 Vgl. in diesem Zusammenhang auch Kap. 5.2.3 sowie Tab. 5 dieser Arbeit.

181 Vgl. Levine (2002), S. 398ff.

182 Herrmann (2001), S. 37ff. Demirgüc-Kunt und Levine (2003) führen ebenfalls unterschiedliche juristische Traditionen als einen Hauptgrund für Unterschiede in der Finanzintermediation an.

183 Vgl. Edwards/Fischer (1994), S 49.

stellen.[184] Aktien und entsprechende derivative Instrumente spielen in Deutschland dabei eine noch unbedeutendere Rolle.

Zusammenfassend liegt das wichtigste ökonomische Unterscheidungskriterium zwischen den beiden Modellen der Bank- und der Kapitalmarktorientierung in den grundsätzlich unterschiedlichen Möglichkeiten der Kapitalbeschaffung und -versorgung für die jeweiligen Unternehmen begründet.[185] Während in Kontinentaleuropa vor allem Banken als der bedeutendste Intermediär zum Kreditmarkt fungieren und Vertragskonditionen in der Regel individuell und bilateral zwischen den Kreditnehmern und dem Kreditinstitut ausgehandelt werden, steht in marktorientierten Finanzsystemen vor allem die Außenfinanzierung durch die nationalen und internationalen Kapitalmärkte im Vordergrund.[186]

Die drei wichtigen Vergleichskriterien, auf denen diese Unterscheidung basiert, lauten im Einzelnen wie folgt:

1. Größe des jeweiligen Bankensystems und Bedeutung der Börse im jeweiligen Land, zum Beispiel gemessen an der Marktkapitalisierung der gehandelten Aktien
2. Finanzierungsstruktur von Unternehmen, zum Beispiel ausgedrückt als Ausmaß der Fremdfinanzierung im Vergleich zum haftenden Eigenkapital, und
3. von Banken gehaltene Aktienpakete an Nicht-Finanzunternehmen.

Andere empirische Analysen zeigen jedoch, dass eine strikte Unterscheidung unter Hinzuziehung historischer Erfahrungen nur begrenzt tragfähig ist.

So haben zum Beispiel Rajan und Zingales (2003) ermittelt, dass die deutsche Marktkapitalisierung – bezogen auf das nationale Bruttosozialprodukt – vor dem Ersten Weltkrieg mit einem Faktor 6 deutlich höher lag als in den USA.[187] Seit dem Ende des Zweiten Weltkriegs hat sich dieser Trend jedoch wieder umgekehrt, denn aktuell erreicht Deutschland nur noch weniger als die Hälfte des US-amerikanischen Wertes.[188]

Aufstieg und Niedergang des Neuen Marktes in Deutschland, der in jüngerer Vergangenheit deutliche Abbau der von den deutschen Grossbanken gehaltenen Industriebeteiligungen oder die Tatsache, dass in Japan im Vergleich zu Großbritannien und den

---

184 Vgl. Allen/Gale (1995), S. 179ff.

185 Vgl. hierzu grundlegend Mayer (1998), S. 144 ff.

186 Allerdings kommt den allgemeinen Innenfinanzierungsquellen eine noch größere Bedeutung als der Außenfinanzierung zu, was die in diesem Zusammenhang getroffene Aussage z.T. relativiert, denn die Innenfinanzierung dominiert mit weitem Abstand gegenüber Finanzierungsquellen, die von Kreditinstituten zur Verfügung gestellt werden. Vgl. Gerke/Steiger (2001), S. 214f.

187 Vgl. Rajan/Zingales (2003), S. 15.

188 Vgl. Krahnen/Schmidt (2004), S. 485ff.

USA der Anteil von Bankkrediten an der Unternehmensfinanzierung besonders ausgeprägt ist, lassen eine Kategorisierung der Finanzsysteme im Hinblick auf markt- versus bankbasierte Volkswirtschaften aber dennoch als sinnvoll erscheinen.

Insgesamt kann festgehalten werden, dass kapitalmarktorientierten Volkswirtschaften einer Finanzierung mittels Aktien eine ungleich höhere Bedeutung zukommt, als dies in bankbasierten Systemen der Fall ist. Kapitalmärkte fördern darüber hinaus in der Regel eine Orientierung am „Shareholder Value"-Gedanken. Insofern kommen in kapitalmarktorientierten Systemen Fusionen und Übernahmen und damit die Zahlung von Übernahmeprämien häufiger zum Einsatz.[189]

4.2.2 Corporate Governance und M&A

4.2.2.1 Wachsende Bedeutung moderner Corporate Governance-Systeme

Die jeweils herrschenden Usancen der Unternehmensführung und -kontrolle, also die nationalen Systeme der sogenannten Corporate Governance,[190] wirken auf die Höhe von Übernahmeprämien und werden daher im Folgenden eingehend analysiert.

Corporate Governance stellt im Zusammenhang mit Übernahmeprämien keinen eigenen oder gar neuen Forschungsgegenstand dar, sondern verbindet vielmehr juristische und ökonomische Fragestellungen zu einer umfassenden Betrachtungsweise.[191]

Die Darstellung unterschiedlicher nationaler Corporate Governance-Systeme erfolgt typischerweise anhand des Beziehungsgeflechts zwischen den jeweiligen Kapitalgebern, den zuständigen Kontrollgremien und den Geschäftsleitungen, und zwar zum einen aus juristischen Gesichtspunkten mit Blick auf die jeweilige Unternehmensverfassung und zum anderen aus ökonomischen Gesichtspunkten mit Blick auf potenzielle Interessenskonflikte, die durch die Trennung von Eigentum und Führung eines Unternehmens entstehen können.[192]

Unter Corporate Governance ist in diesem Zusammenhang nicht nur die Gesamtheit der internen und externen Kontroll- und Überwachungsmechanismen, sondern insbesondere die aktive Gestaltung der Unternehmenskontrolle durch die Aktionäre zu verstehen. Übergeordnetes Ziel der Aktionäre ist hierbei eine Verbesserung ihrer Rendite, die vor allem über eine nachhaltige Steigerung des Unternehmenswertes erreicht wer-

---

189 Vgl. hierzu Tab. 8 in Kap. 6.1 der vorliegenden Arbeit.

190 Zum Thema der Corporate Governance vgl. grundlegend Steiger (2001), S. 530 ff.

191 Vgl. Prigge (1999), S. 149. Laut Steiger werden in Deutschland für "Corporate Governance" mangels einer exakten Übersetzung häufig die Begriffe „Unternehmenskontrolle" und „Unternehmensüberwachung" synonym verwendet. Vgl. hierzu Steiger (2001), S. 530.

192 Vgl. Steiner (2001), S. 531.

den kann.[193] Unternehmensführung beschreibt insofern letztlich das Recht, die Verfügung über Unternehmensressourcen zu kontrollieren.

Der Einfluss von Corporate Governance hat in der jüngeren Vergangenheit vor allem

1. aufgrund der Internationalisierung der Kapitalmärkte[194]
2. durch gravierende Veränderungen der Aktionärsstrukturen
3. aufgrund der zunehmenden Bedeutung institutioneller Anleger
4. wegen verstärkter Kritik an einer zum Teil unzulänglicher Anreizkompatibilität von Vergütungsstrukturen und
5. durch die wachsende Bedeutung von Aktienanalysten und ihrer genauen Beachtung dieses Themas

erheblich an Bedeutung zugenommen.[195]

International gesehen nimmt der Anteil der von den privaten Haushalten direkt gehaltenen Aktien am Gesamtbestand des gezeichneten Kapitals von Aktiengesellschaften beständig ab, während institutionelle Anleger gleichzeitig ihren Anteil an der Gesamtheit aller emittierten Aktien kontinuierlich erhöhen.[196] Insofern haben sich die Aktionärsstrukturen in den vergangenen Jahren als Folge der Institutionalisierung erheblich verändert.

Die globale Verflechtung von Unternehmen und Kapitalmärkten führt in allen Industrieländern zu einem Wettbewerb um die aus Investorensicht „beste“ Corporate Governance und hat zum Beispiel in Deutschland zu einem regelrechten „Shareholder Activism“ geführt.[197] Das allgemein gültige Ziel einer modernen Unternehmensführung hat dabei zum Inhalt, nachhaltig Vertrauen bei den Anlegern zu schaffen, um mittel- und langfristig eine möglichst hohe Bewertung am Kapitalmarkt durchzusetzen. In diesem Zusammenhang wird davon ausgegangen, dass ein Zusammenhang zwischen Führungskultur einerseits und der Höhe von Aktienkursen andererseits besteht.

---

193 Vgl. Gerke/Steiger (2001); S. 208. Die Autoren untersuchen den Einfluss der Kapitalmärkte auf die Corporate Governance-Strukturen in Europa und vergleichen in diesem Zusammenhang das angelsächsische System in Großbritannien mit dem kontinentaleuropäischen Corporate Governance-System, repräsentiert durch Deutschland, Frankreich und die Niederlande. Zusätzlich wird in diesem aufgrund der Parallelität der Länderauswahl für die vorliegende Arbeit besonders relevanten Beitrag die Entwicklung in den USA als Referenzpunkt berücksichtigt.

194 Der IMF hat eine erhöhte Integration der globalen Kapitalmärkte konstatiert, die er v.a. auf Fortschritte in der Informationstechnologie, auf die zunehmende Professionalität der Börsenteilnehmer und auf die vereinfachte Abwicklung grenzüberschreitender Wertpapiertransaktionen zurückführt. Vgl. IMF (1995), S. 165.

195 Zu den institutionellen Anlegern zählen v.a. Versicherungen, Kapitalanlagegesellschaften, Pensionskassen bzw. Pensions- sowie Hedge Fonds, Stiftungen und öffentliche Haushalte. Vgl. IMF (1995), S. 165.

196 Vgl. Gerke/Steiger (2001), S. 211.

197 Zu dieser Entwicklung in Deutschland vgl. im Detail Steiger (2000).

Die Qualität der Corporate Governance eines Unternehmens ist immer mehr zu einem wichtigen Bestandteil der Bewertungsmaßstäbe großer institutioneller Anleger geworden. Darüber hinaus wird ein modernes Unternehmensverfassungssystem in einem sich verschärfenden Wettbewerb um neue Gelder zunehmend zum Standortfaktor im globalen Wettbewerb, das heißt es konkurrieren nicht nur einzelne Unternehmen um Investoren, sondern in zunehmendem Maße auch die einzelnen Wirtschaftsstandorte.[198]

Zu den wichtigsten Grundsätzen, die in der Regel allen führenden Corporate Governance-Systemen gemein sind, zählen vornehmlich

1. die Gremienbesetzung mit unabhängigen Mitgliedern
2. die Rechenschaftspflichten dieser Gremienmitglieder
3. die Rolle der nicht geschäftsführenden Direktoren[199]
4. die leistungsgerechten Vergütungsstrukturen der Geschäftsführung
5. die Behandlung möglicher Interessenskonflikte.

Übergeordnetes Ziel hierbei ist es, größtmögliche Unabhängigkeit sowie Transparenz vor allem am Aktienmarkt durch die konsequente Trennung von Schlüsselfunktionen sicherzustellen. Durch eine effiziente Reduktion von Konfliktpotenzialen sollen die „Agency"-Kosten minimiert und der „Shareholder Value" gesteigert werden.[200] Insofern führen transparente und aktionärsfreundliche Führungsstrukturen zu einer verbesserten Aktienkursentwicklung.

4.2.2.2 Corporate Governance-Praxis in Deutschland

Der deutsche Aktienmarkt, der einen gewichtigen Einfluss auf den deutschen M&A-Markt ausübt, unterscheidet sich von den Aktienmärkten anderer Länder vor allem anhand der folgenden Merkmale:[201]

1. *Größe des Aktienmarktes*: Im Vergleich zu anderen Ländern bleibt die Größe des deutschen Aktienmarktes – verglichen mittels der Börsenkapitalisierung zum Bruttoinlandsprodukt – gering und wird vorwiegend von einer begrenzten Anzahl großer Unternehmen getragen.

---

198 Die Attraktivität des deutschen Finanzplatzes wurde z.B. durch verschiedene Finanzmarktfördergesetze gestärkt.

199 Das zweigliedrige deutsche „Board"-System versteht hierunter den Aufsichtsrat. In sog. monistischen Strukturen sind es die „non executive Board Members".

200 Zur „Agency"-Theorie vgl. ausführlich Gerke (2001). Vgl. auch Kap. 4.4.1.2 der vorliegenden Arbeit.

201 Die Untersuchung von 1.000 größten Unternehmen in Europa zwischen 1985 und 1991 platzierte Deutschland auf Rang 11 in Bezug auf die M&A-Aktivitäten. Vgl. Dietrich (1994), S. 149.

2. *Struktur des Aktienbesitzes und der Aktienkultur*: Aktien haben in Deutschland in der Vergangenheit im Zusammenhang mit dem Sparverhalten der privaten Haushalte bislang nur eine untergeordnete Rolle eingenommen. So besaßen 1998 nur 6% der Erwachsenen in Deutschland Aktien im Vergleich zu 40% in den USA oder 53% in Schweden.[202] Bedeutende Aktienpakete deutscher Unternehmen befanden sich hingegen lange Zeit im Eigentum deutscher Banken und Versicherungen, aber auch im Eigentum deutscher Unternehmen, die untereinander in einem engen Geflecht wechselseitiger Beteiligungen standen.[203]

Die Besonderheit dieser Aktienstruktur stellt eine der wesentlichen Charakteristika der deutschen Corporate Governance-Praxis dar und wird regelmäßig mit dem Oberbegriff der „Deutschland AG" umschrieben. Die hohen, von Banken gehaltenen Aktienanteile[204] wurden hierbei mit der besseren Möglichkeit einer Abwehr feindlicher Übernahmen begründet.[205]

Die Rolle der Banken in deutschen Aufsichtsräten ist darüber hinaus von zentraler Bedeutung. Denn neben ihrem direkten Aktieneigentum verfügen die Banken in Deutschland über das Depotstimmrecht.[206]

Eine Studie von Baums und Fraune (1995) hat hierfür 24 der 100 größten Unternehmen in Deutschland untersucht und fand, dass die Stimmrechte der Banken auf den jeweiligen Hauptversammlungen zu 61% auf Depotstimmrechten beruhen.[207] Dieser hohe Stimmrechtsanteil erlaubt den Banken, ihre Repräsentanten in den meisten Aufsichtsräten der Unternehmen zu platzieren, was wiederum zur Durchsetzung bestimmter Anti-Übernahme-Klauseln im Zusammenhang mit der Zustimmung über die Zulässigkeit von Handlungen genutzt werden kann, die den Erfolg einer Übernahme verhindern oder begünstigen.[208]

Auch wenn Aufsichtsratmitgliedschaften und Depotstimmrechte tendenziell die Wahrscheinlichkeit unfreundlicher Übernahmen begrenzen, so geht von ihnen doch ein nicht unerheblicher Einfluss auf die Höhe von Übernahmeprämien aus. Varaiya (1987) fand in diesem Zusammenhang zum Beispiel heraus, dass das Vorherrschen von Anti

202 Vgl. Sanghera (1999), S. 9.

203 Vgl. Jürgens et al. (2000), S. 2.

204 Diese Position der deutschen Banken wurde noch gestärkt durch ihre Bedeutung im Rahmen der Unternehmensfinanzierung.

205 Vgl. Jürgens et al. (2000), S. 5.

206 Das Recht, die Interessen privater Aktienbesitzer auf der Hauptversammlung des Unternehmens zu vertreten. Vgl. ebenda.

207 Vgl. Baums/Fraune (1995), S. 103.

208 Nach dem deutschen WpÜG darf der Vorstand Abwehrhandlungen vornehmen, denen der Aufsichtsrat zugestimmt hat.

Übernahme-Klauseln[209] in Unternehmensverfassungen die Höhe der Prämien durchschnittlich um 15% bis18% erhöht.[210]

Eine Studie von Jenkinsen und Ljungvist (1999) über die Rolle solcher Klauseln in Deutschland bestätigte die getroffene, vorsorgliche Abwehrpraxis börsennotierter deutscher Unternehmen: 6,6% von ihnen verfügten zum Untersuchungszeitraum über stimmrechtslose Aktiennotierungen an der Börse, in 3,8% der Fällen lagen „caps“ vor, 4,5% limitierten die Transferierbarkeit ihrer Aktien und 5,7% sahen vom Prinzip “eine Aktien – eine Stimme“ ab. Darüber hinaus bestand bei Unternehmen mit hohem Streubesitz eine verbreitete Praxis darin, Aktien mit Höchststimmrechtsbeschränkungen von maximal 5% auszustatten.[211]

Die Intensität dieses Systems der – teilweise gegenseitigen – Überkreuzbeteiligung hat zu einer Dominanz freundlicher Übernahmen in Deutschland geführt. Nachdem, wie später zu zeigen sein wird, empirische Evidenz für höhere Prämien bei feindlichen M&A-Transaktionen[212] und bei Bieterwettbewerbssituationen[213] vorliegt, könnte das System der „Deutschland AG“ eine Erklärung für die moderate Höhe der Prämien in Deutschland bieten.

Heidrick & Struggles hat in ihrer 2005 veröffentlichten Corporate Governance-Studie herausgefunden, dass in Deutschland mit durchschnittlich 18,6 Mitgliedern die größten Aufsichtsräte in Europa existieren, sie aber mit durchschnittlich fünf Sitzungen im Jahr am wenigsten konferieren.[214] Nur 7% aller Aufsichtsratsmitglieder der im DAX 30 vertretenden Aktiengesellschaften stammen nicht aus Deutschland, verglichen mit 16% im europäischen Durchschnitt.[215] Als Gründe für diese Ineffizienz wird von den Autoren in erster Linie auf die in Deutschland herrschende Mitbestimmung verwiesen.

Das System der Mitbestimmung stellt eine weitere Besonderheit des deutschen Corporate Governance-Systems dar, und zwar insofern, dass deutsche Unternehmensverfassungen eine duale Struktur der Leitung und Kontrolle eines Unternehmens mit Vorstand und Aufsichtsrat als getrennten Institutionen vorsehen.[216] Der Grad der Internationalität deutscher Aufsichtsratsmitglieder wird hierbei allgemein immer noch als vergleichsweise niedrig eingeschätzt, während die Anzahl ehemaliger Vorstandsmitglie-

209 Unter Anti-Übernahme-Klauseln versteht man Abwehrmaßnahmen, die in Kap. 4.4.2.2 der vorliegenden Arbeit erläutert werden.

210 Vgl. Varaiya (1987), S. 175ff.

211 Vgl. Jenkinson/Ljungvist (1999), S. 397.

212 Vgl. in diesem Zusammenhang die diesbzgl. Ausführungen in Kap. 4.4.2.2 dieser Arbeit.

213 Vgl. hierzu im Einzelnen Kap. 4.4.2.3 der vorliegenden Arbeit.

214 Vgl. Heidrick & Struggles (2005), S. 8 sowie S. 13f.

215 Vgl. Heidrick & Struggles (2005), S. 21.

216 Vgl. Jürgens et al. (2000), S. 8.

der in deutschen Aufsichtsräten im internationalen Vergleich aber relativ hoch anzusetzen ist.[217]

Das gesetzlich verankerte Mitbestimmungsrecht der Arbeitnehmer bedeutet hierbei vor allem, dass gewählten Repräsentanten der Arbeitnehmerschaft Informations-, Beratungs- und Vetorechte bei bestimmten unternehmerischen Entscheidungen zustehen und dass sie auf diese Weise dem direkten Einfluss der Aktionäre auf die Geschäftsleitung entgegenwirken können. Abweichend vom internationalen Standard besteht Deutschlands Sonderweg in der gesetzlichen Mitbestimmung nicht zuletzt darin, dass deutsche Aufsichtsräte in Unternehmen ab 2.000 Arbeitnehmern paritätisch und unterhalb dieser Grenze mit einer Drittelparität ausgestaltet sind. In den meisten anderen europäischen Ländern und den USA existiert hingegen keine Beteiligung der Arbeitnehmervertreter in den Aufsichtsräten.[218] Aus ausländischer Sicht wird die paritätische Mitbestimmung durchaus auch als Abwehrmaßnahme gegen Übernahmeversuche verstanden.

Eine von Gerum (1991) durchgeführte empirische Untersuchung des Einflusses der Aufsichtsräte auf die Unternehmenspolitik in 71 börsennotierten deutschen Unternehmen hat herausgefunden, dass zwei Drittel der Aufsichtsräte nicht Aktionäre des Unternehmens sind, in denen sie Aufsichtsratsmitglieder sind.[219] Somit fehlen in Deutschland im Gegensatz zum Ausland häufig direkte Kapitaleigner in den Aufsichtsräten.[220]

Darüber hinaus haben einige empirische Studien den Effekt der Mitbestimmung auf die Unternehmensperformance analysiert. So kam zum Beispiel die Studie von Fritz-Roy und Kraft (1993) zu dem Schluss, dass die Eigenkapitalrendite in Unternehmen, die den Regelungen des Mitbestimmungsgesetzes unterworfen waren, um 5% niedriger lag als bei vergleichbaren Unternehmen ohne Mitbestimmung.[221] Eine spätere Studie von Schmid und Seger (1998) kam zu dem Ergebnis, dass die Aktien von Unternehmen, die unter das Mitbestimmungsgesetz von 1976 fielen, einen bis zu 24% höheren Marktwert hätten erreichen können, wenn dieses Gesetz nicht existieren würde.[222] Diese Erkenntnisse können als ein eindeutiges Indiz einer Unterbewertung deutscher Unternehmen angesehen werden und reflektieren vor dem Hintergrund der relativ ge-

---

217 Vgl. Heidrick & Struggles (2005), S. 22f.

218 Keine gesetzliche Mitbestimmung existiert in Europa in Belgien, Estland, Griechenland, Irland, Italien, Lettland, Litauen, Niederlande, Portugal und Spanien. In Luxemburg, Österreich, Polen, Slowenien, in der Slowakischen Republik und Ungarn gilt die Drittelparität, in den beiden letztgenannten Ländern allerdings erst bei einer Betriebsgröße von mehr als 50 Arbeitnehmern. Die Hälfte der Arbeitnehmervertreter ist nur in Deutschland (ab 2.000 Arbeitnehmer) in Aufsichtsräten beteiligt, so dass zurecht von einer Sonderrolle Deutschlands ausgegangen werden kann.

219 Vgl. Gerum (1991), S. 729.

220 Vgl. Gerum (1998), S. 56.

221 Vgl. FritzRoy/Kraft (1993), S. 365.

222 Vgl. Schmidt/Seger (1998), S. 453.

ringen Anzahl von Übernahmen in Deutschland eine reale Wirkung der oben bereits aufgelisteten Störfaktoren im Bezug auf einen dynamischen Markt für Unternehmenskontrolle.

Das deutsche Rechnungslegungswesen schließlich wird von ausländischen Investoren häufig als zu wenig transparent und als zu stark auf den Schutz der Kreditoren orientiert empfunden.[223] Diese so empfundene Intransparenz impliziert eine hohe Unsicherheit für die möglichen Bieter und wirkt verzerrend auf M&A-Aktivitäten und die Höhe von in Deutschland gezahlten Übernahmeprämien.

4.2.2.3 Corporate Governance im Ländervergleich

Trotz der in Kapitel 4.2.2.1 beschriebenen, länderübergreifend gültigen Grundsätze divergieren Corporate Governance-Systeme von Land zu Land erheblich. Dies liegt nicht zuletzt an international unterschiedlichen Rechnungslegungsstandards und Rechnungslegungsnormen sowie an divergierenden Vorschriften im Gesellschaftsrecht.

In den USA gilt im Gegensatz zu Deutschland und Frankreich ein auf Vorschriften basierendes Modell mit Erfüllungszwang und definierten Sanktionen. Der „Saban-Oxley Act"[224] gilt insofern für viele Marktteilnehmer als die bedeutendste US-Wertpapiergesetzgebung seit den 1930er Jahren. Nach diesem Gesetz, das jede Entscheidung der Gremien eines börsennotierten Unternehmens nachvollziehbar macht, obliegt die Beweislast im Falle von Anschuldigungen beim „Board" des Unternehmens. Trotz stark gestiegener Compliance-Kosten überwiegen nach allgemeiner Auffassung die Vorteile, da größtmögliche Transparenz und damit so viel Anlegervertrauen wie möglich geschaffen wird.[225] In den USA existiert im Gegensatz zu Deutschland kein zweigliedriges, duales, sondern ebenso wie in Großbritannien ein monistisches „Board"-System.

Zugleich operiert Großbritannien mit einer durchgängigen Trennung des Vorsitzenden des „Board" vom Vorstandsvorsitzenden, was zur Folge hat, dass in Großbritannien der mit der operativen Leitung des Unternehmens beauftragte „Chief Executive Officer" nicht Nachfolger des „Chairman" werden darf. Demgegenüber ist dieses Prinzip in den USA nicht die Regel, sondern die Ausnahme. Großbritannien unterscheidet sich von Deutschland vor allem hinsichtlich der Präsenz institutioneller Investoren. So war ihre Präsenz zum Beispiel in Großbritannien von 30% im Jahr 1963 auf 60% in 1992 angestiegen, verglichen mit nur 20% in Deutschland.

---

223 Z.B. der Ansatz von Buchwerten anstelle des Marktwertprinzips, die Möglichkeit des Einbehaltens von bis zu 50% der Gewinne in Form stiller Reserven etc.

224 Vgl. hierzu die Aussagen in Kap. 3.2.4 der vorliegenden Arbeit.

225 Vgl. z.B. Thain (2005), S. 12.

Eine Studie der internationalen Personalberatung KornFerry (1998) über die europäischen Vorstände bietet eine zusätzliche empirische Bestätigung für gewichtige Länderunterschiede. Demnach zählen zum Beispiel 46% der britischen Vorstände M&A-Transaktionen, Joint Ventures und Ausgliederungen zu ihren drei wichtigsten Handlungsfeldern im Vergleich zu nur 28% der deutschen Vorstände.[226]

In Deutschland gilt als leitendes Prinzip für die Unternehmensführung und Unternehmenskontrolle[227] der auf freiwilliger Basis eingeführte Corporate Governance-Kodex, der in wesentlichen Punkten dem in Europa vorherrschenden, flexiblen System des "comply or explain" folgt. Trotz der Tatsache, dass es sich um einen Selbstregulierungsmechanismus der Wirtschaft handelt, können die mittelbaren Kosten einer Abweichung vom Kodex hoch sein.

Eine länderübergreifende Vereinheitlichung von Corporate Governance-Systemen wird letztlich nur dann erreicht werden können, wenn regulatorische Äquivalenz und gegenseitige Anerkennung der Vorschriften gegeben sind. Die Anzahl isolierter Lösungen birgt die Gefahr der Überregulierung für global agierende Unternehmen, die sich einer Vielzahl länderspezifischer Regelwerke unterwerfen müssen.

Die typischerweise in Kontinentaleuropa tätigen Universalbanken[228] unterscheiden sich von den angelsächsischen Banken insofern, dass sie einerseits über direkte Eigenkapitalbeteiligungen an Unternehmen verfügen und andererseits für diese Unternehmen zum Beispiel zusätzlich als Fremdkapitalgeber, als Mitglieder in deren Kontrollgremien und als Bevollmächtigte ihrer Kunden bei Hauptversammlungen auftreten.[229] Auf die besonders ausgeprägte Ausgestaltung in Deutschland war bereits im vorangegangenen Kapitel unter der Überschrift der „Deutschland AG" eingegangen worden.

Die Wahrnehmung solcher Funktionen wird in den USA und Großbritannien aufgrund des Einflusspotenzials als Interessenskonflikt angesehen und strikt abgelehnt. Hinzu kommt, dass die USA und Großbritannien aufgrund der hohen Kapitalmarktliquidität und der starken Fragmentierung des Aktienbesitzes eine größere Distanz zwischen Kapitalgebern und den jeweiligen Geschäftsleitungen aufweist, als dies in Deutschland und Frankreich der Fall ist.

Der größte Unterschied zwischen der in den kontinentaleuropäischen Ländern üblichen Corporate Governance-Praxis und der diesbezüglichen Vorgehensweise der angelsächsischen Länder liegt allerdings nicht auf einer formalen Ebene wie zum Bei-

---

226 Vgl. KornFerry (1998), S. 35, Grafik 21a.

227 Vgl. hierzu Kap. 3.2.1 der vorliegenden Arbeit.

228 Vgl. in diesem Zusammenhang die diesbzgl. Ausführungen in Kap. 4.2.1 dieser Arbeit.

229 In Deutschland bauen die privaten Großbanken seit einigen Jahren ihren Beteiligungsbesitz, angestoßen durch die Deutsche Bank, sukzessive ab und ziehen sich auch zunehmend aus den Aufsichtsräten ihrer Beteiligungsgesellschaften zurück. Vgl. dazu Gerke/Mager (2003), S. 549ff.

spiel in der unterschiedlich ausgestalteten Aktionärsrechte. Sie ist vielmehr grundsätzlicher Natur. Corporate Governance ist nämlich nicht zuletzt eine zentrale Frage der Unternehmenskultur.

Wenn Corporate Governance als ein System zu verstehen ist, in dem die Anteilseigner eines Unternehmens sicherstellen, dass das Unternehmensziel stringent verfolgt wird und alle Ressourcen dafür eingesetzt und genutzt werden, stellt sich die Frage nach dem Inhalt des jeweiligen Unternehmensziels. In angelsächsischen Ländern ist dies die langfristige Maximierung des „Shareholder Value", in Kontinentaleuropa aber in der Regel die Wahrnehmung der Interessen aller betroffener Parteien, die neben den Aktionären die Mitarbeiter und die Gesellschaft bzw. den Staat im Sinne einer Optimierung des „Stakeholder Value" einschließen.[230] Hier wird erneut der Unterschied zwischen kapitalmarkt- und bankorientierten Wirtschaftssystemen deutlich.[231]

Dies gilt ganz besonders für Deutschland. Nirgendwo wird die Abweichung vom reinen „Shareholder Value"-Ziel – vor allem aus den oben in Kapitel 4.2.2.2 dargelegten Gründen – gegenwärtig als größer empfunden als hierzulande. Wettbewerbsfähige Corporate Governance-Strukturen sind aber zur Schärfung unternehmerischen Handelns und zur Beschaffung neuen Wachstumskapitals am internationalen Kapitalmarkt aus den oben genannten Gründen erforderlich.[232]

Aus den beschriebenen, kulturell unterschiedlichen Ansätzen ergeben sich trotz vieler Gemeinsamkeiten fundamental divergierende Corporate Governance-Systeme. In einer global vernetzten Wirtschaft muss aber Einigkeit über die Zielsetzung bei der Unternehmensführung herrschen. Ansonsten werden institutionelle Investoren trotz Harmonisierung internationaler Regulierungen unverändert Präferenzen für einzelne Märkte aufrechterhalten, die niedrigere Übernahmeprämien in diesen Märkten zur Folge haben können.

4.3 Branchenspezifische Faktoren von Prämien

4.3.1 Bedeutung branchenspezifischer Determinanten

Nach der in den vorausgegangenen zwei Abschnitten dieses Kapitels sowie in Kapitel 3 vorgenommenen Darstellung der verschiedenen markt- und länderspezifischen Faktoren und ihren Auswirkungen auf die Höhe von Übernahmeprämien folgt nun eine Analyse der branchen- bzw. sektorspezifischen Einflussfaktoren.

---

230 Vgl. Sutherland (2005), S. 14ff.

231 Vgl. die diesbzgl. Ausführungen im vorangegangenen Kap. 4.2.1 der vorliegenden Arbeit, wo zwischen den USA und Großbritannien als kapitalmarktorientierten sowie Deutschland und Japan als bankbasierten Volkswirtschaften unterschieden wird. Frankreich zählt hierbei zu den bankbasierten Volkswirtschaften.

232 Vgl. Steiger (2001), S. 539.

Aufgrund grundsätzlicher Unterschiede zwischen verschiedenen Branchen, die sich unter anderem aus divergierenden Eintrittsbarrieren, Wachstums- und Ertragsperspektiven ergeben, variieren die M&A-Volumina von Branche zu Branche zum Teil erheblich.[233] Aufgrund dieser unterschiedlichen Bedingungen kann davon ausgegangen werden, dass die Branchenspezifika auch eine unmittelbare Auswirkung auf die Höhe der Übernahmeprämien haben.

Grundsätzlich lässt sich feststellen, dass sich in der Literatur zur Thematik der Branchenspezifika von Übernahmeprämien die vergleichsweise geringste Anzahl von Untersuchungen findet. Die mit großem Abstand meisten Ausarbeitungen betreffen vielmehr die transaktionsspezifischen Einflussfaktoren von Prämien, die im Rahmen der vorliegenden Arbeit im Anschluss an die Branchenspezifika detailliert vorgestellt werden.

4.3.2 Branchenspezifika in der wissenschaftlichen Literatur

Ein Literaturbeispiel für eine wissenschaftliche Untersuchung von Branchenspezifika ist eine jüngere Studie von Donbolt,[234] in der der Autor in Großbritannien ansässige Unternehmen verschiedener Branchen analysiert hat. Das Ergebnis dieser Studie bestand darin, dass für Unternehmen, die nichtzyklischen Konsumgüter – sogenannte „non-cyclical consumer goods" – herstellen, höhere Übernahmeprämien gezahlt wurden als für Unternehmen aus zyklischen Branchen.

Eine Untersuchung von Meschi aus dem Jahr 1997 betrachtet stagnierende Industrien, sogenannte „declining industries".[235] Unter Bezugnahme auf die bereits 1989 veröffentlichte Arbeit von Dutz[236] werden vom Autor höhere Prämienzahlungen bei horizontalen Transaktionen[237] in den Fällen erwartet, wenn sie in stagnierenden Industrien stattfinden. Als Gründe hierfür werden von Meschi vor allem ein effizienterer Einsatz überschüssigen Kapitals und eine effizientere Ressourcenallokation angeführt.[238]

Bereits 10 Jahre vor der oben genannten Donbolt-Studie hat die Wissenschaftlergruppe Cakici, Hessel und Tandon (1991) in ihrer Arbeit über den signifikanten Anstieg ausländischer Übernahmen in den USA in den Jahren von 1981 bis 1987 berichtet und die zwischen den einzelnen Industriesektoren gezahlten Prämien miteinander verglichen.[239]

---

233 Zu der in dieser Arbeit vorgenommenen Branchensystematik vgl. im Einzelnen Kap. 5.3.

234 Vgl. Donbolt (2001), S. 30, Tab. 2.

235 Vgl. Meschi (1997), S. 8.

236 Vgl. Dutz (1989), S. 11 ff.

237 Vgl. Sautter (1989), S. 8ff., und Kap. 2.1.2 dieser Arbeit.

238 Gemeint ist hier der Free Cash Flow.

239 Vgl. Cakici et al. (1991), S. 41.

Für diesen Vergleich wurden hierbei die Zielunternehmen von den Autoren in die folgenden acht Industriesektoren gruppiert und den einzelnen beobachteten Übernahmen zugeordnet:

1. produzierende Unternehmen mit insgesamt neun Übernahmen in den USA im Betrachtungszeitraum
2. Rohstoffhersteller und Versorger der Öl- und Gasindustrie mit insgesamt acht Übernahmen
3. Finanzinstitutionen mit 15 Übernahmen
4. Lebensmittel und Agrarwirtschaft mit fünf Übernahmen
5. Chemie- und Pharmabranche mit 13 Übernahmen
6. Einzel- und Großhandel sowie Distribution mit 11 Übernahmen
7. Telekommunikation, Elektronik und Technologie mit 10 Übernahmen
8. Metallverarbeitung, Bergbau und Bauunternehmen mit acht Übernahmen.[240]

Die höchsten Prämien wurden nach dieser Studie mit 62% für produzierende Unternehmen und mit 59% für die in der Öl- und Gasindustrie tätigen Unternehmen gezahlt. Als Gründe hierfür führen die Autoren vor allem Bilanzierungsunterschiede,[241] mögliche Steuervorteile und die Abwertung des US$ im internationalen Währungsgefüge an.

Cantwell stellt in einer 1992 von ihm veröffentlichten Untersuchung seine Hypothese über das Verhalten von Firmen in oligopolistisch organisierten Märkten vor.[242] Demnach kann in derart gestalteten Märkten die Fusion zweier Unternehmen eine Kettenreaktion auslösen und zu weiteren Fusionen führen.

Ein typisches Beispiel für einen oligopolistisch organisierten Markt stellt die Telekommunikationsbranche dar. Die in diesem Sektor in den letzten Jahren vollzogene Deregulierung hat eine Welle von Übernahmen ausgelöst, aber zwischenzeitlich zu einem weitestgehend aufgeteilten Markt geführt. Cantwell's Hypothese bietet eine Erklärung dafür, dass Übernahmen in Zyklen erfolgen.[243]

Zu einem späteren Zeitpunkt wird in der vorliegenden Arbeit zu untersuchen sein, in wieweit eine überdurchschnittlich hohe Aktivität in einer Branche aufgrund großer

---

240 Zur Auswahl der in dieser Arbeit betrachteten Branchen vgl. Kap. 5.3, und hier insbes. Kap. 5.3.1.

241 In diesem Zusammenhang wird in der zitierten Studie von Cakici et al. (1991) insbes. auf Bilanzierungsunterschiede hinsichtlich des Goodwill abgestellt.

242 Vgl. Cantwell (1992), zitiert nach Meschi (1997), S. 2.

243 Vgl. hierzu Kap. 5.1 der vorliegenden Arbeit zur Auswahl des betrachteten Zeitraums und die fünf definierten M&A-Wellen.

M&A-Abschlüsse und aufgrund eines starken Wettbewerbes zu niedrigeren Prämien in der jeweiligen Branche führt. Hierfür wird auf die empirische Analyse in Kapitel 6 verwiesen.

Allgemein kann anhand der einschlägigen wissenschaftlichen Literatur aber geschlussfolgert werden, dass branchenspezifischen Bestimmungsfaktoren eine eher geringere Bedeutung zukommt als transaktionsspezifischen Determinanten. Diese werden daher ausführlich im kommenden Abschnitt dieser Arbeit besprochen.

4.4 Transaktionsspezifische Faktoren von Prämien

Die Spezifika von M&A-Transaktionen und deren mögliche Auswirkungen auf Übernahmeprämien stellen das am meisten untersuchte Forschungsgebiet der einschlägigen wissenschaftlichen Literatur im Hinblick auf die für die Höhe von Übernahmeprämien relevanten Bestimmungsfaktoren dar. Darüber hinaus fanden mehrere Studien, die im Folgenden vorgestellt und diskutiert werden, heraus, dass transaktionsspezifische Determinanten die stärkste Erklärungskraft in Bezug auf die Höhe gezahlter Prämien aufweisen.[244] All dies führt dazu, dass Transaktionsspezifika in der vorliegenden Arbeit einen relativ breiten Raum einnehmen.

Grundsätzlich kann konstatiert werden, dass die Höhe der vom Bieter gezahlten Übernahmeprämie eine positive Funktion seines mit der Übernahme potenziell realisierbaren Nutzens und eine negative Funktion seiner Verhandlungsmacht im Verhältnis zum Zielunternehmen darstellt.[245] Somit steigt die Übernahmeprämie in der Regel zum einen mit der Höhe des Übernahmegewinns bzw. weiterer potenzieller Vorteile für das Bieterunternehmen und zum anderen mit der relativen Verhandlungsstärke des Zielunternehmens.

4.4.1 Transaktionsspezifische Motive für Übernahmeprämien

Auf der niedrigsten Aggregationsebene, das heißt auf der Ebene der unternehmens- bzw. transaktionsspezifischen Determinanten für Übernahmeprämien, wird die Betrachtung im Folgenden auf solche Faktoren beschränkt, die entweder die Handlungen des Bieter- oder die des Zielunternehmens beeinflussen können bzw. aus dem Zusammenspiel dieser beiden Verhandlungsparteien auf die Ausgestaltung einer M&A-Transaktion und die Höhe der gezahlten Übernahmeprämie einwirken. Deshalb werden im Folgenden diejenigen Faktoren näher beleuchtet, die entweder den Übernahmenutzen für den Bieter oder die Verhandlungsmacht des Zielunternehmens begründen.

244 Vgl. z.B. Shelton (2000), S. 379.

245 Vgl. Walkling/Edmister (1985), S. 27f.

Hierunter werden aus Sicht eines Bieterunternehmens im Allgemeinen vor allem die Motive verstanden, die dieses Unternehmen dazu veranlassen können, die öffentliche Übernahme eines Zielunternehmens über die Börse anzustreben. Als finanziell motivierte Gründe stehen hierbei einerseits die Erzielung von erwarteten Übernahmegewinnen – in den häufigsten Fällen sind diese durch Ausnutzung einer Unterbewertung bei der Zielfirma, durch den Austausch einer suboptimal agierenden Geschäftsleitung oder durch die Erwirtschaftung von Synergien zu erreichen – sowie andererseits der Einsatz überschüssiger Liquidität mittels einer Akquisition im Vordergrund. Schließlich führt eine Selbstüberschätzung der Geschäftsleitung des Bieterunternehmens regelmäßig zu M&A-Transaktionen.

Im Folgenden werden fünf zentrale Motive, die in der einschlägigen wissenschaftlichen Literatur ausführlich besprochen sind, vorgestellt und analysiert.

4.4.1.1 Unterbewertung des Zielunternehmens

Bei einem Bieter wird in der Regel immer dann ein Interesse an der Übernahme eines anderen Unternehmens entstehen, wenn er den gegenwärtigen Marktwert eines potenziellen Übernahmekandidaten – eines Zielunternehmens bzw. eines sogenannten „Target" – mindestens so hoch oder aber höher einschätzt als der Markt. Insofern ist der Käufer in der Lage, eine positive Differenz zwischen dem von ihm gezahlten tatsächlichen Marktwert und dem von den übrigen Markteilnehmern ursprünglich zu niedrig kalkulierten Wert abzüglich entstandener Transaktionskosten als Übernahmegewinn zu vereinnahmen.

Gründe für eine solche unterschiedliche Einschätzung des Marktwertes könnten zum Beispiel darin liegen, dass der Kapitalmarkt in Hinblick auf den Dividendenbarwert des potenziellen Übernahmekandidaten übertrieben pessimistisch eingestellt ist, während das übernahmeinteressierte Unternehmen mit seiner Vorhersage des Dividendenbarwerts deutlich über der entsprechenden Einschätzung des Marktes liegt.[246]

Abweichungen von einem „objektiv korrekten" Marktwert eines potenziellen Übernahmekandidaten sind nach der sogenannten „Disturbance Theory" von Gort (1969) auch dann vorstellbar, wenn sich die unternehmerischen Auswirkungen eines schnellen technologischen Wandels oder eines verkürzten Produktlebenszyklus nicht sofort oder nur verzögert im Aktienkurs niederschlagen.[247] Sofern die aktuellen Anteilseigner des potenziellen Übernahmekandidaten ihrem Unternehmen aus diesem Grund einen niedrigeren Wert zumessen, als dies Nichtanteilseigner und potentielle Bieter tun, wird eine Unternehmensübernahme tendenziell finanziell erfolgreich sein.

---

[246] Vgl. Varaiya (1987), S. 176.

[247] Vgl. Gort (1969), S. 625ff., zitiert nach Oehlrich (1999), S. 25.

Darüber hinaus ist es denkbar, dass der Marktwert eines potenziellen Übernahmekandidaten anders eingeschätzt wird, als dies den Wiederbeschaffungskosten seiner Vermögensgegenstände entspricht. In einem solchen Falle wird das Unternehmen „unter Wert“ gehandelt bzw. „unter Wert“ bewertet, weil die Vermögensgegenstände höhere Wiederbeschaffungskosten verursachen würden als der Kauf des gesamten Unternehmens. Ein Unternehmen wird in diesem Fall zu einem Übernahmekandidaten, weil sich für einen Käufer das externe Wachstum mittels einer Akquisition günstiger darstellt als der Kauf der einzelnen Vermögensgegenstände bei internem Unternehmenswachstum.[248]

Die Frage, welchen Einfluss das Markt-Buchwert-Verhältnis eines „Target“ auf die Höhe der Übernahmeprämie hat, wurde vor allem von Walkling und Edmister (1985) empirisch überprüft.[249] In ihrer Untersuchung von insgesamt 158 „Cash Tender Offer“-Verfahren in den USA während des achtjährigen Zeitraums von Anfang 1972 bis Ende 1979 konnten sie auf der Grundlage offizieller Daten[250] nachweisen, dass die relativ niedrige Bewertung eines Unternehmen einen wesentlichen Einfluss auf die Höhe gezahlter Übernahmeprämien ausübt. Demgegenüber kommt Varaiya (1987) in seiner Untersuchung von 199 vollzogenen Unternehmensübernahmen in den USA im sechsjährigen Zeitraum von 1975 bis 1980 allerdings zu dem Ergebnis, dass die Unterbewertung eines Zielunternehmens nur einen schwachen Einfluss auf die Höhe der gezahlten Übernahmeprämie ausübt und dass folglich zwischen den Variablen Übernahmeprämie und Unterbewertung des Zielunternehmens nur eine relativ schwache positive Korrelation besteht.[251]

4.4.1.2 Missmanagement des Zielunternehmens

Ein weiteres, in der Literatur ausführlich diskutiertes und mit der Zahlung von Prämien in direkte Verbindung gebrachtes Übernahmemotiv stellt das Missmanagement auf Seiten eines potenziellen Übernahmekandidaten dar. Gefahr und Ausmaß einer ineffizienten Unternehmensführung werden im Folgenden anhand der „Agency“-Theorie[252] erläutert.

Im Mittelpunkt der „Agency“-Theorie steht die Erklärung des Verhältnisses zwischen einem sogenannten Prinzipal, der über definierte Eigentumsrechte, sogenannte „Pro-

---

248 Vgl. Oehlrich (1999), S. 26.

249 Vgl. Walkling/Edmister (1985), S. 30ff.

250 Die dieser Analyse zugrunde liegenden Daten stammen von der SEC, von Compustat, aus dem „Moody's Industrial Manual“ bzw. aus dem „Wall Street Journal Index“.

251 Vgl. Varaiya (1987), S. 179.

252 Zur "Agency"-Theorie vgl. grundlegend Jensen (1986), S. 323 ff., Jensen/Meckling (1976), S. 306ff., und Gerke (2001), S. 24 ff.

perty Rights", verfügt und einem sogenannten Agenten, der vom Prinzipal beauftragt wird, an seiner Stelle bestimmte Entscheidungen zu treffen. Insofern hängt das Wohlergehen des Prinzipals maßgeblich von der Art und vom Umfang der Aufgabenerledigung durch den Agenten ab.[253] Diese Konstellation kann auf Unternehmen, die von Managern geführt werden, grundsätzlich übertragen werden.

Gemäß der „Agency"-Theorie maximieren Prinzipale und Agenten ihren Nutzen unabhängig voneinander. Während der Prinzipal in der Regel primär an der Steigerung seines „Shareholder Value", also an der Steigerung seines Unternehmenswertes interessiert ist, können Agenten andere Ziele verfolgen, die an ihrem Eigeninteresse ausgerichtet sind.[254] Je nach Ausmaß der Eigeninteressenverfolgung durch die Manager ist hiermit eine mehr oder minder große Schädigung der Unternehmenseigentümer verbunden, weil die tatsächlich realisierte nicht der maximal möglichen Ertragslage entspricht.

Diese „Principal Agent"-Problematik ist zwar grundsätzlich durch die Installation eines geeigneten Anreiz- und Kontrollsystems lösbar. Da die Kontrolle des Managements aber mit Kosten verbunden ist, sind solche Lösungsmaßnahmen nie kostenneutral möglich. Ein vollständiger Ausschluss opportunistischen Verhaltens seitens des Managements wird selbst bei gut ausgestalteten Kontroll- und Anreizmechanismen kaum zu erreichen sein.[255]

Sofern ein Unternehmen von dem beschriebenen „Principal Agent"-Problem betroffen ist, wird sich dies in der Regel in einem niedrigeren Marktwert niederschlagen. Die Übernahme eines solchen Unternehmens ist für den Käufer immer dann von Vorteil,[256] wenn der Marktwert nach der Übernahme durch eine Beseitigung der Anreizprobleme bzw. durch eine Reduzierung der „Agency"-Kosten nachhaltig gesteigert werden kann.[257]

Hinsichtlich der Übernahme ineffizient geführter Unternehmen stellten zum Beispiel Hayward und Hambrick (1997) fest: „Premiums paid thus reflect the value that can be created from eliminating the target company`s inefficiencies."[258] Eine von Varaiya (1987) durchgeführte empirische Überprüfung des Zusammenhangs zwischen Missmanagement und Prämienhöhe lieferte hingegen kein schlüssiges Ergebnis. Zwar präsentierte die Untersuchung von insgesamt 199 Unternehmensübernahmen in den USA im sechsjährigen Zeitraum zwischen 1975 und 1980 gewisse Hinweise dafür, dass das

253 Vgl. u.a. Sydow (1992), S. 171f.
254 Vgl. Hayward/Hambrick (1997), S. 104.
255 Vgl. dazu genauer Picot et al. (1998) S. 47ff.
256 IZm der „Principal Agent"-Theorie und mit Unternehmensübernahmen vgl. v.a. Delingat (1996).
257 Vgl. Oehlrich (1999), S. 26.
258 Vgl. Hayward/Hambrick (1997), S. 104.

„Undermanagement“ eines Zielunternehmens mit höheren Übernahmeprämien einhergeht. Insgesamt war der Zusammenhang aber nur schwach ausgeprägt, und Varaiya konstatiert: „the undermanagement variables are uniformly insignificant.“

Einen indirekten Nachweis, dass die gezahlte Übernahmeprämie positiv mit dem Ausmaß des Missmanagements in einem Zielunternehmen korreliert, liefert die Wissenschaftlergruppe You, Cave, Smith und Henry (1986).[259] Sie konnte empirisch nachweisen, dass die Übernahmegewinne für den Käufer umso geringer ausfallen, je mehr Unternehmensanteile von den Managern des Zielunternehmens gehalten werden und je mehr Mitglieder im Aufsichtsrat vertreten sind, die mit den internen Angelegenheiten des Unternehmens eingehend vertraut sind.[260] Im Umkehrschluss folgern sie daraus, dass in diesem Fall auch Übernahmeprämien relativ niedrig ausfallen, weil aufgrund eines funktionierenden Anreiz- und Kontrollmechanismus' die „Principal Agent“-Problematik minimiert wird und der Übernehmer durch die Ablösung der Geschäftsleitung im Zielunternehmen kaum Effizienzgewinne generieren kann.[261]

4.4.1.3 Synergieeffekte mit dem Zielunternehmen

Die Realisierung von Synergieeffekten dürfte das wohl häufigste und zugleich umstrittenste Motiv für Unternehmensübernahmen bilden.[262] „Echte“ Synergieeffekte sind von einer Unternehmensübernahme allerdings nur dann zu erwarten, wenn durch das Zusammenfassen der Aktivitäten bzw. Geschäftsfelder zweier Unternehmen nachhaltig zusätzliche Vorteile generiert werden können, die sich darin äußern, dass die Summe der Marktwerte beider Unternehmen nach der Übernahme größer ist als vor der M&A-Transaktion.

Im Zusammenhang mit Unternehmensübernahmen werden vor allem die beiden folgenden Arten von Synergieeffekten angestrebt:[263]

1. „*Economies of Scale*“: Bei Betriebsgrößenvorteilen oder sogenannten Skaleneffekten handelt es sich um Kostenersparnisse, die dadurch entstehen, dass sich durch eine Ausweitung der Produktionsmenge die Chancen zur Nutzung produktivitätssteigernder Spezialisierungen erhöhen, Lernkurveneffekte eintreten oder aber Kapazitätsgrößenvorteile entstehen. Skaleneffekte bedeuten insofern einen fallenden Verlauf der langfristigen Durchschnittskostenkurve. Je stärker ein solcher Degressionseffekt ausgeprägt ist, desto vorteilhafter ist auch eine

---

259 Vgl. You et al. (1986), S. 201ff., zitiert nach Slusky/Caves (1991), S. 281.

260 Gemeint sind sog. "Insider".

261 Vgl. Hayward/Hambrick (1997), S. 104f.

262 Vgl. Oehlrich (1999), S. 16.

263 Vgl. Oehlrich (1999), S. 18, sowie die dort angegebene Literatur.

Unternehmensübernahme, da der Erwerber seinen aus einer suboptimalen Unternehmensgröße resultierenden Kostennachteil gegenüber Konkurrenten verliert, die ihrerseits bereits die sich bietenden Skaleneffekte nutzen. Die Folge ist eine Verbesserung der Wettbewerbsposition.[264]

2. *„Economies of Scope"*: Hierunter werden Verbund- oder Diversifikationsvorteile verstanden, die durch die Verbreiterung der Produktpalette eines Unternehmens entstehen. Der Grundgedanke dieses Konzepts besteht darin, dass die simultane Produktion mehrerer verschiedener Güter in einem Unternehmen insgesamt kostengünstiger erfolgen kann als die separierte Produktion dieser Güter in zwei oder mehr Unternehmen. Die Übernahme eines Unternehmens aus einer anderen Branche kann deshalb mit dem Vorteil verbunden sein, dass sich die Wettbewerbsstellung des Erwerbers nicht nur in seinem angestammten, sondern auch in dem Markt des Zielunternehmens verbessert.

Neben diesen rein produktions- bzw. kostentechnischen Gesichtspunkten spielen bei Unternehmensübernahmen auch die Besonderheiten der im Zielunternehmen vorhandenen Produktionsfaktoren und damit die Besonderheiten der erwarteten Synergieeffekte eine erhebliche Rolle.

Slusky und Caves (1991) unterzogen die hier vorgestellten Hypothesen über die Vorteilhaftigkeit von übernahmebedingten Synergieeffekten sowie den Zusammenhang zwischen übernahmebedingten Synergieeffekten einerseits und der Prämienhöhe andererseits einem empirischen Test. Zu diesem Zweck wurden Übernahmen amerikanischer „Corporates" mit einem Transaktionsvolumen von jeweils mehr als $50 Mio. ausgewählt und im dreijährigen Zeitraum von 1986 bis 1988 analysiert.

Da die Synergieeffekte nicht unmittelbar zu beobachten und messbar waren, mussten von den Autoren hierfür zunächst geeignete Messgrößen identifiziert werden. Zwar kann die Verwandtschaft – die sogenannte „relatedness" – der verschiedenen Geschäftsfelder eines diversifizierten Unternehmens anhand des Ausmaßes der unternehmensinternen Integrationsanstrengungen beobachtet werden; eine Übertragbarkeit dieser Vorgehensweise ist bei Unternehmensübernahmen aber nicht ohne Weiteres möglich. Zur Einstufung der Verwandtschaft der an der Übernahme beteiligten Unternehmen orientierten sich Slusky und Caves deshalb an deren Einstufung in der sogenannten „Standard Industrial Classification" und waren auf diese Weise in der Lage, auf objektivierte Weise technologische Ähnlichkeiten bzw. Ähnlichkeiten hinsichtlich der Verwendung von Inputfaktoren messen zu können.[265]

264 Vgl. Berg (1993b), S. 1888.

265 Vgl. Slusky/Caves (1991), S. 283.

In der Studie wurde die Hypothese getestet, ob die Aktiva der Zielunternehmen positive externe Effekte auf die Aktiva der übernehmenden Unternehmen ausüben, so dass es zu Wertsteigerungen kommt. Der errechnete Koeffizient ist zwar erwartungsgemäß positiv, weist aber keine Signifikanz auf.

Überraschenderweise und entgegen der allgemeinen Erwartungen und theoretischen Überlegungen konnte in der Studie nicht nachgewiesen werden, dass der Preis des Bieters mit zunehmender Eignung des Zielunternehmens steigt. Vielmehr ist das Ergebnis der Studie insoweit negativ, als dass die potenziellen Synergieeffekte für sich genommen keinen begünstigenden Einfluss auf die Höhe der Übernahmeprämien ausüben.[266]

Flanagan und O'Shaughnessy (2003) gingen in ihrer empirischen Studie der Frage nach, ob der Zusammenschluss zweier Unternehmen mit sich ergänzenden Kernkompetenzen mit höheren „Tender Offer"-Prämien verbunden ist als Zusammenschlüsse, in denen sich Bieter und Zielunternehmen in ihren Kerngeschäften nicht entsprechen. Sie kamen zu dem Ergebnis, dass „... premiums are higher, when the acquirer is core-related than when he is not core-related ... ."[267] In den Fällen, in denen lediglich ein einziger Interessent vorhanden war, lautet ihr Ergebnis, dass die Prämien für Zielunternehmen mit zum Übernehmer passenden Kernkompetenzen um 12,5% über den Prämien lagen, die für Zielunternehmen gezahlt wurden, die dieses Merkmal nicht aufwiesen.

4.4.1.4 Erwartete Zusatzgewinne durch Einsatz überschüssiger Liquidität

Die Hypothese, dass die Existenz überschüssiger Liquidität, also die Existenz eines sogenannten „Free Cash Flow"[268] nicht nur ein Motiv für Unternehmensübernahmen darstellt, sondern darüber hinaus auch dafür verantwortlich gemacht werden kann, dass hohe Übernahmeprämien bezahlt werden, geht unter anderem auf Jensen (1988) zurück.[269] Seine Hypothese beruht auf der Überlegung, dass die in Abschnitt 4.4.1.2 bereits beschriebene „Principal Agent"-Problematik nicht auf Zielunternehmen beschränkt bleiben kann, sondern dass entsprechende Problemlagen ebenfalls in den Bieterunternehmen auftreten können.

Manager in Bieterunternehmen fungieren als Agenten der Anteilseigner und verfolgen darüber hinaus – wie alle anderen Agenten auch – eigene Ziele. Das Hauptinteresse der Prinzipale von Bietunternehmen besteht dabei – wie dies bei allen anderen Prinzi-

---

266 Vgl. Slusky/Caves (1991), S. 289.

267 Flanagan/O'Shaughnessy (2003), S. 581.

268 Der Free Cash Flow bezeichnet den Betrag an liquiden Mitteln, der im Unternehmen noch zur Verfügung steht, nachdem die Finanzierung aller Investitionsprojekte mit einem positiven Gegenwartswert sichergestellt ist. Zur Definition vgl. u.a. Jensen (1988), S. 28.

269 Vgl. Jensen (1988), S. 28ff.

palen ebenfalls der Fall ist – vor allem in der Maximierung des Wertes ihres Unternehmensanteils, also in der Maximierung ihres „Shareholder Value". Deshalb versuchen Prinzipale von Bieterunternehmen Vereinbarungen zu treffen, die sicherstellen sollen, dass die von ihnen eingesetzte Geschäftsleitung, also ihre Agenten, auch tatsächlich das von ihnen angestrebte Ziel der Wertmaximierung verfolgt.

Manager eines Unternehmens verhalten sich zielkonform und effizient, wenn sie den „Free Cash Flow" vollständig an ihre Anteilseigner ausschütten. Schütten sie jedoch alle frei verfügbaren Mittel an ihre Anteilseigner aus, reduzieren sie auf diese Weise gleichzeitig den Bestand der direkt von ihnen kontrollierbaren und für eigene Ziele einsetzbaren Ressourcen. Folglich haben Manager ein Interesse daran, den „Free Cash Flow" nicht komplett an ihre Anteilseigner auszuschütten, sondern zum Teil in andere Verwendungsrichtungen zu lenken,[270] die gleichzeitig geeignet sind, ihre managementspezifischen Zielsetzungen zu erfüllen.

Manager haben häufig ein ausgeprägtes Interesse daran, ihren Macht- und Einflussbereich zu erweitern. Die Ursache für die Verhaltensweise kann darin gesehen werden, dass ihre Entlohnung und ihr Ansehen tendenziell mit der Größe bzw. mit der Anzahl der Mitarbeiter des von ihnen geführten Unternehmens steigt. Je größer und komplexer außerdem das von ihnen geführte Unternehmen ist, desto unabkömmlicher werden sie für das Unternehmen, weil sie gegenüber Dritten über den Vorsprung verfügen, den Aufbau und die Funktionsweise der einzelnen Unternehmensbestandteile zu kennen und mit deren Führung vertraut sein. Insofern reduzieren Manager über den Aufbau von Unternehmensimperien die Gefahr ihrer Entlassung.

Die Übernahme eines anderen Unternehmens stellt für das Management des Bieters zusätzlich zum internen Unternehmenswachstum eine Möglichkeit dar, um einerseits die Ausschüttung überschüssiger Liquidität an seine Anteilseigner zu vermeiden und um andererseits die eigene Position als Manager zu festigen. Hierbei verhalten sich diejenigen Geschäftsleiter, die den „Free Cash Flow" des von ihnen geführten Unternehmens nicht oder nicht vollständig an ihre Anteilseigner ausschütten, insofern tendenziell ineffizient, als dass sie die Mittel in Verwendungsrichtungen mit einem möglicherweise geringen Ertrag lenken und somit gegebenenfalls für eine Verschwendung knapper finanzieller Mittel sorgen.

Dennoch hat die Übernahme eines anderen Unternehmens gegenüber der Alternative der unternehmensinternen „Free Cash Flow"-Verwendung laut Jensen (1988) gewisse Vorzüge. Er führt hierzu aus: „Because the bidding firms are using funds that would otherwise have been spent on low or negative return projects, the opportunity costs of these funds are lower than their cost of capital. As a result, they will tend to overpay

[270] Vgl. Oehlrich (1999), S. 27f.

for acquisitions and thereby transfer some, if not all, of the gains to the target firm's shareholders. In extreme cases they may pay too much for the target, in effect giving the target shareholders more than 100 percent of the gains."[271]

Die Problematik eines hohen „Free Cash Flows" trifft Unternehmen der verschiedenen Branchen nicht in gleichem Maße. Hohe „Free Cash Flows" sind zumeist ein Phänomen, das bei Unternehmen in reifen und in schrumpfenden Branchen[272] zu konstatieren ist. Außerdem tritt es bei Unternehmen auf, die durch staatliche Regulierungsmaßnahmen weitgehend vor Wettbewerb geschützt sind[273] oder aber über Produkte verfügen, die in großem Ausmaß liquide Mittel generieren.[274] Demzufolge müssten gerade die aus diesen Branchen stammenden Unternehmen nicht nur ausgeprägte Übernahmeaktivitäten zeigen, sondern den Aktionären der ausgewählten Zielunternehmen auch überdurchschnittlich hohe Übernahmeprämien zahlen.

Die Höhe einer Übernahmeprämie hängt nicht zuletzt davon ab, für welche Übernahmeprojekte die überschüssigen liquiden Mittel eingesetzt werden sollen. Verfolgt das Management eines Bieterunternehmens zum Beispiel eine Diversifikationsstrategie und erwirbt deshalb ein Unternehmen aus einer anderen Branche, steigt tendenziell die Gefahr, dass mangels ausreichender Informationen über die branchenfremden, spezifischen Rahmenbedingungen und Marktgegebenheiten ein zu hoher Preis für das Zielunternehmen gezahlt wird. Werden überschüssige liquide Mittel hingegen zur Übernahme eines Unternehmens oder von Unternehmensteilen aus der gleichen oder einer verwandten Branche eingesetzt, wird die Übernahmeprämie laut Jensen (1988) aufgrund der Vertrautheit des Managements mit den herrschenden Bedingungen eher geringer ausfallen.[275]

Obwohl Palepu (1986) diese konkreten Zusammenhänge in seiner empirischen Untersuchung von 163 Unternehmensübernahmen im neunjährigen Zeitraum von 1971 bis 1979 nicht explizit getestet hat, fand er dennoch überzeugende Hinweise für die Gültigkeit der „Free Cash Flow"-Hypothese.[276] Slusky und Caves (1991) konstatieren im Rahmen ihrer empirischen Überprüfung des Zusammenhangs zwischen der „Principal Agent"-Problematik in Bieterunternehmen und der Höhe der Übernahmeprämie: „...weakly monitored managers of acquiring firms overpay (and presumably undertake too many mergers)".[277]

---

[271] Jensen (1988), S. 35.

[272] Z.B. Unternehmen der erdölproduzierenden bzw. erdölverarbeitenden Industrie.

[273] Z.B. Unternehmen der Medien-, und hier speziell der Rundfunkindustrie.

[274] Z.B. Unternehmen der Pharmaindustrie.

[275] Vgl. Jensen (1988), S. 35.

[276] Vgl. Palepu (1986), S. 3ff., zitiert nach Jensen (1988), S. 36.

[277] Slusky/Caves (1991), S. 293.

4.4.1.5 Manager-Hybris als Ursache von Unternehmensübernahmen

Wie im vorangegangenen Abschnitt 4.4.1.4 dargelegt, ist eine wesentliche Ursache für Unternehmensübernahmen sowie für die dabei gezahlten Übernahmeprämie darin zu sehen, dass das Zielunternehmen unter den gegebenen Rahmenbedingungen nicht den Ertrag generiert, der von ihm erwartet wird. Bei diesem Sachverhalt spielt wiederum die unzureichende Leistungsfähigkeit bzw. -bereitschaft des Managements des „Target" eine entscheidende Rolle.

Darüber hinaus reflektiert eine Übernahmeentscheidung aber gegebenenfalls auch die Management-Situation im Bieterunternehmen. Insofern kann nicht davon ausgegangen werden, dass die Hypothese von der Ineffizienz der Geschäftsleitung allein auf das Zielunternehmen beschränkt bleiben darf. Vielmehr muss unterstellt werden, dass auch die Geschäftsleitung des Bieterunternehmens mit Defiziten behaftet sein kann, so dass sich aus diesem Grund Übernahmeprämien nicht zuletzt auch mit deren Persönlichkeitsprofilen, Überzeugungen und Motiven erklären lassen.[278] Dieser in der Literatur nachhaltig untersuchten Hypothese wird im Folgenden im Einzelnen nachgegangen.

Ein Motiv für Unternehmensübernahmen und eine wichtige Determinante für die Höhe von Übernahmeprämien besteht darin, dass das Management eines Bieterunternehmens davon ausgeht, dass das ausgewählte Zielunternehmen einen höheren Marktwert besäße, wenn die Manager des Bieters selbst dessen Führung inne hätten. Die Grundlage der Übernahmeentscheidung bildet folglich der Vergleich des gegenwärtigen Marktwertes des „Target" – also des Wertes unter der bestehenden Führung – mit dem erwarteten höheren Unternehmenswert, der sich unter der eigenen Führung einstellt.

Unter dieser Prämisse kann es selbst dann zu einer positiven Wertdifferenz kommen, wenn weder im übernahmewilligen noch im Zielunternehmen „Principal Agent"-Probleme vorherrschen, wenn außerdem Synergieeffekte ausgeschlossen sind und wenn das Zielunternehmen objektiv fair bewertet ist. Unter diesen Bedingungen beruht die positive Differenz zwischen dem vom Management selbst ermittelten Wert des Zielunternehmens und dessen Marktwert auf einer möglicherweise fehlerhaften Bewertung durch das Management des Bieters.

Die Ursache für eine fehlerhafte Bewertung eines Zielunternehmens führt Roll (1986) auf eine Selbstüberschätzung, eine „Hybris"[279] des Managements zurück.[280] Nach dieser Roll'schen Hybris-Hypothese überschätzen Manager von übernahmewilligen Unternehmen oftmals das eigene sowie das Potenzial des Zielunternehmens und zahlen deshalb einen ökonomisch ungerechtfertigten Preis für das Akquisitionsobjekt.

---

278 Vgl. Hayward/Hambrick (1997), S. 105.

279 Das griechische Wort „Hybris" steht allgemein für „frevelhaften Stolz" bzw. für „Selbstüberschätzung".

280 Vgl. dazu ausführlich Roll (1986).

Speziell die eigenen Qualitäten bezüglich der Führungs- und Problemlösungsfähigkeiten in sektorfremden Unternehmen werden regelmäßig falsch eingeschätzt. Außerdem werden häufig die Zukunftsperspektiven von Zielunternehmen zu günstig bewertet und gleichzeitig drohende Schwierigkeiten negiert. Gaughan (2002) führt dazu aus: „Roll's position is that pride of management allows them to believe that their valuation is superior to that of the market."[281]

Die Manager von Bieterunternehmen verfolgen mit Übernahmen in der Regel eine Wertmaximierungsstrategie, wobei sie den Wert dessen, was sie kaufen, allerdings häufig unbewusst überschätzen.[282] Kommt eine solche falsch bepreiste Übernahme zustande, werden die Anteilseigner des übernehmenden Unternehmens durch den zu hoch ausgefallenen Kaufpreis geschädigt.[283]

Ein genauerer Nachweis darüber, welcher Einfluss von einer solchen Manager-Hybris auf die Höhe der gezahlten Übernahmeprämie ausgeht, scheitert daran, dass keine verlässliche Größe existiert, mit der die Existenz einer Manager-Hybris direkt und konkret gemessen werden könnte. Demzufolge benötigt man für den Nachweis eines entsprechenden Zusammenhangs Hilfsgrößen, die ihrerseits direkt beobacht- und messbar sind und einen zuverlässigen Hinweis auf das Vorliegen einer Manager-Hybris liefern.

In der einschlägigen Literatur wird das Auftreten von Manager-Hybris im Wesentlichen mit den drei folgenden Ursachen in Verbindung gebracht:[284]

1. *Unternehmerischer Erfolg*. Ist ein Unternehmen wirtschaftlich erfolgreich, wird dieser Erfolg in der Regel auf die Führungsqualitäten des Managements zurückgeführt. Die Führungsqualitäten der Manager werden häufig selbst dann für den Unternehmenserfolg verantwortlich gemacht, wenn sich der Erfolg objektiv auf andere Ursachen zurückführen lässt und wenn diesen anderen Ursachen bei zunehmendem wirtschaftlichem Erfolg sogar eine immer größer werdende Bedeutung zukommt. Diese anderen Ursachen können die materielle Ursache für eine Selbstüberschätzung der Manager bilden, weil sie dazu beitragen, dass die handelnden Parteien, die unmittelbar mit dem Erfolg in Verbindung gebracht werden, ein zunehmend stärker werdendes Vertrauen genießen.

   Eine von diesem Erfolg ausgehende Gefahr äußert sich zum Beispiel darin, dass Manager zu sehr von der vermeintlichen Einfachheit der Unternehmensführung und ihrer eigenen Begabung zur Unternehmensführung überzeugt sind. So wurde wissenschaftlich nachgewiesen, dass erfolgreiche Manager ein übertrieben

---

281 Gaughan (2002), S. 136.

282 Vgl. Shleifer/Vishny (1988), S. 14.

283 Vgl. Oehlrich (1999), S. 28.

284 Vgl. Hayward/Hambrick (1997), S. 107ff.

großes Selbstvertrauen in die Wirksamkeit und Richtigkeit ihres Handels aufweisen. Bei anhaltendem wirtschaftlichem Erfolg wird die Richtigkeit der eigenen Entscheidungen schließlich durch Fakten bestätigt, so das Manager hieraus bestimmte Glaubens- und Rechtfertigungsmuster für die von ihnen eingeschlagene Vorgehensweise entwickeln.

Unter diesen Bedingungen wird einerseits das Selbstvertrauen gestärkt, andererseits nimmt gleichzeitig die Fähigkeit zur Selbstkritik ab, so dass Manager nur noch eingeschränkt in der Lage sind, die Ursachen ihres Erfolgs tiefer zu hinterfragen. Manager mit einem zu großen Selbstvertrauen laufen Gefahr, dass sie möglicherweise einen sich selbst tragenden Prozess initiieren, indem sie zunächst immer höhere Erwartungen an die eigenen unternehmerischen Fähigkeiten wecken, denen sie anschließend mit der Realisierung entsprechender Gewinne Genüge tun müssen. Somit ist eine Kausalität zwischen wirtschaftlichem Erfolg und übertriebenem Selbstvertrauen bzw. Selbstüberschätzung von Managern schlüssig herstellbar. Demzufolge wird in der Literatur die These aufgestellt, dass Übernahmeprämien umso höher ausfallen, je wirtschaftlich erfolgreicher ein Bietunternehmen ist.

2. *Resonanz in den Medien.* Erfolgreiche Manager genießen in den Medien regelmäßig große Aufmerksamkeit. In der Berichterstattung werden sie häufig mit Attributen in Verbindung gebracht, die sie in der Öffentlichkeit ausgesprochen positiv erscheinen lassen.

   Ein derart positives öffentliches Profil kann einen maßgeblichen Einfluss auf die Selbsteinschätzung von Managern ausüben. Da Medien zumeist nur günstige Persönlichkeitsmerkmale der leitende Manager herausstellen und sie einem großen Publikum bekannt machen, wird dadurch die intra- und interorganisationale Machtposition von Managern gestärkt. Somit ist es nicht unwahrscheinlich, dass Manager von Unternehmen Gefahr laufen, ihrer eigenen Presse unkritisch Glauben zu schenken. Ausgeprägtes Medienlob wird deshalb regelmäßig als Quelle für Manager-Hybris angesehen, und es wird davon ausgegangen, dass das Ausmaß des Medienlobs auch einen bedeutenden Einfluss auf die Höhe der gezahlten Übernahmeprämien ausübt.

3. *Selbstüberschätzung der Manager.* Manche Geschäftsleiter vertrauen in übersteigerter Weise auf ihre in der Vergangenheit bewiesenen Management-Fähigkeiten und ihr unternehmerisches Geschick. Diesen Sachverhalt bereits als alleiniges Merkmal für eine Selbstüberschätzung zu betrachten, ist allerdings unzureichend. Vielmehr erscheint es angebracht, eine Selbstüberschätzung der

Manager als komplexes Konstrukt anzusehen und neben dem Selbstvertrauen weitere Wesenszüge einzubeziehen.[285]

Diese erweiterte Sichtweise macht es möglich, eine Anhäufung von Titeln oder die Festlegung der Höhe der eigenen Entlohnung als Ausdruck der Selbstüberschätzung von Managern zu begreifen. Ein wichtiges Indiz bildet in diesem Zusammenhang zum Beispiel der relative Abstand der Entlohnung des entscheidungsbefugten Vorstandsvorsitzenden zu dem am nächst höchsten entlohnten Manager. Somit lässt sich in diesem Zusammenhang die Hypothese formulieren, dass die gezahlte Übernahmeprämie für ein Zielunternehmen steigt, je höher die relative Entlohnung des verantwortlichen Managers im Bieterunternehmen ausfällt.

Die Hybris von Managern in Bieterunternehmen kann jedoch immer nur dann zum Tragen kommen, wenn der Aufsichtsrat oder ein anderes qualifiziertes Kontrollgremium seine Aufsichtsfunktion über die Geschäftsleitung über einen längeren Zeitraum vernachlässigt. Sowohl unter theoretischen wie auch unter realen Bedingungen sind durchaus verschiedene Konstellationen vorstellbar, die die Mitglieder eines Aufsichtsgremiums darin hindern können, ihre Aufsichtsfunktion vollumfänglich wahrzunehmen.

Sofern dies die rechtlichen Rahmenbedingungen in den verschiedenen Ländern zulassen, kann zum Beispiel die Position des Vorstands- und des Aufsichtsratsvorsitzenden in ein und derselben Person liegen, oder es kann zumindest eine enge Beziehung zwischen diesen beiden Positionen bestehen. Außerdem kann ein Vorstandsvorsitzender darauf hinwirken, dass die Aufsichtsratmandate in dem von ihm geführten Unternehmen und den angeschlossenen Tochterunternehmen ausschließlich oder doch zumindest überwiegend mit Insidern besetzt werden. Und nicht zuletzt ist der Einfluss des Aufsichtsrats immer dann deutlich geschwächt, wenn sich ein erheblicher Teil der Unternehmensanteile in den Händen von Personen befinden, die der Geschäftsleitung wohl gesonnen sind. Aufgrund dieser Zusammenhänge werden Übernahmeprämien in der Regel tendenziell umso höher ausfallen, je schwächer die Kontrollmöglichkeiten des Aufsichtsrats bei Unternehmensübernahmen gegenüber der Geschäftsleitung ausgestaltet sind.[286]

Die nachfolgende Abbildung 10 verdeutlicht in Anlehnung an Hayward und Hambrick (1997) übersichtsartig den beschriebenen Zusammenhang zwischen den eine Manager-Hybris begründenden Faktoren einerseits und der Höhe von Übernahmeprämien andererseits.

---

285 Z.B. Narzissmus oder Machtbedürfnis.

286 Vgl. hierzu die diesbzgl. Ausführungen zu „Corporate Governance" in Kap. 4.2.2 dieser Arbeit.

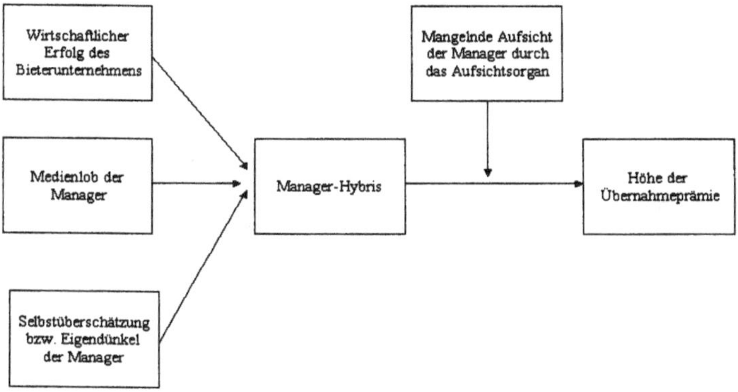

Abb. 10: Zusammenhang zwischen Manager-Hybris und Übernahmeprämie[287]

In wieweit ein tatsächlicher Zusammenhang zwischen der Höhe der gezahlten Übernahmeprämie und einer Hybris der Manager besteht, wurde unter anderem von Hayward und Hambrick im Jahr 1997 näher untersucht. Zu diesem Zweck mussten zunächst Unternehmensübernahmen identifiziert werden, in denen der Vorstandsvorsitzende – der „CEO" – eine zentrale Rolle für das Zustandekommen des Übernahmevorhabens gespielt hatte. Außerdem mussten die Übernahmen aus einem möglichst repräsentativen Zeitraum stammen.

Weil zum einen das Jahr 1989 in den USA ein Boomjahr für Unternehmensübernahmen darstellte und zum anderen im Jahr 1992 nur relativ wenige Unternehmensübernahmen stattgefunden haben, wurden somit die Jahre 1989 bis 1992 von Hayward und Hambrick als Untersuchungszeitraum ausgewählt. Insgesamt werteten die Wissenschaftler das statistische Datenmaterial zu 106 Unternehmensübernahmen mit einem Transaktionsvolumen von jeweils mehr als $100 Mio. in Hinblick auf den hier interessierenden Zusammenhang der Manager-Hybris aus. Die empirischen Untersuchungsergebnisse bestätigten die Hypothese, dass eine Hybris der CEO's, die sich in einer ausgeprägten Selbstüberschätzung des jeweiligen Amtsinhabers manifestiert, insgesamt einen entscheidenden Einfluss auf die Höhe der im jeweiligen Einzelfall gezahlten Übernahmeprämie ausübt.

So konnte zunächst die Hypothese empirisch belegt werden, dass ein positiver Zusammenhang zwischen dem wirtschaftlichen Erfolg des Bieterunternehmens einerseits und der Höhe der gezahlten Übernahmeprämien andererseits besteht. Darüber hinaus wurde die Hypothese bestätigt, dass ein positiver Zusammenhang zwischen dem von

287 In Anlehnung an Hayward/Hambrick (1997), S. 111.

den Medien verbreiteten Lob über den jeweiligen CEO und der Höhe der gezahlten Übernahmeprämien existiert.

Die Untersuchung von Hayward und Hambrick ergab, dass im Betrachtungszeitraum jede zusätzliche Erhöhung des Medienlobs eine Steigerung der Übernahmeprämie um 1,6% bewirkte. Jeder Medienbeitrag mit einem vorteilhaften CEO-Portrait erhöhte hierbei die Übernahmeprämie um durchschnittlich 4,8%. Darüber hinaus konnte der empirische Test der beiden Autoren den Nachweis führen, dass die Höhe der CEO-Entlohnung, die als Ausdruck seiner Selbstüberschätzung gewertet wurde, positiv mit der Höhe der gezahlten Übernahmeprämien korreliert.

Schließlich lieferte der Test von Hayward und Hambrick auch Hinweise darauf, dass Kontrollgremien, die sich den Entscheidungen der Geschäftsleitung nicht widersetzen bzw. nur geringfügigen Einfluss ausübten, die Entstehung einer Manager-Hybris eher begünstigen. Bei als durchsetzungsschwach angesehenen Aufsichtsgremien fallen daher Übernahmeprämien tendenziell höher aus, als wenn sich die Aufsichtsgremien aus Mitgliedern zusammensetzen, die aufgrund ihrer Vorbildung und beruflichen Qualität in der Lage sind, den Interessen der übrigen Anteilseigner des Bieterunternehmens hinreichend zu vertreten.[288]

Sowohl die empirische Untersuchung von Hayward und Hambrick als auch diejenige von Goergen und Renneboog (2004) kommen zu dem Ergebnis, dass von dem Motiv der Manager-Hybris geleitete Unternehmensübernahmen bei einer längerfristigen Betrachtung in vielen Fällen mit einem Nettoübernahmeverlust verbunden sind. Während die Anteilseigner der Zielgesellschaft von den hohen Übernahmeprämien profitieren können, werden die Anteilseiger der Bietergesellschaft über den Wertverlust ihres Unternehmens derart geschädigt, dass der Gesamteffekt der Übernahme negativ ist.[289] Goergen und Renneboog führen daher aus: „This suggests that in about a third of the firms, managerial hybris may, to a large extent, be responsible for poor decision making about merger or acquisition bids“.[290]

4.4.2 Transaktionsspezifische Einflussfaktoren auf Prämien

Fusionen und Übernahmen folgen zwar häufig gewissen Mustern,[291] stellen letztlich aber doch in starkem Maße individuelle Situationen und Einzelfälle dar. Insofern wirken transaktionsspezifische Faktoren – zusätzlich zu den Einflüssen, die sich aus der

288 Vgl. Hayward/Hambrick (1997), S. 112 ff.

289 Vgl. Hayward/Hambrick (1997), S. 122, und Goergen/Renneboog (2004), S. 32f. Vgl. ebenfalls Abb. 1 der vorliegenden Arbeit.

290 Goergen/Renneboog (2004), S. 34.

291 Vgl. die diesbzgl. Aussagen in Kap. 2.2 der vorliegenden Arbeit.

Länder- und der Branchensituation ergeben – besonders nachhaltig auf die Höhe von Übernahmeprämien.

Typischerweise lassen sich M&A-Transaktionen vor allem anhand von sieben Charakteristika unterscheiden, die ihrerseits die wesentlichen transaktionsspezifischen Einflussfaktoren auf Übernahmeprämien darstellen. Es sind dies im Einzelnen:[292]

1. Zahlungsmodalität
2. Übernahmeverhalten vom Bieter und vom Zielunternehmen
3. Wettbewerbssituation
4. absolute Höhe des Kaufpreises
5. Synergien
6. Finanzielle Situation der Zielgesellschaft
7. Höhe des zu erwerbenden Anteils an der Zielgesellschaft

4.4.2.1 Zahlungsmodalität

Hinsichtlich der Zahlungsmodalität gilt grundsätzlich die Unterscheidung, dass der Kaufpreis für das Zielobjekt in bar, in Aktien oder als Mischform von Barmitteln und Aktien entrichtet werden kann. In Zeiten des Aktien- und M&A-Booms der Jahre 1999 und 2000 war zum Beispiel der Anteil aktieninduzierter Transaktionen aufgrund der zu dieser Zeit historisch hohen Aktiennotierungen besonders ausgeprägt.[293]

Die Ergebnisse mehrerer wissenschaftlicher Studien belegen die These, dass die Zahlungsmodalitäten einer Transaktion die Höhe der Prämien signifikant verändern. So bestätigen zum Beispiel die Analysen von Wansley, Lane und Yang (1983), von Huang und Walking (1987) sowie von Davidson und Cheng (1997) die gleiche Hypothese, dass Prämien bei Bar-Transaktionen stets signifikant höher ausfallen als im Falle von Aktienofferten.[294]

Das steuerliche Argument wird hierfür von den Autoren zu Recht als ausschlaggebend angesehen, denn im Falle einer Bar-Offerte sind die den Eigentümern des Zielunternehmens zustehenden Kapitalgewinne ohne Zeitverzug unmittelbar steuerpflichtig. In den meisten Volkswirtschaften unterliegen realisierte Kapitalerträge einer Besteue-

---

[292] In Erweiterung eines Schaubildes von Dombret/Bender (2000), S. 328. Vgl ebenso Abb. 1 in Kap. 2.3 der vorliegenden Arbeit.

[293] Vgl. Dombret (1999), S. 616f., und Dombret (2002), S. 532. Hinzu tritt die Frage nach der etwaigen Finanzierung der Übernahme und ggfs. nach den Finanzierungsformen. Hierauf wird in dieser Arbeit zu einem späteren Zeitpunkt ausführlich eingegangen. Vgl. zu diesem Aspekt die diesbezgl. Aufführungen in diesem Unterabschnitt.

[294] Vgl. Danbolt (2001), S. 14.

rung, sofern sie einen Verkaufgewinn beinhalten. Im Falle von Aktien-induzierten M&A-Transaktionen hingegen wird vorerst keine Steuerzahlung fällig; vielmehr tritt ein sogenannter steuerlicher Verschiebeeffekt ein.

Bei einer derart ausgestalteten Steuergesetzgebung wird die Bar-Abfindung in der Regel mit einer höheren Prämie verbunden sein, um die Anteilseigner des Zielunternehmens für ihre Steuerlast zu kompensieren.[295] Dementsprechend wird die Übernahmeprämie bei der Anwendung des Aktientausches niedriger ausfallen, weil die dabei realisierten Gewinne in vielen Fällen nicht oder zumindest nicht unmittelbar steuerpflichtig sind. Ein anderer Theorieansatz bestätigt diese These und erklärt die Anwendung alternativer Finanzierungsmethoden ebenfalls mit der steuerlichen Behandlung von Kapitalerträgen.[296]

Die empirischen Ergebnisse für den vermuteten Zusammenhang sind eindeutig. So berichten zum Beispiel Davidson und Cheng bereits 1997 von Prämienunterschieden in der Größenordnung von 39,93% für Bar-Transaktionen gegenüber Prämien in Höhe von 29,25% im Falle von Aktienofferten.[297]

Die führende Investmentbank JP Morgan hat einer von ihr am 18. Mai 2005 veröffentlichten Studie für den zehnjährigen Zeitraum von 1995 bis 2004 nachgewiesen, dass europäische Aktientransaktionen in diesem Zeitraum die vergleichsweise niedrigsten Median-Prämien aufgewiesen haben, während die Unterschiede zwischen Barzahlung und einer Mischform von Barmitteln und Aktien hingegen nur gering ausgefallen sind.

Für den europäischen Raum wurden seitens JP Morgan zum Beispiel die folgenden Median-4 Wochen-Prämien ermittelt:

- 17,6% bei Zahlung nur mit Aktien
- 25,0% bei reiner Barzahlung und
- 27,5% bei gemischter Zahlung in bar und mit Aktien.

In den USA waren die Unterschiede zwischen den drei Zahlungsformen etwas geringer ausgeprägt.[298] Eine Begründung hierfür liegt neben dem bereits erwähnten Steuerverschiebeeffekt darin, dass Anteilseigner des Zielunternehmens existieren, die über den Tausch in Aktien des Bieterunternehmens weiterhin an der Entwicklung ihrer ursprünglich getätigten Investition partizipieren wollen, anstatt vollständig zu desinvestieren.

---

295 Vgl. Davidson/Cheng (1997), S. 466. Dieser Auffassung schließt sich der Verfasser der vorliegenden Arbeit an.

296 Vgl. Wansley et al. (1987), S. 403ff., sowie Franks et al. (1988), S. 221ff.

297 Vgl. Davidson/Cheng (1997), S. 472.

298 Vgl. JP Morgan (2005), S. 70 und S. 74.

Bei Übernahmen oder Fusionen müssen heutzutage neben den Aktionären und den Aktienanalysten zunehmend auch die Rating-Agenturen sowie die Fremdkapitalmärkte von der Vorteilhaftigkeit der jeweiligen Transaktion überzeugt werden. Insofern ist eine enge Verzahnung von M&A mit der Finanzierung einer Transaktion notwendig. Darüber hinaus kommt im heutigen M&A-Markt dem geschickten Einsatz von Finanzierungsinstrumenten, dem sogenannten „Financial Engineering", eine wachsende Bedeutung zu.

Aufgrund der beschriebenen hohen Bedeutung, die der mit der Zahlungsmodalität eng verbundenen Frage der Finanzierung von M&A-Transaktionen zukommt, werden im Folgenden die Einflussmöglichkeiten der jeweils gewählten Finanzierungsmethoden auf die Höhe von Übernahmeprämien analysiert.[299]

Für die finanzielle Abwicklung von Unternehmensübernahmen stehen aus Sicht des Bieters grundsätzlich drei verschiedene Vorgehensweisen zur Verfügung. Dies sind im Einzelnen folgenden Finanzierungsmöglichkeiten:

1. Zunächst besteht die Möglichkeit, dass das Bieterunternehmen die Anteilscheine der Zielgesellschaft mittels einer *Cash-Finanzierung* gegen eine Bar-Abfindung der Eigentümer übernimmt.
2. Alternativ kann das Bieterunternehmen den Anteileignern des Zielunternehmens eine sogenannte *Effektenfinanzierung* dergestalt anbieten, dass der Bieter die Anteilsscheine des Zielunternehmens gegen Anteilsscheine des eigenen Unternehmens eintauscht und auf diese Weise die Kontrolle über das Zielunternehmen übernimmt. Wenngleich bei dieser Finanzierungsmethode in der Regel der Aktientausch zur Anwendung kommt, können prinzipiell auch andere Wertpapiere des Bieterunternehmens wie zum Beispiel Obligationen oder Wandelschuldverschreibungen zum Tausch eingesetzt werden.
3. Die dritte Möglichkeit stellt eine *Mischfinanzierung* und damit die Kombination der beiden erstgenannten Finanzierungsmethoden dar. In diesem Fall wird der Kaufpreis des Zielunternehmens teilweise in bar und teilweise in Aktien bzw. anderen Wertpapieren des Bieterunternehmens bezahlt.

In der einschlägigen Literatur finden sich einige aus der jüngeren Vergangenheit stammende Theorieansätze, die sich mit den Gründen beschäftigen, warum ein Bieterunternehmen eine Finanzierung in Barmitteln oder eher einen Wertpapiertausch bevorzugen könnte. Diese theoretischen Betrachtungen werden in der Regel auf das Bie-

[299] Die nachfolgenden Ausführungen dieses Kapitels beschäftigen sich mit Finanzierungsfragen iZm Unternehmensübernahmen. Bei Fusionen gehören i.d.R. zum einen das Aktienumtauschverhältnis und zum anderen die Bestimmung des Umfangs der Kapitalerhöhung zu den gängigen Finanzierungsproblemen. Vgl. hierzu Peemöller (2001), S. 1938.

terunternehmen beschränkt, weil es einen deutlich größeren Einfluss auf die Ausgestaltung der Übernahmefinanzierung ausübt als das Zielunternehmen.

Für die Anteilseigner des Zielunternehmens muss die vom Bieter gewünschte Finanzierungsmethode zwar grundsätzlich akzeptabel sein. Wesentliche Veränderungen wird es aber nur im Falle einer starken Verhandlungsposition durchsetzen können. Viel essenzieller ist zumeist, dass die Art und Weise der Finanzierung seitens des Bieters positiv beurteilt wird, weil er ansonsten der Übernahme in der verhandelten Form nicht zustimmt und möglicherweise eine feindliche Übernahme in Erwägung zieht, bei der er dann alleine die Übernahme – einschließlich der Finanzierungskonditionen – definiert.[300]

Die Auswahl einer bestimmten Finanzierungsmethode kann unter anderem mit der Existenz einer asymmetrischen Informationsverteilung erklärt werden.[301] Die Theorie der asymmetrischen Information unterstellt in diesem Zusammenhang sinnvoller Weise, dass das Bieterunternehmen hinsichtlich der eigenen wirtschaftlichen Lage über bessere Informationen verfügt als das Zielunternehmen bzw. die übrigen Marktteilnehmer. Aufgrund dieser ungleichen Informationslage wird davon ausgegangen, dass die vom Bieterunternehmen bevorzugte Finanzierungsmethode gewisse Rückschlüsse auf seine tatsächliche Situation zulässt.

Soll eine Unternehmensübernahme zum Beispiel mittels eines Wertpapiertausches finanziert werden, kann dies einen Hinweis darauf sein, dass das Bieterunternehmen aus Sicht seiner Manager vom Kapitalmarkt fair oder möglicherweise sogar überbewertet ist. Soll die Übernahme hingegen mittels Barzahlung erfolgen, dann kann dies auf eine tendenzielle Unterbewertung des Bieterunternehmens hindeuten.

Im ersten Fall, dem Wertpapiertausch, profitiert das Bieterunternehmen vom günstigen Umtauschverhältnis seiner Aktien in die des Zielunternehmens und ist aus diesem Grund eher in der Lage, eine relativ hohe Übernahmeprämie zu zahlen. Da sich das Bieterunternehmen über die eigene Leistungsfähigkeit im Klaren ist, wird es im zweiten Fall – der Barzahlung – den Anteilseignern des Zielunternehmens eine relativ hohe Abfindung in Barmitteln anbieten, um sie nach erfolgter Übernahme nicht an den realisierten Wertsteigerungen beteiligen zu müssen.[302] Umgekehrt dürfte das Zielunternehmen an einer Bar-Abfindung interessiert sein, wenn das Management bzw. die Eigentümer von einer Überbewertung des Bieterunternehmens ausgehen. Verkaufen sie ihre Anteilsscheine nämlich gegen bar, würde dies verhindern, dass sie an der erwarte-

300 Vgl. Faccio/Masulis (2003), S. 6.

301 Vgl. Hansen (1987), S. 75ff., und Travlos (1987), S. 943ff. Vgl. iZm einer asymmetrischen Informationsverteilung und iZm der "Agency"-Theorie auch Hartmann-Wendels (1989), S. 714 ff.

302 Vgl. Goergen/Renneboog (2004), S. 35.

ten, späteren Korrektur des Anteilspreises des Zielunternehmens in negativer Weise beteiligt werden.

Ein weiterer theoretisch überprüfter und in der Literatur vertretener Erklärungsansatz für die Höhe von Übernahmeprämien stellt eine Verbindung zwischen dem Anteilsbesitz der Manager der Bietergesellschaft einerseits und der Wahl der Finanzierungsmethode andererseits her.[303] Je mehr Anteilsscheine sich im Besitz des Managements der Bietergesellschaft befinden, desto eher wird die Übernahme einer Zielgesellschaft gegen Barzahlung und nicht mittels eines Aktientausches erfolgen. Als Grund wird in der Literatur angeführt, dass die Geschäftsleitung des Bieterunternehmens nur durch eine Bar-Abfindung der Anteilseigner der Zielgesellschaft ihre Position in ihrem eigenen Unternehmen – der Bietergesellschaft – weiter festigen können. Bei einem Aktientausch müssen sie hingegen damit rechnen, dass die Anteilseigner der Zielgesellschaft nach der erfolgten Übernahme über ihre Stimmrechte Einfluss auf ihre Unternehmensführung ausüben. Um ein Zielunternehmen übernehmen zu können, sind Bieter, die an ihrem Unternehmen beteiligt sind und ihren Einfluss wahren wollen, daher in der Regel zur Zahlung einer vergleichsweise hohen Cash-Prämie bereit.

Schließlich findet sich in der Literatur ein theoretischer Ansatz von Martin (1996), der die Wahl der Finanzierungsmethode mit den Wachstumsaussichten des Bieterunternehmens zu erklären versucht. Nach diesem Erklärungsansatz werden Bieterunternehmen mit positiven Wachstumsaussichten eher geneigt sein, eine Übernahme mit eigenen Aktien zu bezahlen als über eine Bar-Abfindung. Der Grund hierfür wird darin gesehen, dass das Bieterunternehmen für die Ausnutzung seiner Wachstumschancen über eine hohe Liquidität verfügen will und deshalb die liquiden Mittel tendenziell nicht zur Finanzierung einer Unternehmensübernahme einsetzt. Dementsprechend werden sie eine höhere Prämie zu zahlen bereit sein, wenn die Anteilseigner der Zielgesellschaft für die Unternehmensübernahme das Wertpapiertauschverfahren akzeptieren.[304]

Die vorgestellten theoretischen Erklärungsansätze zeigen somit, dass mit Ausnahme des in der Praxis durchaus gewichtigen Steuerarguments mehr theoretische Gründe für eine Abwicklung von Unternehmensübernahmen in bar sprechen als für deren Finanzierung im Wertpapiertauschverfahren. Letztendlich kann in der Praxis aber der Steuereffekt einer Cash-Zahlung nicht vernachlässigt werden, so dass in diesem Zusammenhang auf die Ergebnisse der bereits oben zitierten Studie der internationalen Investmentbank JP Morgan verwiesen wird.[305]

---

303 Vgl. Stulz (1988), S. 25ff., Amihud et al. (1990), S. 603ff., sowie Ghosh/Ruland (1998), S. 785ff.

304 Vgl. Martin (1996), S. 1227ff.

305 Vgl. JP Morgan (2005), S 70 und 74.

Eine empirische Überprüfung der Fragestellung, ob die jeweils gewählte Finanzierungsmethode einen Einfluss auf die Höhe von Übernahmeprämien ausübt, ergibt ein durchaus ambivalentes Ergebnis. Wansley (1983) zum Beispiel hat mit einer Gruppe weiterer Wissenschaftler eine Stichprobe von 203 US-amerikanischen Unternehmensübernahmen, die alle in den 1970er Jahren stattfanden, analysiert und kam zu dem Ergebnis, dass die Cash-Finanzierung zu höheren Übernahmeprämie führt als die Finanzierung der Übernahme mittels Wertpapiertausch. Nach seinen Untersuchungen konnten die Eigentümer von Zielunternehmen für ihre Anteilsscheine einen Gewinn von bis zu 34% verbuchen.[306] Auch Goergen und Renneboog (2004) konnten in ihrer Untersuchung zeigen, dass die Cash-Finanzierung für die Anteilseigner des Zielunternehmens mit deutlich größeren Gewinnzuschlägen verbunden ist als ein Aktientausch (10% bzw. 27,5% versus 6% bzw. 14%).[307]

Demgegenüber fanden Rau und Vermaelen (1998) in ihrer Untersuchung von 3.169 Unternehmensübernahmen, die im elfjährigen Zeitraum von Januar 1980 bis Dezember 1991 in den USA durchgeführt wurden, Hinweise darauf, dass Bieterunternehmen für Zielunternehmen höhere Prämien bezahlen, wenn sie die Übernahme über einen Aktientausch finanzieren können.[308] Insgesamt kamen die Verfasser der Studie jedoch zu dem Ergebnis, dass „on average, bidders do not pay higher takeover premiums in stock financed acquisitions than in acquisitions financed with cash."[309]

4.4.2.2 Übernahmeverhalten von Bieter- und Zielunternehmen

Das Verhalten des Bieters sowie des Zielunternehmens im Übernahmeprozess haben insofern Auswirkungen auf die Höhe von Übernahmeprämien, als eine freundliche, vom Management des zu übernehmenden Unternehmens gebilligte und empfohlene Transaktion in der Regel die Zahlung niedrigerer Prämien erfordert, als dies bei feindlichen Angeboten typischerweise der Fall ist. Feindliche Übernahmen haben in der jüngsten Vergangenheit wieder an Bedeutung gewonnen.[310]

Handelt es sich um eine freundliche Übernahme, vollzieht sie sich im gegenseitigen Einvernehmen der beiden Vertragsparteien. In der Regel wird eine Übernahmeprämie gezahlt, deren Höhe die Interessen der Anteilseigner der Zielgesellschaft zufrieden stellt. Bei feindlichen Übernahmen hingegen versucht ein Bieterunternehmen, Anteils-

306 Vgl. Wansley (1983), S. 16ff.

307 Vgl. Goergen/Renneboog (2004), S. 39.

308 Vgl. Rau/Vermaelen (1998), S. 246.

309 Rau/Vermaelen (1998), S. 246.

310 In Deutschland sind in der der jüngsten Vergangenheit z.B. FAG Kugelfischer, der Großbäcker Kamps sowie der französische Pharmakonzern Aventis, das das ehemals deutsche Unternehmen Hoechst mit einschließt, zum Ziel unerwünschter Übernahmeversuche geworden.

scheine des Zielunternehmens gegen den Willen und gegen das Einverständnis des Managements des „Target" zu erwerben. Dies wird in der Regel über ein Angebot an die Anteilseigner der Zielgesellschaft geschehen, in dem angeboten wird, die Anteilsscheine zu einem meist über dem gegenwärtigen Börsenkurs liegenden Preis, also gegen Zahlung einer Übernahmeprämie zu erwerben.[311]

Ob ein feindlicher Übernahmeversuch Erfolg hat und welche Übernahmeprämie in welcher Höhe bei einer Einigung der beiden Vertragsparteien gezahlt wird, hängt letztlich davon ab, wie geschickt das Zielunternehmen mit den ihm zur Verfügung stehenden Abwehr- bzw. Verteidigungsmaßnahmen agiert. Hierunter werden im Allgemeinen alle Beschlüsse des Leitungsorgans bzw. der Eigentümerversammlung der Zielgesellschaft verstanden, die darauf abzielen, einen Wechsel in der Unternehmenskontrolle zu erschweren. Durch die beschlossenen Maßnahmen soll entweder eine Übernahme des Unternehmens verhindert oder der Preis für die Übernahme erhöht werden.

In jedem Fall übt der Widerstand gegen einen feindlichen Übernahmeversuch Einfluss auf die Höhe der Übernahmeprämie aus. Sind die Abwehrmaßnahmen erfolgreich und die Übernahme kann wirksam abgewendet werden, wird damit gleichzeitig die Zahlung einer Übernahmeprämie verhindert. Widerstandsbemühungen, die den Übernahmepreis erhöhen, sind in diesem Sinne also grundsätzlich als erfolgreich zu werten.

Wissenschaftliche Untersuchungen haben bereits zu einem frühen Zeitpunkt nachgewiesen, dass rational handelnde Bieter immer dann zu höheren Geboten und damit zur Zahlung höherer Übernahmeprämien bereit sind, je höher die Unterstützung ihres Gebotes durch die Geschäftsleitung des Zielunternehmens ausfällt.[312] Darüber hinaus belegen zum Beispiel Goergen und Renneboog (2004), dass feindliche Übernahmeversuche mit deutlich größeren Preisausschlägen für Anteilsscheine des Zielunternehmens einhergehen als zum Beispiel freundliche Übernahmeangebote.[313]

Der Zusammenhang zwischen dem Widerstand eines Zielunternehmens gegen eine feindliche Übernahme und der Höhe der Übernahmeprämie ist insofern – sofern die Übernahme tatsächlich zustande kommt – empirisch evident. So konnten Flanagan und O'Shaughnessy (2003) in ihren Untersuchungen nachweisen, dass sowohl das Auftreten von „White Knights" als auch der Einsatz sogenannter „Poison Pills" signifikante Auswirkungen auf die Höhe von Übernahmeprämie haben. Während der erfolgreiche „Poison Pill"-Einsatz in ihren Untersuchungen die Übernahmeprämien um 14,16% erhöhte, steigerte das Auftreten eines „White Knight" die Prämienhöhe um 17,97%.[314]

311 Vgl. Picot/Bergmann (2000), S. 419ff.
312 Vgl. Slusky/Caves (1991), S. 279ff.
313 Vgl. Goergen/Renneboog (2004), S. 9 und insbes. S. 20ff.
314 Vgl. Flanagan/O'Shaughnessy (2003), S. 581ff.

In feindlichen Übernahmesituationen erreichen Prämien durchschnittlich 30%, in den letzten Jahren sogar mehr als 50%.[315] So fanden Healy, Palepu und Ruback (1997) deutlich höhere Prämien in finanziell motivierten Transaktionen – definiert als feindliche Bar-Unternehmensübernahmen – im Vergleich zu strategischen Übernahmen, die als freundliche Aktien-Unternehmensübernahme definiert werden. Aus dem zugrunde gelegten Datensatz, bestehend aus 12 finanziell und 14 strategisch motivierten Transaktionen, wurden von den Autoren durchschnittlich gezahlte Übernahmeprämien von jeweils 50% respektive 29% ermittelt.[316]

Übernahmeprämien fallen immer dann umso höher aus, je intensiver sich die Zielunternehmen einer Übernahme durch den Einsatz von Verteidigungsmaßnahmen zu entziehen versuchen.[317] Bei der empirischen Untersuchung möglicher prämienrelevanter Determinanten stellt zum Beispiel Varaiya (1987) die Hypothese auf, dass Zielunternehmen, bei denen Anti-Übernahme-Zusatzklauseln, sogenannte „Anti Takeover Ammendments“, in ihren entsprechenden Unternehmenssatzungen enthalten sind, über mehr Verhandlungsmacht verfügen und somit höhere Prämien verlangen können. Die Studie fand heraus, dass die Existenz von Anti-Übernahme-Klauseln die Höhe der Prämien im Durchschnitt signifikant erhöht.

Weiterhin wurde eine positive Interaktion zwischen der Haltung des Bieters einerseits und der Anzahl von Konkurrenzbietern andererseits festgestellt. Die Anzahl von Konkurrenzbietern im Falle von strategischen, also freundlichen Transaktionen lag durchschnittlich bei 1,1 und für finanzielle, feindliche Übernahmen bei 3,3.[318] Diese ermittelte Korrelation beschreibt die Wettbewerbssituation um das Zielunternehmen und bietet eine weitere wesentliche Determinante der bestehenden Unterschiede in der Höhe von Übernahmeprämien, auf die im nachfolgenden Kapitel 4.4.2.3 näher eingegangen wird.

Die derzeit bekanntesten und in der Praxis am häufigsten angewandten Verhaltensweisen zur Abwehr feindlicher Übernahmen stammen aus den USA und wurden dort im Zuge der Übernahmewelle der 1980er Jahre entwickelt. Zu den bekanntesten Abwehrmaßnahmen zählen der bereits erwähnte „White Knight“, der „White Squire“, die „Golden Parachutes“, die „Shark Repellents“ und die ebenfalls bereits zitierten „Poison Pills“.[319] Im Folgenden werden diejenigen Abwehrmaßnahmen kurz vorgestellt, von denen ein Einfluss auf die Höhe von Übernahmeprämien erwartet werden kann,

---

315 Vgl. Jensen (1988), S. 22. Vgl. auch die diesbzgl. Aussagen zur Übernahme von Mannesmann in Kap. 1.1 der vorliegenden Arbeit.

316 Vgl. Healy et al., S. 52.

317 Vgl. Varaiya (1987), S. 175.

318 Vgl. Healy et al., S. 54.

319 Vgl. Drehkopf/Mix (o.J.), S. 4ff.

und zwar unabhängig davon, ob sie aus rechtlicher Sicht in den unterschiedlichen Jurisdiktionen zulässig sind[320] und unabhängig davon, ob ihr Einsatz auch ethischen Gesichtspunkten hinreichend Rechnung trägt.[321]

Die Suche nach einem „White Knight", einem sogenannten weißen Ritter, ist eine im Falle eines feindlichen Übernahmeversuchs regelmäßig angewandte Abwehrmaßnahme. Die Geschäftsleitung des Zielunternehmens sucht in einer solchen Situation aktiv nach einem anderen, ihr genehmeren Bieter, der mit ihren eigenen Vorstellungen über die Unternehmenszukunft eher übereinstimmt als der feindliche Bieter. Anders als bei anderen Abwehrmaßnahmen soll hier eine Übernahme des Unternehmens nicht prinzipiell verhindert, sondern vielmehr soll die Übernahme durch ein ganz bestimmtes, unwillkommenes Bieterunternehmen abgewendet werden.

Findet sich ein „White Knight", kommt der Erst-Bieter in der Regel unter Zugzwang. Da er sich mit einem Gegenangebot konfrontiert sieht, das zudem vom Management der Zielgesellschaft Unterstützung erfährt, ergeben sich für ihn grundsätzlich die folgenden zwei Möglichkeiten:

1. Die erste Möglichkeit besteht darin, dass sich das Bieterunternehmen durch die Präsenz eines Konkurrenten abschrecken lässt und das Übernahmeangebot zurückzieht.
2. Als zweite Möglichkeit begibt sich der als feindlich angesehene Bieter bewusst in eine Übernahmeauseinandersetzung, die er dann aber ohne Unterstützung der Geschäftsleitung der Zielgesellschaft mit entsprechend ungewissem Ausgang austragen muss.

Nimmt das Erst-Bieterunternehmen den Übernahmekampf auf, wird es sein ursprüngliches Übernahmeangebot in der Regel erhöhen müssen. Da sich das Bieterunternehmen nun einem Konkurrenten gegenübersieht, kann diese Situation als ein Spezialfall des zuvor erwähnten und im nachfolgenden Kapitel ausführlich dargestellten Bieterwettbewerbs angesehen werden. Für die Anteilseigner der Zielgesellschaft bedeutet die Existenz eines „White Knight", dass sie in jedem Fall eine Übernahmeprämie erhalten. Insofern gilt, dass Konkurrenz um ein Zielunternehmen die Übernahmeprämie erhöht.

Versucht ein Bieterunternehmen, ein anderes Unternehmen in feindlicher Absicht zu übernehmen, besteht für das amtierende Management des Zielunternehmens die Gefahr, dass es nach erfolgter Übernahme von seinen Aufgaben entbunden wird. Deshalb ist es für die Mitglieder der Geschäftsleitung des Zielunternehmens rational, Vorkeh-

320 Vgl. dazu Drehkopf/Mix (o.J.), S. 10ff.

321 Vgl. in diesem Zusammenhang auch die Ausführungen des Kap. 4.2.2 dieser Arbeit zum Thema Corporate Governance sowie die in Kap. 3 vorgestellten M&A-relevanten juristischen Rahmenbedingungen.

rungen zu treffen, die verhindern sollen, dass sie Nachteile aus der Übernahme des von ihnen geleiteten Unternehmens erleiden.

Um die Geschäftsleitung der Zielgesellschaft von einem Verhalten abzuhalten, das einzig und allein an ihrem eigenen Nutzen ausgerichtet ist und ausschließlich zum Ziel hat, ihr Verbleiben im Zielunternehmen sicher zu stellen, wird in der Praxis häufig das Instrument der „Golden Parachutes“[322] eingesetzt. Unter diesem Begriff wird die Gewährung lukrativer Abfindungszusagen für einzelne oder für alle Mitglieder der – gegebenenfalls erweiterten – Geschäftsleitung des „Target“ für den Fall verstanden, dass sie freiwillig oder unfreiwillig bei einem Kontrollwechsel aus dem von ihnen geleiteten Unternehmen ausscheiden müssen.[323] Somit ist mit dem Effekt durch sogenannte „goldene Fallschirme“ eine nicht unerhebliche Verteuerung der Übernahme verbunden.

Im Hinblick auf die Höhe der bei einer feindlichen Übernahme gezahlten Prämie ist aber auch ein weiterer Aspekt von Bedeutung. Wird die beschriebene „goldene Fallschirm“-Klausel derart ausgestaltet, dass die Höhe der an das Management gezahlten Prämien finanziell eng an die für die Eigentümer des Zielunternehmens ausgehandelte Übernahmeprämien gekoppelt ist, wird nicht nur ein Verkauf des Unternehmens unter Wert verhindert, sondern für das Management wird gleichzeitig ein wirksamer Anreiz geschaffen, eine im Sinne aller das Zielunternehmen repräsentierenden Parteien möglichst hohe Übernahmeprämie auszuhandeln. Auf diese Weise wird mit Hilfe dieser Abwehrmaßnahme erreicht, dass die Eigentümer des Zielunternehmens beim Zustandekommen einer feindlichen Übernahme an der auf diese Weise zustande gekommenen hohen Übernahmeprämie finanziell bestmöglich partizipieren.

Als wohl bekannteste, aber auch am kritischsten zu bewertende Abwehrmaßnahme mit präventivem Charakter können „Poison Pills“, sogenannte Giftpillen, bezeichnet werden. Unter „Poison Pills“ versteht man die Aufnahme unternehmensverteuernder und damit auf das Bieterunternehmen entsprechend abschreckend wirkender Elemente in die Satzung eines Zielunternehmens. Hierzu gehören zum Beispiel die volle Ausschöpfung des genehmigten Kapitals, Zukäufe im Aktientauschverfahren, Verwässerungsmaßnahmen, Ausgabe von Mitarbeiteraktien oder die Verlängerung der Vertragslaufzeiten von führenden Managern.[324]

Der Vorteil dieser Abwehrmaßnahme besteht darin, dass sie in vielen Jurisdiktionen von der Unternehmensleitung und vom eingesetzten Kontrollgremium ohne gesonderte Zustimmung der Anteilseigner beschlossen und damit kurzfristig in Kraft gesetzt wer-

---

322 „Golden Parachutes“ bedeutet wörtlich übersetzt „goldene Fallschirme“.

323 Vgl. Drehkopf/Mix (o.J.), S. 14.

324 Vgl. z.B. HVB (2002), S. 8.

den können. Mit Hilfe von „Giftpillen“ wird die Verhandlungsposition der Geschäftsleitung des „Target“ stark verbessert, weil das Management diese „Poison Pills“ zum Beispiel während der Übernahmeverhandlungen zu jedem Zeitpunkt wieder aus seiner Unternehmenssatzung entfernen und damit den Weg für eine Übernahme erleichtern kann, sollten gleichzeitig seitens des Bieterunternehmens ebenfalls entsprechende Zugeständnisse – beispielsweise hinsichtlich der Höhe der gezahlten Übernahmeprämie – eingeräumt werden.

Durch den Einsatz einer sogenannten „Dead Hand Provision“[325] kann der Anteil der Übernahmegewinne, der in Form von Prämien an die Eigentümer der Zielgesellschaft ausgeschüttet wird, vergrößert werden. Deshalb ist die Verwendung von “Poison Pills” laut Comment und Schwert (1995) „... reliably associated with higher takeover premiums for selling shareholders.”[326]

Aufgrund dieser Zusammenhänge kann unterstellt werden, dass eine Übernahmeprämie tendenziell umso höher ausfällt, je erfolgreicher eine Zielgesellschaft Abwehrmaßnahmen einsetzt.

In Deutschland hat der Vorstand eines Konzerns aktuell vergleichsweise umfangreiche legale Möglichkeiten, unerwünschte Übernahmen abzuwehren. Zum Beispiel ist gegenwärtig in Deutschland der Verkauf von besonders werthaltigen Teilen des Unternehmens – also die Veräußerung sogenannter Perlen – während eines Übernahmeversuchs zulässig. Die zeitlich absehbare Umsetzung der einschlägigen Übernahmerichtlinie der Europäischen Union wird dazu führen, dass diese gegenwärtig in Deutschland, Großbritannien und Frankreich bestehenden Abwehrmöglichkeiten künftig deutlich beschränkt werden.

Zusammenfassend gilt, dass Abwehrmaßnahmen gegen als unfreundlich empfundene Übernahmeversuche – sofern sie rechtlich zulässig und unter ethischen sowie unter Corporate Governance-Gesichtspunkten vertretbar sind – nicht dazu dienen sollten, Übernahmen unmöglich zu machen und Geschäftsleitungen vor aus ihrer Sicht unfreundlichen Bietern zu schützen. Allerdings können Abwehr- bzw. Verteidigungsmaßnahmen wirkungsvoll dabei helfen, im Falle einer Übernahme die höchste Übernahmeprämie am Markt und damit den maximalen Aufpreis auf den „Stand alone“-Wert eines Unternehmens[327] zu realisieren.

In diesem Kontext kommt Abwehr- und Verteidigungsmaßnahmen eine wichtige Bedeutung aus Sicht der Aktionäre des Zielunternehmens zu. Sie sind aus diesem Gesichtspunkt heraus auch uneingeschränkt zu befürworten.

---

325 Vgl. Drehkopf/Mix (o.J.), S. 22.

326 Comment/Schwert (1995), S. 3.

327 Zu Bewertungsthemen wird im Einzelnen auf Kap. 2.3 dieser Arbeit verwiesen.

4.4.2.3 Wettbewerbssituation

Je exklusiver im Rahmen von M&A-Transaktionen die Vertragsanbahnung sowie die anschließenden Vertragsverhandlungen zwischen Käufer- und Verkäuferparteien stattfinden, umso niedriger fallen in der Regel die Übernahmeprämien aus, während breit angelegte Auktionen aufgrund der entstehenden Konkurrenzsituation tendenziell zu deutlich höheren Prämien führen. Erwarten der oder die wertmaximierenden Bieter potenzielle Konkurrenzgebote, hat dies automatisch erhebliche Auswirkung auf ihr Bietverhalten und auf die Höhe ihrer Gebote – und damit auf die Höhe der Übernahmeprämien.[328]

Trifft auf dem Markt für Unternehmenskontrolle lediglich ein Bieterunternehmen auf ein Zielunternehmen, wird diese Situation nach dem Stackelberg'schen Marktformenschema als bilaterales Monopol bezeichnet.[329] In solch einem bilateralen Monopol kann in der Regel keine der beiden Marktparteien seine Interessen vollständig durchsetzen. Vielmehr sind beide Marktseiten insoweit aufeinander angewiesen, als dass sie nicht anderweitig kaufen oder verkaufen können.

Im Gegensatz zu einseitigen Monopolsituationen kann in diesem Fall nicht eine Partei den Übernahmepreis bestimmen. Da das Zielunternehmen einen hohen, der Bieter aber einen niedrigen Preis wünscht, ist eine Übereinstimmung in einer von beiden Seiten unabhängig durchgeführten Preisfestlegung kaum zu erwarten. Deshalb werden Bieter- und Zielunternehmen in der Regel in Verhandlungen eintreten, um auf diese Weise eine Übereinkunft hinsichtlich des Übernahmepreises zu erzielen.

Der Ausgang solcher Verhandlungen und damit die Höhe des finalen Übernahmepreises einschließlich der Übernahmeprämie sind grundsätzlich ungewiss. Sofern eine M&A-Transaktion überhaupt zustande kommt, kann davon ausgegangen werden, dass sich diejenige Marktseite durchsetzt, die aufgrund ihrer Verhandlungsbasis oder sonstiger Faktoren über die relativ größere Marktmacht verfügt.[330]

Tendenziell ist davon auszugehen, dass unter den beschriebenen Bedingungen die Nachfrageseite – also der Bieter – die marktmächtigere Partei darstellt. Zum einen braucht der Bieter im vorliegenden, exklusiven Verhandlungsfall nicht zu fürchten, von einem Konkurrenten überboten zu werden, zum anderen kann er sicherstellen, dass seine Investition eine Mindestverzinsung des von ihm eingesetzten Kapitals erwirtschaftet. Eine Übernahme wird allerdings nur dann stattfinden, wenn das Management des Zielunternehmens und dessen Anteilseigner den vom Bieter angeboten Übernahmepreis annehmen.

---

328 Vgl. Walkling/Edmister (1985), S. 27ff., sowie Slusky/Caves (1991), S. 281.

329 Vgl. Schumann (1980), S. 231f.

330 Vgl. Schumann (1989), S. 250f.

Agieren hingegen auf dem Markt für Unternehmenskontrolle gleichzeitig mehrere Bieter dergestalt, dass von einer Wettbewerbssituation gesprochen werden kann, wird sich in der Regel ein anderes Ergebnis einstellen. Auch die Verhandlungs- und gegebenenfalls die Transaktionsabschlussphase unterscheiden sich grundlegend von der Situation im bilateralen Monopol.

Der Wettbewerb repräsentiert ein Ausleseverfahren, mit dessen Hilfe gewährleistet wird, dass Ressourcen in ihre bestmögliche Verwendungsrichtung gelangen. Jedes Zielunternehmen bzw. jeder Übernahmekandidat wird bemüht sein, sich auf dem M&A-Markt möglichst vorteilhaft zu verkaufen, während das Streben jedes rational agierenden Bieters darauf gerichtet ist, möglichst vorteilhaft – also billigst – zu kaufen.

Rivalisieren zwei oder mehr Bieterunternehmen im individuellen Interesse um ein „Target", setzt dies einen Prozess in Gang, der durch ein sich gegenseitiges Überbieten der verschiedenen Interessenten gekennzeichnet ist. In Abhängigkeit von den bieterspezifischen Bewertungen und Einschätzungen des Übernahmeobjektes kommt schließlich in der Regel derjenige Bieter zum Zuge, der den höchsten Übernahmepreis zu zahlen bereit und in der Lage ist.[331]

Um dieses Wettbewerbsergebnis aus Sicht des Zielunternehmens sicherzustellen, ist es allerdings nicht zwingend erforderlich, dass zwei oder mehr reale Bieter tatsächlich miteinander konkurrieren. Vielmehr reicht es zumeist aus, wenn ein Bieter das Auftreten eines weiteren Interessenten befürchten muss. Allein schon die Existenz eines potenziellen Konkurrenten veranlasst einen Bieter in der Regel dazu, einen so hohen Preis für das Zielunternehmen zu bieten, dass er davon ausgehen kann, nicht überboten zu werden und den Zuschlag zu erhalten. Grundsätzlich gilt, dass eine signifikante positive Korrelation besteht zwischen der Verhandlungsmacht des Zielunternehmens und der Höhe der gezahlten Übernahmeprämie.[332]

Zahlreiche empirische Studien zeigen, dass die Existenz mehrerer realer oder potenzieller Bieterunternehmen einen maßgeblichen, wenn nicht sogar den wichtigsten Bestimmungsgrund für die Höhe der Übernahmeprämie darstellt. Aus diesem Grunde wird in der vorliegenden Arbeit auf diesen Aspekt entsprechend ausführlich eingegangen.

Beispielsweise kamen Walkling und Edmister (1985) zu dem Ergebnis, dass in den Fällen, in denen zumindest ein weiterer Bieter für ein Zielunternehmen vorhanden war, Übernahmeprämien im Durchschnitt um 33,5% höher ausfielen, als wenn kein Wettbewerb zu Stande kam.[333] Flanagan und O'Shaughnessy (2003) beziffern den Ein-

331 Vgl. Rössing (1994), S. 1023f.

332 Vgl. Varaiya (1987), S. 177f.

333 Vgl. Walkling/Edmister (1985), S. 31.

fluss einer Konkurrenzsituation auf die Höhe von Übernahmeprämien mit 21,68%[334] und Slusky/Cave (1991) mit 20,8%.[335]

Eine Reihe weiterer wissenschaftlicher Studien wie zum Beispiel von Varaiya (1987), Varaiya und Ferris (1987) und Flanagan, die sich alle vornehmlich mit transaktionsspezifischen Prämiendeterminanten befassen, finden ebenfalls eine dynamische Wettbewerbssituation als signifikant für die Höhe der Prämien. So wird die Anzahl der Konkurrenzbieter oft als eine deskriptive Variable für die Verhandlungsstärke der Zielunternehmen herangezogen und ist stets statistisch signifikant.

Varaiya's Untersuchung aus dem Jahr 1987 kommt zum Beispiel zu dem Ergebnis, dass im Falle konkurrierender Übernahmeangebote die zum Zuge kommenden Bieter im Durchschnitt eine um 15% bis 18% höher liegende Übernahmeprämie zu zahlen und damit entsprechend höhere Übernahmekosten zu übernehmen hatten, als wenn sie die alleinigen Bieter gewesen wären.[336] Sofern ein Unternehmen oder ein Unternehmensteil aus einer Insolvenz heraus zum Verkauf gestellt wird, ist die Verkaufsabsicht in der Regel aufgrund der einschlägigen Insolvenzordnungen öffentlich bekannt. In diesen Fällen kann die erwartete Wettbewerbssituation vor dem Hintergrund einer breiten Auktion ebenfalls ausschlaggebend sein für die Höhe der Übernahmeprämie.[337]

4.4.2.4 Höhe des Kaufpreises

Je größer das Zielunternehmen und damit je höher der absolute Kaufpreis für ein Unternehmen ausfällt, umso weniger Bieter existieren in der Regel im Markt, die über entsprechende Eigenmittel verfügen oder eine derart hohe Kaufsumme finanzieren und somit dieses Unternehmen akquirieren können. Dies kann zu weniger Wettbewerb und damit zu geringeren Übernahmeprämien führen.

Sofern der Bieter bereits vor Ankündigung einen Anteil am Zielunternehmen besitzt, ist die Höhe dieses Anteils nicht zwangsläufig positiv mit der Übernahmeprämie korreliert. Dies gilt insbesondere in den Fällen, in denen die entsprechende Aktie eine hohe Liquidität aufweist.[338]

4.4.2.5 Synergien

Synergieeffekte, die durch das Vollziehen von Fusionen bzw. Übernahmen angestrebt werden, haben ebenfalls einen wesentlichen Einfluss auf die Zahlungsbereitschaft von

334 Vgl. Flanagan/O'Shaughnessy (2003), S. 581.
335 Vgl. Slusky/Caves (1991), S. 293.
336 Vgl. Varaiya (1987), S. 181.
337 Vgl. Dombret/Bolek (2004).
338 Vgl. Bris (2002), S. 227ff.

Bietern, was sich in der Höhe der jeweils angebotenen Prämien widerspiegelt. Zu diesem Aspekt finden sich in der wissenschaftlichen Literatur eine Vielzahl von Untersuchungen und eine breite, eingehende Diskussion.

So fanden zum Beispiel Varaiya/Ferris (1987) bei ihrer Analyse von 96 US-amerikanischen M&A-Transaktionen im Zeitraum von 1974 bis 1983 heraus, dass mehr als 58% der Bieter die Synergien überschätzten und zu hoch bezahlten. Außerdem belegten sie in ihrer Arbeit empirisch, dass die Höhe der Prämien steigt, je breiter die Schätzungen über die zukünftigen Gewinne unter den einzelnen Bietern gestreut sind.[339]

Die Einschätzung des Bieters über das Synergiepotenzial hat insofern möglicherweise die wichtigste Auswirkung darauf, wie hoch eine Übernahmeprämie im Einzelfall ausfällt.[340] Je höher die errechneten Synergien und die Bereitschaft, diese an die Aktionäre des Zielunternehmens zu zahlen, umso höher kann die Prämie angesetzt werden.

Entscheidend in diesem Zusammenhang ist aber auch die Einschätzung des auf Wertmaximierung ausgerichteten Bieters, in welchem Zeitraum und mit welcher Planungssicherheit diese potenziellen Synergien tatsächlich realisiert werden können.[341] Je kürzer der Zeitraum und umso höher der sogenannte „Track Record"[342] bei der Implementierung von Übernahmen und Fusionen, desto niedriger kann tendenziell seitens des Bieters die zu zahlende Übernahmeprämie angesetzt werden.

4.4.2.6 Finanzielle Situation der Zielgesellschaft

Des Weiteren müssen bei der Analyse von für die Höhe von Prämien relevanten Faktoren unternehmensspezifische Größen wie zum Beispiel der Verschuldungsgrad und das Verhältnis des Marktwertes zum Buchwert berücksichtigt werden, denn auch dem operativen Umfeld der Zielunternehmen kommt Prämiensignifikanz zu.

Die in diesem Zusammenhang zum Beispiel von Walkling und Edmister (1985) durchgeführten, empirischen Untersuchungen haben gezeigt, dass die gezahlten Übernahmeprämien im Durchschnitt steigen, je niedriger der Verschuldungsgrad und der Marktwert zu Buchwert-Koeffizient des Zielunternehmens sind.[343] Somit konnte nachgewiesen werden, dass Zielunternehmen immer dann signifikant höhere Übernahme-

---

339 Vgl. Varaiya/Ferris (1987), S. 66.

340 Vgl. Varaiya (1987), S. 175ff. Vgl. ebenso Kap. 4.4.1.3 der vorliegenden Arbeit, das bereits ausführlich zum Thema der Synergien als Motiv für M&A-Transaktionen Stellung genommen hat.

341 Vgl. Christofferson/McNish/Sias (2004), S. 1.

342 Unter „Track Record" versteht man die Erfahrung eines Managements mit M&A-Transaktionen im Allgemeinen und mit der Implementierung von Fusionen und Übernahmen im Besonderen, die sich aus in der Vergangenheit erfolgreich abgeschlossenen M&A-Transaktionen ergibt.

343 Vgl. Walkling/Edmister (1985), S. 31.

prämien erzielen können, je niedriger ihr sogenannter „Leverage“ ausfällt.[344] „Targets“ mit relativ niedrigen Bewertungskennziffern, die sich von Branche zu Branche unterscheiden, erhalten in der Regel ebenfalls Gebote mit höheren Übernahmeprämien.[345]

4.4.2.7 Höhe des angestrebten Anteils an der Zielgesellschaft

Die Unterscheidung einer M&A-Transaktion anhand der Höhe des angestrebten Zielanteils ist deshalb von Bedeutung, da der Erwerb einer Kontrollmehrheit am Zielunternehmen in der Regel eine höhere Prämie erfordert als der Erwerb einer Minderheit.

Walkling und Edmister (1985) zum Beispiel haben in ihrer Studie nachgewiesen, dass Übernahmeprämien beim Erwerb von Kontrollmehrheiten um 9% über denjenigen Prämien liegen, die im Falle des Erwerbs von Minderheitsanteilen gezahlt wurden.[346] Alle in der Praxis gemachten Erfahrungen bestätigen dieses Untersuchungsergebnis.

4.5 Zwischenfazit zu den Determinanten von Übernahmeprämien

Die vorangegangenen Ausführungen haben deutlich gemacht, dass die am stärksten auf die Höhe von Übernahmeprämien wirkenden Einflussfaktoren transaktionsspezifischer Natur sind. Insgesamt konnten sieben bedeutende transaktionsspezifische Einflussfaktoren definiert werden, die für die Höhe von Prämien ausschlaggebend sind. Die folgende Abbildung fasst sie mit ihren Wirkungen übersichtsartig zusammen:

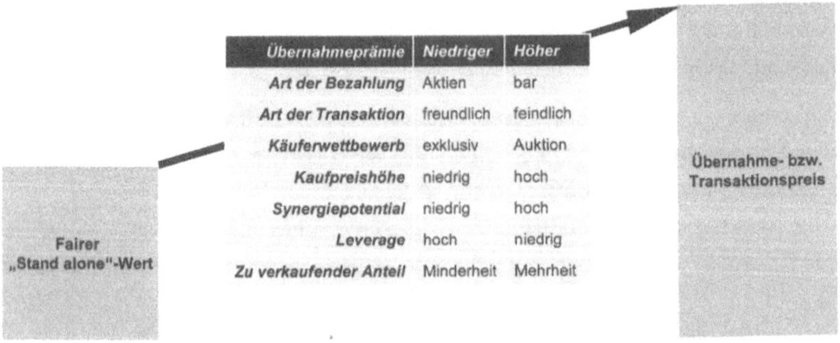

Abb. 11: Transaktionsspezifische Einflüsse auf Übernahmeprämien[347]

---

[344] Vgl. Walkling/Edmister (1985), S. 31f.

[345] Vgl. ebenda.

[346] Vgl. Walkling/Edmister (1985), S 33f.

[347] In Anlehnung an Dombret/Bender (2000), S. 328. Vgl. die diesbzgl. Aussagen in Kap. 2.3 dieser Arbeit.

Die größte Bedeutung kommt in diesem Zusammenhang

1. den Zahlungsmodalitäten einschließlich der etwaigen Finanzierung
2. der die jeweilige M&A-Transaktion kennzeichnende Wettbewerbssituation sowie
3. der Frage zu, ob eine M&A-Situation freundlich oder feindlich verläuft.

Weiterhin konnte im Rahmen der vorangegangen Ausarbeitung gezeigt werden, dass auf der Transaktionsebene unterschiedliche Motive für die Höhe von Übernahmeprämien ausschlaggebend sind. Im Vordergrund stehen hierbei zum einen finanzielle Aspekte wie erwartete Übernahmegewinne aus einer Unterbewertung des Zielunternehmens und unterstellte Synergieeffekte. Aber auch im Persönlichkeitsprofil des Bietermanagements liegende Aspekte wie die in der Wissenschaft ausgiebig untersuchte und empirisch belegte Manager-Hybris haben ihren wichtigen Anteil daran, dass M&A-Aktivitäten stattfinden und dass mehr oder minder hohe Übernahmeprämien gezahlt werden.

Darüber hinaus üben aber auch länderspezifische Determinanten einen deutlichen Einfluss auf die Höhe von Übernahmeprämien aus. Neben den nationalen juristischen Rahmenbedingungen, die im Wesentlichen gesellschafts- und wettbewerbsrechtliche sowie die einschlägigen Rechnungslegungsvorschriften[348] umfassen, entscheidet die jeweilige Ausrichtung der Volkswirtschaften auf eine eher Kapitalmarkt- oder auf eine eher Bankenmarktorientierung über die Höhe von Übernahmeprämien. Nicht zuletzt liefert die jeweilige nationale Corporate Governance-Praxis einige wichtige Erklärungsindikatoren für die Variationen von Prämienhöhen.

Brancheneinflüsse wirken ebenfalls auf die Höhe von Übernahmeprämien ein. Sie fallen nach den bisherigen Erkenntnissen aber möglicherweise hinsichtlich ihrer Bedeutung gegenüber transaktions- und länderspezifische Faktoren zurück. Letztlich scheint die Höhe von Übernahmeprämien, so die These, im Wesentlichen national und situationsbestimmt zu sein.

Hieraus folgt die Frage, ob die Signifikanz dieser These empirisch belegbar ist und einem ländervergleichenden Test standhält. Diese Aufgabe bleibt dem Kapitel 6 dieser Arbeit vorbehalten. Zuvor erfolgt im folgenden Kapitel 5 die Definition des Betrachtungsgegenstandes sowie die Vorstellung der verwendeten Datenbasis des empirischen Teils dieser Arbeit.

---

348 Aufgrund der sich international immer stärker anpassenden Rechnungslegung wurde dieser Aspekt im Rahmen der vorliegenden Arbeit – wie auch bereits in Kap. 3 dieser Arbeit ausgeführt und begründet – bewusst unberücksichtigt gelassen.

5 Betrachtungsgegenstand und Datenbasis

5.1 Auswahl des betrachteten Zeitraums

Bei Unternehmensfusionen und -übernahmen handelt es sich, wie eingangs dieser Arbeit bereits ausgeführt, nicht etwa um ein modernes, neues Phänomen; vielmehr sind sie bereits in der Vergangenheit regelmäßig und in großer Anzahl vollzogen worden. Mittels Zusammenschlüssen und Übernahmen wird in fragmentierten Märkten schon seit langem Wachstum generiert, zudem können mit Hilfe von Mergers & Acquisitions in vielen Märkten und Branchen Überkapazitäten abgebaut werden.

5.1.1 Identifizierung von fünf M&A-Wellen

Betrachtet man die M&A-Aktivitäten des letzten Jahrhunderts, lassen sich zum Zeitpunkt der Abgabe dieser Arbeit insgesamt vier abgeschlossene M&A-Wellen identifizieren, die alle maßgeblichen Einfluss auf die Höhe der jeweiligen Übernahmeprämien in den jeweiligen Zeiträumen ausgeübt haben.[349]

Die erste Welle fand Ende des 19. bzw. zu Beginn des 20. Jahrhunderts statt. Die nachfolgenden M&A-Wellen ereigneten sich jeweils in den 1920er, in den 1960er und in den 1980er Jahren. Die Laufzeit der fünften Welle ist derzeit nicht abgeschlossen und somit nur hinsichtlich ihres Beginns terminierbar.

Wie die nachfolgende Tabelle 3 verdeutlicht, wurden M&A-Aktivitäten in den verschiedenen Zyklen von sehr unterschiedlichen strategischen Zielsetzungen geleitet. So waren viele Unternehmen in der ersten M&A-Welle zwischen 1887 und 1904 bemüht, durch Übernahmen vor allem von Wettbewerbern im Markt vorhandene Überkapazitäten abzubauen und hierdurch einem drohenden Preisverfall entgegenzuwirken. Während der zweiten M&A-Welle, die in der Literatur allgemein zwischen 1916 und 1929 terminiert wird, wurde hingegen eine vertikale Integration von Unternehmen betrieben, um auf diese Weise als Übernehmender oder Beteiligter an einer Fusion eine marktbeherrschende Position zu erlangen. Die M&A-Aktivitäten der dritten Welle zwischen 1965 und 1969 dienten vor allem dem Aufbau großer Unternehmenskonglomerate. Die M&A-Aktivitäten in der vierten Welle zwischen 1984 und 1990 wurden schließlich vor allem durchgeführt, um durch eine Konzentration auf das Kerngeschäft und die Erschließung von Synergieeffekten besser im sich zunehmend verschärfenden Wettbewerb bestehen zu können. Allen vier M&A-Wellen folgten volkswirtschaftliche Rezessionen.

---

349 Vgl. u.a. Jansen (2001).

Die im Fokus dieser Arbeit stehende aktuelle fünfte Welle, deren Beginn mit dem Jahr 1996 festgelegt wird und die ihren Höhepunkt in den Jahren 1999 und 2000[350] erreichte, ist durch Unternehmensübernahmen bisher nicht gekannter Größenordnungen gekennzeichnet. Als Hintergründe werden unter anderem die überproportional zunehmende Digitalisierung, die immer größer werdenden Märkte sowie der Zwang zur Orientierung am Aktionärsinteresse, dem „Shareholder Value", genannt.[351] Während sich ein Großteil der früheren M&A-Aktivitäten auf die USA und Großbritannien konzentriert hatte, bezieht die aktuelle M&A-Welle nahezu alle westlichen Industrienationen ein.[352]

Die nachfolgende Tabelle 3 fasst die fünf M&A-Zyklen noch einmal übersichtsartig zusammen.

Zeitraum		Strategische Zielsetzung
1897 - 1904	1. Welle	Vermeidung von Überkapazität und Preisverfall durch horizontale Zusammenschlüsse: Abbau von sog. Trusts.
1916 – 1929	2. Welle	Vertikale Integration: Streben nach marktbeherrschender Position und Kontrolle des kompletten Produktionszyklus.
1965 – 1969	3. Welle	Entstehung großer Konglomerate durch Unternehmenskäufe (v.a. in den USA).
1984 - 1990	4. Welle	Sog. „Merger-Mania" mit strategischen M&A-Transaktionen: Konzentration auf Kerngeschäft und Erschließung von Synergieeffekten.
1996 - ?	5. Welle	Globale Megadeals: Fortschreitende Globalisierung, Schaffung des europäischen Binnenmarktes, zunehmend wertorientierte Unternehmensführung.

Tab. 3: Die fünf M&A-Zyklen im Überblick[353]

[350] 1999 war das erste Jahr, in dem sich der europäischen M&A-Gesamtmarkt zu mehr als 10% durch M&A-Transaktionen zusammensetzte, die jeweils größer als $100 Mio. waren. Die Anzahl feindlicher M&A-Transaktionen in Europa erreichte 1999 mit 369 einen neuen Höchststand gegenüber fünf im Vorjahr.

[351] Vgl. Jansen (2001), S. 1ff.

[352] Vgl. Gugler et al. (2001), S. 204. Vgl. ebenso mergermarket (2005a).

[353] In Anlehnung an Jansen (2001), S. 3ff.

5.1.2 Ursachen für die identifizierten fünf M&A-Wellen

Obige historische Betrachtung lässt die Schlussfolgerung zu, dass die hinsichtlich ihrer Zahl und ihrer Volumina zunehmenden M&A-Aktivitäten mit Ausnahme der Weltwirtschaftskrise im Jahre 1929 regelmäßig durch Börsencrashs unterbrochen wurden. Die nachfolgende Abbildung 12 zeigt, dass sich nach einem Crash bzw. nach einer krisenhaften Situation das M&A-Aktivitätsniveau, gemessen an der jährlichen Anzahl von Unternehmensübernahmen, regelmäßig wieder erhöhte.

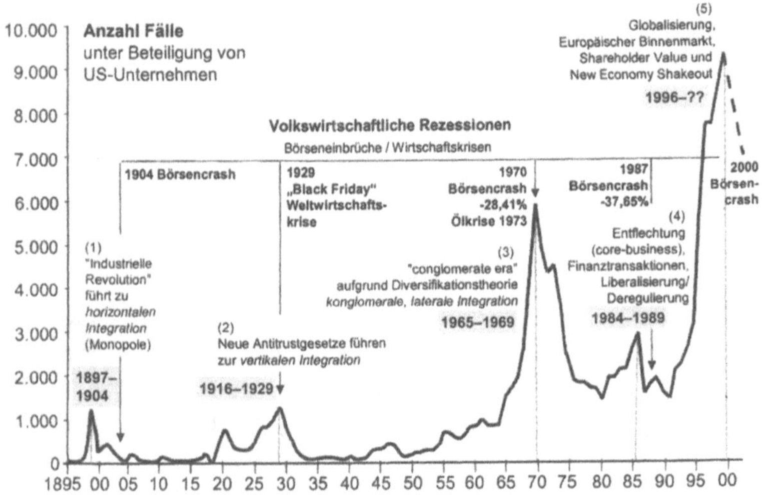

Abb. 12: Entwicklung der M&A-Aktivitäten im Zeitablauf[354]

Eine wesentliche Ursache für die durch Börsencrashs ausgelöste Schwankung der M&A-Aktivitäten liegt darin begründet, dass es im Zuge einer Überhitzung der Aktienbörse zu Unternehmenszusammenbrüchen kommt, wodurch viele andere Unternehmen in Mitleidenschaft gezogen werden. In dieser schwierigen Situation mit ungewissen Aussichten über die weitere wirtschaftliche Entwicklung revidieren die Unternehmen in der Regel ihre Übernahmepläne.

Die den Börsencrashs zugrunde liegenden Ursachen können dabei vielfältiger Natur sein. Einerseits können politische Ereignisse für einen Stimmungsumschwung an den Aktienbörsen verantwortlich gemacht werden. Andererseits kann die Abkoppelung der Aktienkursentwicklung von den volkswirtschaftlichen Fundamentaldaten sowie über-

---

[354] Jansen (2001), S. 4. Vgl. ebenso Jansen/Müller-Stewens (2000).

triebene und nicht realisierbare Gewinnerwartungen der Unternehmen und Aktionäre eine wichtige Rolle für den Stimmungsumschwung spielen.

Unabhängig von den Ursachen führt ein Börsencrash über stark fallende Aktienkurse zu einer beträchtlichen Vernichtung von Vermögenswerten.[355] Die Vorsicht der Anleger lässt nun die Aktienkurse in der Regel über einen gewissen Zeitraum auf einem relativ niedrigen Niveau verharren. Während dieser Zeitspanne führen erfolgreiche Unternehmen verstärkt Restrukturierungs- und Kostensenkungsprogramme durch, generieren Innovationen und verbessern dadurch ihre Wettbewerbs- und Gewinnsituation, ohne dass sich dies automatisch und zeitnah in ihren Aktienkursen niederschlagen würde. Eine niedrige Marktkapitalisierung bei gleichzeitig ansteigenden Kurs-/Gewinnverhältnissen lässt dann Unterbewertungen der Unternehmen entstehen, wodurch diese Unternehmen zu interessanten Akquisitionsobjekten avancieren können.

Außerdem dürfte eine sich allgemein aufhellende Konjunktur zu besseren Absatzchancen der Unternehmen führen, die bei allmählich auftretenden Produktionsengpässen bzw. unzureichendem eigenen Produktionspotenzial nur durch Unternehmenskäufe genutzt werden können. Immer optimistischer werdende Erwartungen regen die Übernahmephantasien der Unternehmen an und leiten die nächste Börsen-Hausse mit nachfolgendem Börsencrash ein.

5.1.3 Abgrenzung des Betrachtungszeitraums dieser Arbeit

Diese Arbeit hat sich zum Ziel gesetzt, die bislang in der Empirie eher vernachlässigte aktuelle fünfte M&A-Welle zu untersuchen und in den Mittelpunkt der Betrachtung zu stellen.[356] Daher werden Datensätze vom 1. Januar 1996 bis zum 31. Dezember 2004 mit dem Ziel verwandt, den in diesem Kapitel beschriebenen, noch nicht abgeschlossenen M&A-Zyklus hinsichtlich der in Kapitel 3 und 4 vorgestellten und diskutierten Phänomene hinreichend abzubilden.

Die verwendeten Datensätze werden in Kapitel 5.4 im Einzelnen vorgestellt.

5.2 Auswahl der betrachteten Länder

Die vorliegende Arbeit untersucht die Entwicklungen von Übernahmeprämien im Einzelnen anhand empirischer Analysen im Rahmen eines Ländervergleichs. Für diesen Ländervergleich wurden die USA, Großbritannien, Deutschland und Frankreich ausgewählt.

---

355 Vgl. dazu überblickartig Klaus (1993), S. 334f.

356 Die aktuelle fünfte Welle wurde bislang aufgrund des Börsenbooms der Jahre 1999 und 2000 v.a. unter Aktienmarkt- und weniger unter M&A-Gesichtspunkten untersucht. Viele Untersuchungen haben auch nicht den Gesamtmarkt, sondern Teilaspekte wie z.B. den sog. Telekommunikations- und Technologie-„Bubble“ zum Inhalt.

Für diese spezifische Länderauswahl waren vor allem die folgenden drei Gründe ausschlaggebend:

1. die Größe der nationalen M&A-Märkte
2. die Größe der nationalen Volkswirtschaften und
3. die Größe der nationalen Kapitalmärkte und Börsen.

5.2.1 Größe der nationalen M&A-Märkte

Die vier Volkswirtschaften USA, Großbritannien, Deutschland und Frankreich wurden ausgewählt, da sie im Kalenderjahr 2004 zusammengenommen circa 61% und damit nahezu zwei Drittel des globalen M&A-Volumens in Höhe von $2,1 Bio. auf sich vereinten[357] und ihnen im Rahmen der nachfolgenden empirischen Untersuchungen daher repräsentative Bedeutung für den weltweiten Markt für Fusionen und Übernahmen zukommt.

Auf den mit Abstand aktivsten Markt USA entfällt hierbei mit insgesamt 7.626 Transaktionen ein M&A-Volumen im Gegenwert von $871 Mrd., was einem Anteil von 41,8% am globalen M&A-Gesamtvolumen in 2004 entspricht. Auf Großbritannien entfallen im gleichen Zeitraum M&A-Transaktionen im Gegenwert von $196 Mrd. (9,4%) bei insgesamt 2.157 Einzeltransaktionen, auf Frankreich ein M&A-Volumen von $134 Mrd. (6,4%) bei 817 M&A-Transaktionen und auf Deutschland ein M&A-Volumen in Höhe von $73 Mrd. und damit ein Weltmarktanteil von nur 3,5% bei insgesamt 1.044 M&A-Abschlüssen.[358]

Neben diesen vier ausgewählten Volkswirtschaften weist lediglich noch Japan mit einem Anteil von 6,7% am weltweiten M&A-Markt eine bedeutende Position auf. Dennoch wurde Japan aufgrund seiner Sonderstellung und der daraus resultierenden eingeschränkten Vergleichbarkeit bewusst nicht in die Länderauswahl dieser Arbeit aufgenommen.[359]

Die oben dargestellte, im Jahr 2004 beobachtete Länderverteilung von M&A-Transaktionsvolumina ist auch im längerfristigen Vergleich und über die gesamte betrachtete Zeitspanne durchaus typisch. Da allerdings alle Transaktionsvolumenswerte

---

357 Vgl.z.B. Dealogic (2004), S. 2., sowie Kap. 5.2.1 dieser Arbeit.

358 Vgl. Thomson Corporation (2005).

359 Der japanische Markt für Fusionen und Unternehmensbeteiligungen unterliegt in starkem Maße seinen eigenen Gesetzmäßigkeiten, v.a. da er erheblich reguliert ist und von der japanischen Unternehmenskultur dominiert wird. Darüber hinaus sind sowohl der japanische M&A- wie auch der japanische Kapitalmarkt zu einem hohen Maß national orientiert und damit in erster Linie innerjapanisch ausgerichtet. Eine Vergleichbarkeit mit den USA, Großbritannien, Deutschland und Frankreich ist daher nur in eingeschränktem Maße gewährleistet.

jedes Jahr zum Jahresende in US$ konvertiert werden, üben Währungsschwankungen eine entsprechende Wirkung auf die Transaktionsvolumina aus.

Allgemein werden von den Marktteilnehmern auch für die Zukunft keine wesentlichen Änderungen an der regionalen Zusammensetzung des weltweiten Marktes für Fusionen und Übernahmen erwartet. Im Gegensatz zur regionalen Verteilung beobachtet der Markt vielmehr verstärkt die Veränderungen der Aktivitäten in den jeweiligen Branchen.[360]

Die Größe eines jeweiligen M&A-Marktes lässt Rückschlüsse im Rahmen dieser Arbeit zu. Je stärker in einer Volkswirtschaft die Marktkräfte betont werden, umso mehr schlägt sich dies in Aktivitäten am Markt für Unternehmensbeteiligungen nieder, was mit direkten Auswirkungen auf die Bereitschaft der Akteure zu Mergers & Acquisitions und zur Zahlung von – höheren – Übernahmeprämien verbunden ist.

5.2.2 Größe der nationalen Volkswirtschaften

Deutschland, Frankreich, Großbritannien und USA zählen neben Japan zu den bedeutendsten G7-Ländern und vereinen eine große wirtschaftliche Kraft auf sich, wobei sich die vier Länder untereinander hinsichtlich ihrer jeweiligen Größe deutlich unterscheiden.

In den letzten drei Jahren betrug das nationale Bruttoinlandsprodukt der vier betrachteten Länder die folgenden, in Tabelle 4 dargestellten Werte:

Land	**2004**	**2003**	**2002**
USA	11,712	10,951	10,434
UK	2,124	1,797	1,564
Deutschland	2,740	2,443	2,022
Frankreich	2,046	1,789	1,457

Tab. 4: Bruttoinlandsprodukt für alle Länder (Bio. $)[361]

Der obigen Tabelle 4 lässt sich entnehmen, dass das Bruttoinlandsprodukt der USA im Jahr 2004 den vergleichbaren kumulierten Wert der anderen drei Volkswirtschaften um nahezu 70% und im Jahr 2003 um rund 80% überstieg.

---

360 Vgl. hierzu Kap. 3.2 dieser Arbeit.

361 Vgl. OECD (2005).

5.2.3 Größe der nationalen Kapitalmärkte und Börsen

Bei den in den USA, Großbritannien, Deutschland und Frankreich existierenden Kapitalmärkten und den dort betriebenen Börsen handelt es sich um die größten der Welt.

Zwischen den vier Ländern bestehen mit Blick auf die jeweiligen nationalen Kapitalmärkte allerdings erhebliche Unterschiede, was insbesondere in ihrer jeweiligen Größe und ihrer Liquidität zum Ausdruck kommt. Unterschiede betreffen in diesem Zusammenhang vor allem

1. die jeweilige Marktkapitalisierung der an den Börsen gehandelten Aktien
2. die Marktkonzentration
3. den jeweiligen Streubesitz und
4. die durchschnittlichen Handelsumsätze.

Großbritannien unterscheidet sich von Deutschland und Frankreich vor allem durch die Anzahl börsennotierter Unternehmen und die Verteilung bzw. Konzentration von Eigentumsrechten und Eigentümerstruktur, also durch die Höhe des Streubesitzes und durch die Liquidität des Sekundarmarktes.

Darüber hinaus stellt sich die Fragmentierung des Aktienbesitzes unterschiedlich dar. Schließlich kann Großbritannien derzeit als einziges europäisches Land mit einem aktiven „feindlichen" Markt für Unternehmenskontrolle bezeichnet werden., was, wie im vorangegangenen Kapitel 4 gezeigt wurde, signifikante Auswirkungen auf die Höhe von Übernahmeprämien haben kann.[362]

Während Deutschland durch die Deutsche Börse, der französische Markt durch Euronext und der Kapitalmarkt in Großbritannien durch die London Stock Exchange repräsentiert werden, wird der US-amerikanische Markt durch drei Börsen, nämlich durch die New York Stock Exchange, kurz NYSE, die NASDAQ sowie durch die American Stock Exchange, kurz AMEX, erfasst. Allein hieran lässt sich die hohe Bedeutung der USA und des US amerikanischen Kapitalmarktes erfassen.[363]

Sowohl

1. die US-amerikanischen Volumina
2. die durchschnittlichen Aktienumsätze in den USA
3. die in den USA im vergangenen Jahr durchgeführten Börseneinführungen und
4. die Marktkapitalisierung der an US-amerikanischen Börsen gehandelten Aktien

---

[362] In der Literatur finden sich z.B. bei Goergen/Renneboog (2001) Aussagen hinsichtlich der Struktur der Märkte in Großbritannien sowie in Kontinentaleuropa.

[363] Hinzu kommen in den USA noch diverse bedeutende Börsen im Derivate- und Commodity-Bereich.

übersteigen die europäischen Vergleichswerte jeweils um ein Vielfaches.[364] Bezogen auf die Marktkapitalisierung ergibt sich für das Jahr 2004 ein Verhältnis von nahezu 2 zu 1 zugunsten der USA gegenüber den kumulierten Werten der LSE, Euronext und der Deutschen Börse.

Hinsichtlich der Marktkonzentration, gemessen an den 5% der am stärksten kapitalisierten und am häufigsten gehandelten Unternehmenswerten, weisen die europäischen Börsen durchgängig einen deutlich höheren Konzentrationsgrad auf als die jeweiligen US-amerikanischen. Dieses Bild ändert sich nur partiell, wenn die 10% der am stärksten kapitalisierten und am häufigsten gehandelten Aktien herangezogen und miteinander verglichen werden. Allerdings werden an den drei US-amerikanischen Börsen die mit Abstand meisten Unternehmen gehandelt.

Zusammenfassend kann festgehalten werden, dass dem deutschen Kapitalmarkt im internationalen Vergleich noch nicht die Bedeutung zukommt, die ihm aufgrund der Leistungsfähigkeit der deutschen Volkswirtschaft eigentlich zukommen müsste. Tabelle 4 hatte ja bereits einen hohen Wert für das in Deutschland gemessene Bruttoinlandsprodukt festgestellt – aus den Daten der folgenden Tabelle 5 wird diese Bedeutung Deutschlands nicht deutlich.

In diesem Zusammenhang ist es wichtig festzustellen, dass die absolute Größe eines Aktienmarktes und die Börsenliquidität das Wachstum des Bruttoinlandproduktes pro Kopf beeinflussen können.[365] Ein weiterer Grund für die relativ geringe Bedeutung des deutschen Kapitalmarktes liegt in der in Deutschland am niedrigsten ausgeprägten Aktienkultur.

Eine verstärkte Förderung des deutschen Kapitalmarktes und der dort herrschenden Aktienkultur – sowohl von privater wie von staatlicher Seite – ist dringend erforderlich, um der Bedeutung Deutschlands im internationalen Vergleich gerecht zu werden. Hierfür bieten sich zum Beispiel fiskalpolitische Förderungsmaßnahmen an, die in anderen Ländern bereits existieren.

Die nachfolgende, aus zwei Teilen bestehende Tabelle 5 verdeutlicht exemplarisch die erwähnten markt- bzw. länderspezifischen Faktoren anhand der Größe der jeweiligen nationalen Aktienkapitalmärkte in den vier betrachteten Ländern. In diesem Zusammenhang wird unter anderem auf die Anzahl notierter Unternehmen, auf die Kapitalisierung neuer Börsennotierungen und auf Handelsumsätze eingegangen. Der zweite Teil von Tabelle 5 geht insbesondere auf die Thematik der Marktkonzentration und auf wesentliche Kapitalmaßnahmen an den jeweiligen Börsen ein.

[364] Vgl. hierzu im Einzelnen Tab. 5 der vorliegenden Arbeit.

[365] Vgl. Levine/Zervos (1998), S. 537ff., sowie Dombret/Jung (2003), S. 39ff.

	Marktkapitalisierung Ende 2004 $US Mrd.	Kapitalisierung neuer Börsennotierungen Ende 2004 $US Mio.	Anzahl notierter Unternehmen Ende 2004		Volumen gehandelter Aktien $US Mrd.		Anzahl der Handelstage	Durchschnittlicher Umsatz pro Tag 2004 $US Mio.	Durchschnittlicher Umsatz pro Transaktion US$ (1000)	Anzahl Transaktionen 2004 (1000)	Anzahl gehandelter Aktien 2004 gesamt Mrd.
			Nationale	Ausländische	Nationale	Ausländische					
Deutsche Börse	1.194,5	2.713	660	159	1.404,1	137	257	5.996,6	21,15	72.881,3	87,2
London Stock Exchange	2.865,2	52.468,6	2.486	351	2.940,0	2.228,9	254	20.350,5	96,47	53.582,9	1.209,5
American Stock Exchange	83	7.466,5	502	73			251	2.353,2	21,29	27.747,8	17,5
Nasdaq	3.532,9		2.889	340	7.984,7	617	252	34.790,2	9,18	955.202	455,6
NYSE	12.707,5	118.944,3	1.834	459	10.527,6	976,3	252	46.103,7	12,45	933.111,2	367
USA Total	16.323,5	126.410,8	5.225	872	18.512,4	1.594				1.916	840
Euronext Paris*	1.559,1		663	124	1.559,1	26,7	259				
Euronext Total	2.441,2	36.131,6	999	334	2.424,5	47,5	259	9.544,9	36,52	67.684,4	115,5

Quelle: World Federation of Exchanges. Statistik 2004, www.world-exchanges.org;
*Fact Book Euronext Paris 2004, www.euronext.com

	Umsatzgeschwindigkeit nationaler Aktien	Marktkonzentration: 5% meist kapitalisierter und meist gehandelter nationaler Unternehmen in 2004			Marktkonzentration: 10 meist kapitalisierte und meist gehandelte nationale Untern. in 2004		Kapitalmaßnahmen in 2004 $US Mio.	
		Marktwert	Handelsvolumen	Anzahl der Unternehmen	Kapitalisierung von Top 10 Unternehmen	Umsätze von Top 10 Unternehmen	Börseneinführung	Kapitalerhöhung und Neuplatzierung
Deutsche Börse	133,70%	73,20%	76,80%	34	46,10%	49,40%	7,4	2.485,5
London Stock Exchange	116,60%	82,20%	84,30%	124	40,20%	32,80%	13.831,2	18.649,3
American Stock Exchange		54,20%	9,40%	25	41,00%	7,40%	97.981	
Nasdaq	249,50%	59,30%	74,70%	146	30,20%	28,50%	15.019	
NYSE	89,80%	55,80%	37,80%	92	19,60%	9,90%	54.519,7	93.413
Euronext Paris*							7.414,9	18.018,5
Euronext Total	115,00%	68,75%	62,32%	50	32,74%	28,88%	12.006,6	32.498,3

Quelle: World Federation of Exchanges, Statistik 2004, www.world-exchanges.org;
*Fact Book Euronext Paris 2004, www.euronext.com

Tab. 5: Markt- und länderspezifische Faktoren/Größe des jeweiligen Marktes[366]

[366] Vgl. World Federation of Exchanges (2004), und Euronext (2004).

5.2.4 M&A-Volumina und nationale Aktienmärkte

Im Anschluss an die vorgenommene Differenzierung anhand der Größen der Länder bzw. der Märkte werden im Folgenden die Verläufe der wichtigsten nationalen Aktienindizes in den USA, Großbritannien, Deutschland und Frankreich den M&A-Volumina gegenübergestellt.

Die folgende Abbildung 13 zeigt einerseits den Verlauf des Dow Jones im definierten Betrachtungszeitraum, also von Anfang 1996 bis Ende 2004, und andererseits die absoluten Volumina aller abgeschlossenen M&A-Transaktionen, an denen ein US-amerikanisches Zielunternehmen beteiligt war.

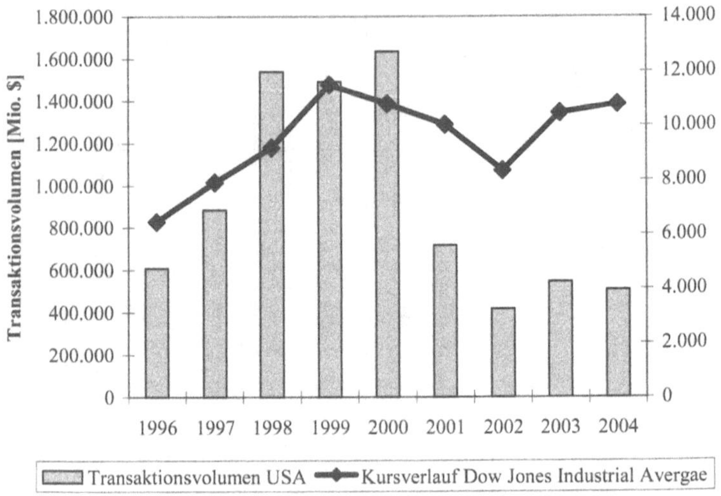

Abb. 13: Verlauf Dow Jones und M&A-Volumen in den USA 1996 - 2004

In obiger Abbildung 13 sind deutlich die Boomphase von 1998 bis 2000, aber auch die Folgewirkungen der in den USA stattgefundenen terroristischen Anschläge des 11. September 2001 auf den Aktienmarkt zu erkennen.

Das M&A-Volumen in den USA steigt und fällt somit von 1996 bis zum Jahr 2002 relativ parallel mit dem Verlauf des Dow Jones-Aktienindex. Das verzögerte Absinken im Jahr 2001 lässt sich darauf zurückführen, dass es sich bei den verwendeten M&A-Daten um abgeschlossene Transaktionen handelt, die zu einem nicht unerheblichen Teil zwar im Jahr 2000 angekündigt, aber erst im jeweils folgenden Jahr abgeschlossen worden sind. Das mit zeitlicher Verzögerung zu den terroristischen Anschlägen des September 2001 wieder ansteigende Aktienkursniveau wird insofern vom M&A-Markt nicht gespiegelt.[367]

In Großbritannien ergibt sich ein im Vergleich zu den USA nahezu identisches Bild. Die folgende Abbildung 14 zeigt den Verlauf des maßgeblichen UK-Aktienindex' FTSE 100 sowie die entsprechenden jährlichen M&A-Volumina in Großbritannien unter Beteiligung mindestens eines aus Großbritannien stammenden Zielunternehmens.

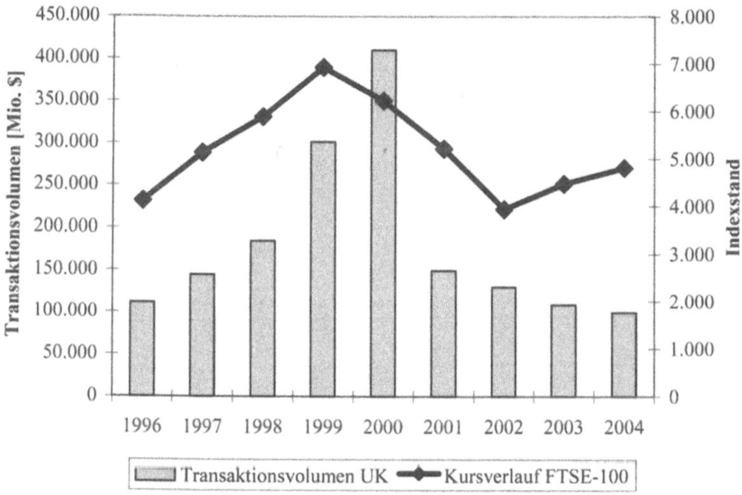

Abb. 14: Verlauf FTSE 100 und M&A-Volumen in UK 1996 - 2004

In Großbritannien verlaufen die Aktienkursentwicklung sowie die Veränderungen im M&A-Volumen bis 2002 ebenfalls größtenteils parallel, und auch danach erholt sich der M&A-Markt in Großbritannien – wie auch in den USA – nicht, obwohl die Aktienkurse im FTSE 100 wieder ansteigen.

Im Unterschied zu den USA sind die Boomjahre 1998 und 1999 in Großbritannien nicht derart stark ausgeprägt. Dies lässt sich vor allem damit begründen, dass in Großbritannien den Boombranchen Telekommunikation und Technologie ein niedrigeres Gewicht am Gesamtmarkt zukommt, als dies im Betrachtungszeitraum in den USA der Fall ist.

367 Dies geschieht erst wieder beginnend mit dem Jahr 2005.

Der Verlauf des gewichtigsten deutschen Aktienindex DAX 30 ähnelt dem der beiden anderen zuvor betrachteten Aktienindizes Dow Jones und FTSE 100.

Die nachfolgende Abbildung 15 verdeutlicht die Verläufe, wobei die sich durch ein sehr hohes Volumen[368] auszeichnende, im Jahr 1999 angekündigte Mannesmann-Vodafone-Trans-aktion, die bei Thomson Financial mit einem Wert von insgesamt $202,8 Mrd. geführt wird, für den deutlich zu erkennenden Ausreißer im Jahr 1999 verantwortlich zeichnet.[369]

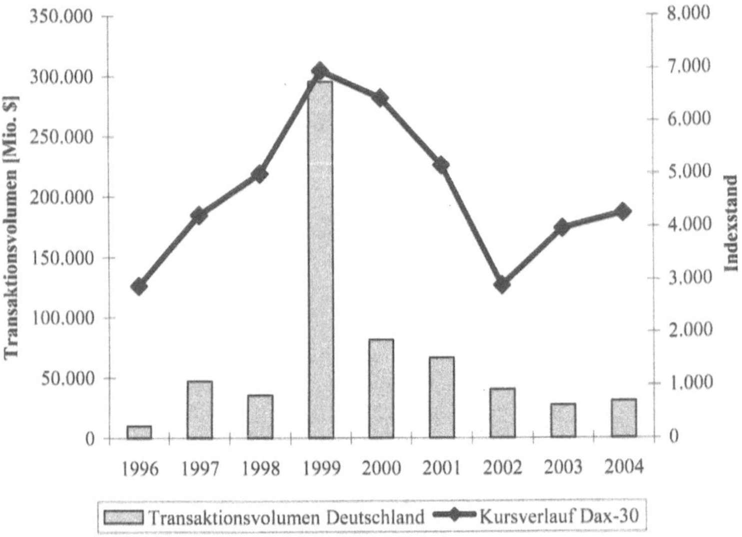

Abb. 15: Verlauf DAX 30 und M&A-Volumen in Deutschland 1996 - 2004

Abgesehen von den niedrigeren absoluten Transaktionsvolumina in Deutschland lassen sich zwischen Abbildung 15 für den deutschen Mark und den vorangegangenen Abbildungen 13 und 14 eindeutig Parallelen im Kurvenverlauf festzustellen.

Abschließend wird nun mit Abbildung 16 der französischen M&A-Markt sowie der Verlauf des französischen Leitaktienindex CAC 40 im Zeitraum von 1996 bis einschließlich 2004 beschrieben.

---

368 Ca. $203 Mrd.

369 Zu Einzelheiten dieser M&A-Transaktion vgl. auch Kap. 1.1 dieser Arbeit.

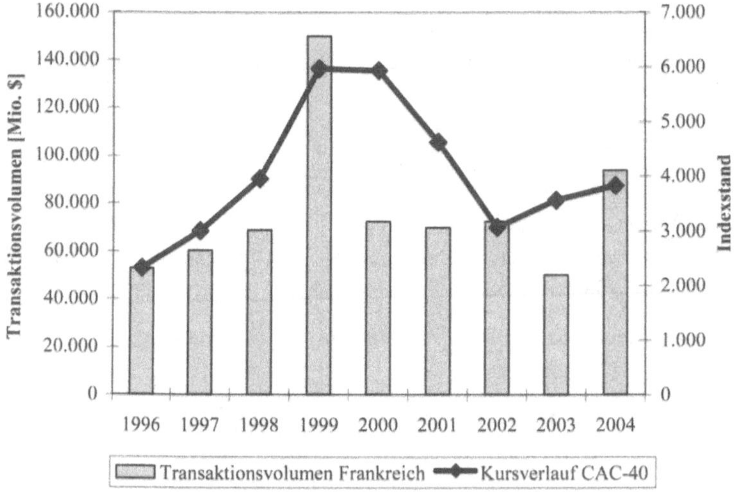

Abb. 16: Verlauf CAC 40 und M&A-Volumen in Frankreich 1996 - 2004

Mit Ausnahme des Boomjahres 1999 ist der französische M&A-Markt im Gegensatz zu den anderen drei betrachteten Volkswirtschaften durch ähnlich hohe jährliche Volumina und nur durch eine einzige größere Schwankung im Boomjahr 1999 gekennzeichnet.

Wie anhand der vorangegangenen vier Abbildungen gezeigt werden konnte, unterscheiden sich Deutschland, Frankreich, Großbritannien und die USA fundamental von einander, wobei der größte Unterschied ganz offensichtlich zwischen den absoluten Volumina der angelsächsischen Länder einerseits und den kontinentaleuropäischen Ländern andererseits besteht. Insofern rechtfertigen die in diesem Kapitel gefundenen Erkenntnisse die vorgenommene Länderdifferenzierung und -auswahl.

5.3 Auswahl der betrachteten Branchen

In der vorliegenden Arbeit wird im Folgenden die Gesamtheit aller M&A-Transaktionen bezüglich des jeweiligen Zielunternehmens in insgesamt sieben Branchen bzw. Sektoren gruppiert.[370] Dies geschieht in enger Anlehnung an die Usancen bei führenden internationalen M&A-Marktteilnehmern.[371]

370 Dies geschieht aufbauend auf den Klassifizierungen und Daten von Thomson Financial.

371 Vgl. z.B. JP Morgan (2004). Vgl. darüber hinaus Thomson Corporation (2005).

5.3.1 Branchenabgrenzung

Im Hinblick auf die empirische Untersuchung in Kapitel 6 dieser Arbeit werden nunmehr die folgenden sieben Branchen bzw. Sektoren definiert und voneinander abgegrenzt:

1. *Verarbeitendes Gewerbe* (kurz: Produktion)

   Hierzu zählen vor allem Unternehmen der folgenden Subsektoren: Hoch- und Tiefbau, holz- und papierverarbeitende Industrie, Gummi- und Plastikproduktion, lederverarbeitende Industrie, Stein-, Ton- und Glasverarbeitung; Metallherstellung und -verarbeitung; Maschinenbau; Messgeräte; Photoindustrie.

2. *Unternehmen aus der Transportindustrie und Dienstleistungen aller Art* (kurz: Transport/Dienstleister)

   Hierzu zählen vor allem Unternehmen der folgenden Subsektoren: Transport- und Schifffahrtsgesellschaften nebst Ausrüstern; Luftfahrt; Raumfahrt; persönliche, soziale und geschäftliche Dienstleistungen; Hotel- bzw. Casinobetrieb; Reparaturdienstleistungen; Rechtsberatung; Aus-, Fort- und Weiterbildung.

3. *Konsumgüterindustrie/Handel* (kurz: Konsum/Handel)

   Hierzu zählen vor allem Unternehmen der folgenden Subsektoren: Großhandel verderblicher und unverderblicher Güter; Einzelhandel für Bekleidung, Speisen, Getränke und Einrichtungsgegenstände; Produktion von Konsumgütern, unterteilt nach Speisen, Getränke, Bekleidung, Einrichtungsgegenstände.

4. *Finanzinstitute*

   Hierzu zählen vor allem Unternehmen der folgenden Subsektoren: Bankholdinggesellschaften; kommerzielle Banken; Sparkassen; Kreditinstitute auf Gegenseitigkeit; Kreditinstitute für die Immobilienwirtschaft, vor allem Hypothekenbanken und Bausparkassen; Broker; Investmentbanken; Versicherungen.

5. *Versorger/Rohstoffe*

   Hierzu zählen vor allem Unternehmen der folgenden Subsektoren: Land- und Forstwirtschaft, Fischerei; Bergbau; Öl- und Gasgewinnung; Petroleumverarbeitung; Erzeugung und Vertrieb von Elektrizität, Gas- und Wasserwirtschaft.

6. *Telekommunikations-, Medien- und Technologieunternehmen* (kurz: TMT)

   Hierzu zählen vor allem Unternehmen der folgenden Subsektoren: Herstellung von Computern und Computerausrüstung; Hersteller von Standard-Software; Elektroindustrie einschließlich Elektroausrüster; Telekommunikation; Kommunikationsausrüster; Radio- und Fernsehsender; Druckmedien; Freizeitindustrie; Filmproduktion und -vertrieb; Werbung.

7. *Chemie/Pharma*

Hierzu zählen vor allem Unternehmen der folgenden Subsektoren: chemische Industrie; Hersteller, Importeure und Vertrieb pharmazeutischer Produkte; Seifen, Kosmetik; Krankenhäuser; allgemeines Gesundheitswesen.

Bei der Einteilung in diese sieben Obersektoren handelt es sich um ein in der Praxis allgemein anerkanntes Verfahren, wobei M&A-Transaktionen innerhalb der führenden Investmentbanken regelmäßig in Sektorteams bearbeitet werden. Entsprechend orientieren sich die nachfolgenden empirischen Auswertungen an dieser Einteilung.

5.3.2 M&A-Volumina pro Branche

Mit der Abbildung 17 soll eine Übersicht darüber gegeben werden, wie sich die M&A-Volumina im neunjährigen Untersuchungszeitraum von 1996 bis 2004 – bezogen auf die vier betrachteten Regionen USA, Großbritannien, Deutschland und Frankreich – auf die insgesamt sieben wichtigsten Branchengruppierungen verteilen.

Bemerkenswerterweise konzentrieren sich die größten M&A-Transaktionsvolumina auf die Branche „Telekommunikation, Medien & Technologie“, kurz „TMT“, sowie auf die Branche „Finanzinstitute“, wobei der „TMT“-Sektor insbesondere in den Boomjahren 1998 bis 2000 sehr hohe Volumensanteile des M&A-Marktes auf sich vereint.

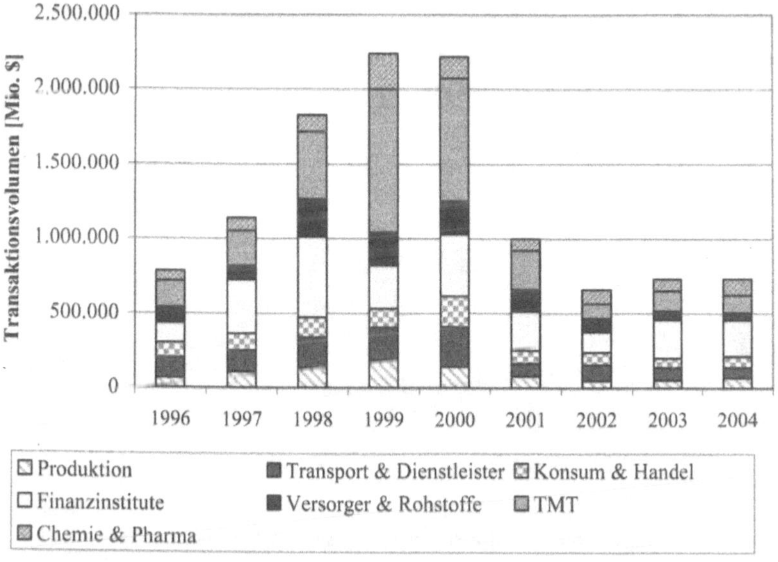

Abb. 17: M&A-Volumen als Branchenübersicht 1996 - 2004

Die folgende Abbildung 18 zeigt nun die jährliche Verteilung der M&A-Volumina in der Branche „Produktion" im Betrachtungszeitraum.

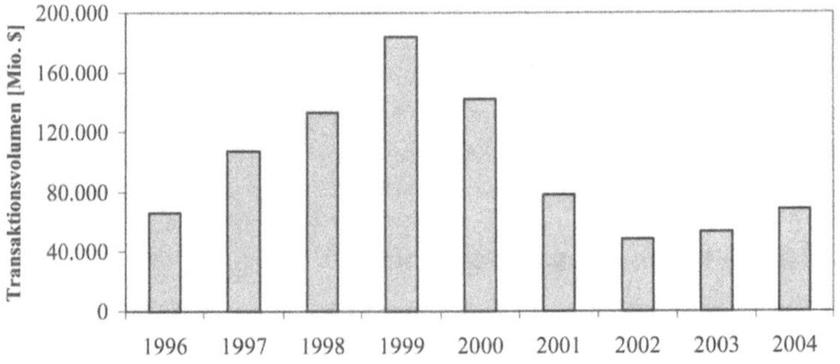

Abb. 18: M&A-Volumen in der Branche „Produktion" 1996 - 2004

Die Schwankungen der M&A-Volumina der Branche „Produktion" folgen im Wesentlichen dem bereits im vorangegangenen Abschnitt 5.2 dargestellten Verlauf der Aktienindizes der vier betrachteten Länder.

Die folgenden zwei Abbildungen 19 und 20 zeigen das jährliche M&A-Abschlussvolumen einerseits für die Branche „Transport und Dienstleister" (Abbildung 19) und andererseits für die Branche „Konsum & Handel" (Abbildung 20), jeweils kumuliert über alle vier betrachteten Länder.

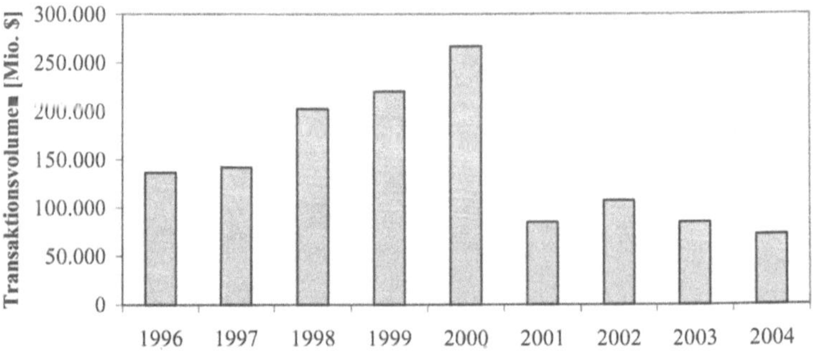

Abb. 19: M&A-Volumen in der Branche „Transport & Dienstleister" 1996 - 2004

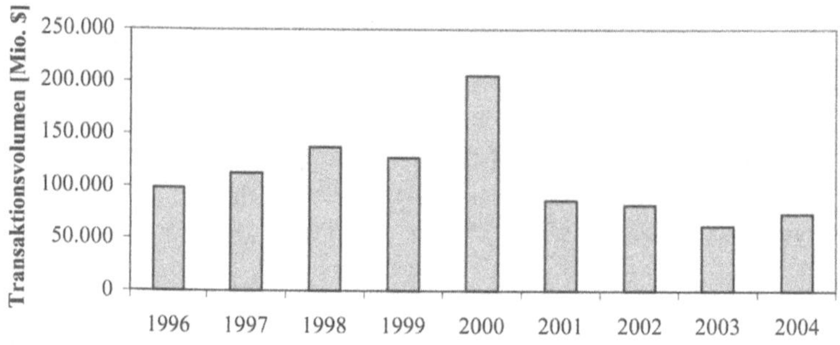

Abb. 20: M&A-Volumen in der Branche „Konsum & Handel“ 1996 - 2004

In beiden oben dargestellten Fällen ergibt sich die erwartete, typische Verteilung im Zeitablauf.

Die nachfolgenden vier Abbildungen 21 bis Abbildung 24 beschreiben nunmehr schließlich die Entwicklungen für die verbleibenden Branchen „Finanzinstitute“ (Abbildung 21), „Versorger und Rohstoffe“ (Abbildung 22), „TMT“ (Abbildung 23) und „Chemie & Pharma“ (Abbildung 24).

Untypisch ist hierbei vor allem die Branche „Finanzinstitute“ mit einer über die Jahre hinweg deutlich unregelmäßigeren Verteilung der M&A-Volumina gegenüber den anderen betrachteten Sektoren und mit dem höchsten M&A-Volumen im Jahre 1998.

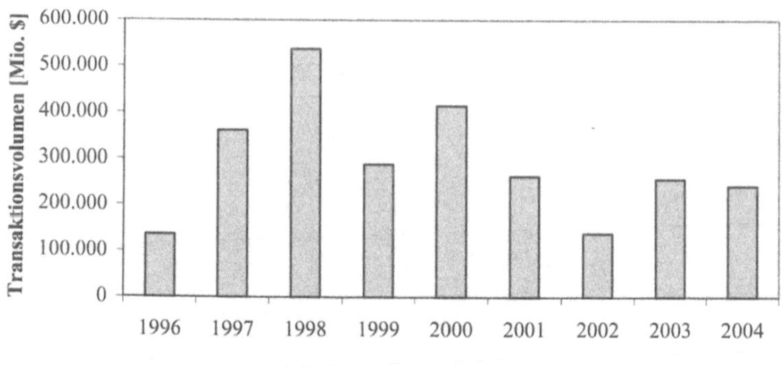

Abb. 21: M&A-Volumen in der Branche „Finanzinstitute“ 1996 – 2004

Obige Abbildung 21 weist die höchsten M&A-Abschlussvolumina in den Jahren 1998, 2000 und 1997 auf. Und nur in dieser Branche stabilisiert sich der Markt für Fusionen und Übernahmen wieder marginal in den letzten zwei betrachteten Jahren 2003 und 2004, indem ein jährliches Niveau von über $200 Mrd. erreicht wird. An späterer Stelle dieser Arbeit wird ausführlich auf diesen Sektor einzugehen sein, da dies die erste, aber nicht in die einzige Auffälligkeit im Rahmen dieser Arbeit im Zusammenhang mit der Finanzbranche darstellt.[372]

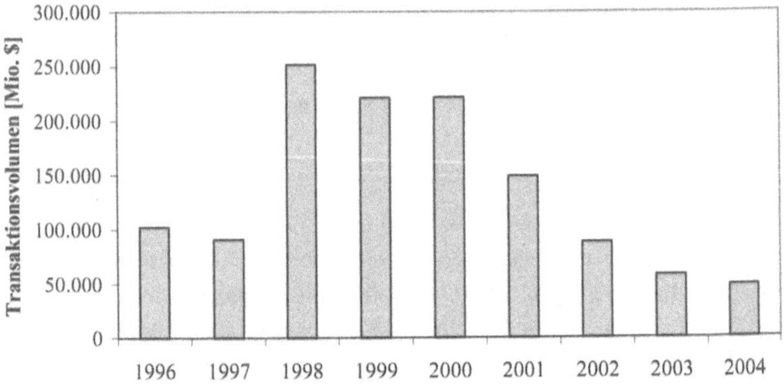

Abb. 22: M&A-Volumen in der Branche „Versorger & Rohstoffe“ 1996 - 2004

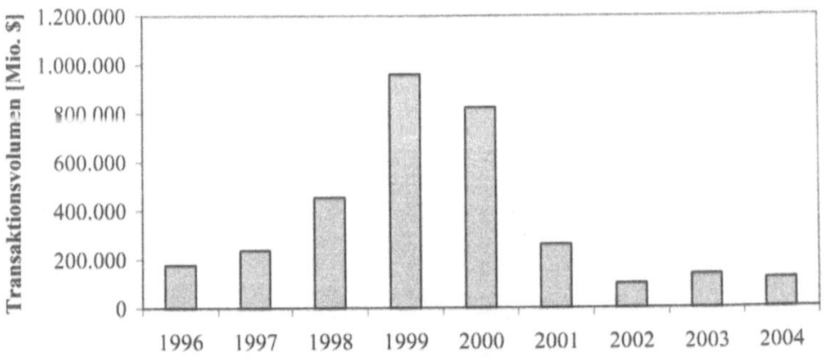

Abb. 23: M&A-Volumen in der Branche „TMT“ 1996 – 2004

372 Vgl. hierzu Kap. 6.4.1.3 der vorliegenden Arbeit.

Während die Darstellung des Sektors „Versorger & Rohstoffe", die in Abbildung 22 erfolgt, der Gesamtbranchenübersicht der Abbildung 17 entspricht, weichen hiervon die obige „TMT"-Branche in Abbildung 23 und die Branche „Chemie & Pharma" in Abbildung 24 deutlich ab. Während „TMT" die höchsten M&A-Abschlüsse in den Jahren 1999 und 2000 vermeldete, ragt beim Sektor „Chemie & Pharma" nur das Jahr 1999 mit überdurchschnittlich hoher M&A-Aktivität heraus. Allerdings hier fallen die Abschlussvolumina aber auch nach 2001nicht so drastisch wie im Bereich „Telekommunikation, Medien und Technologie".

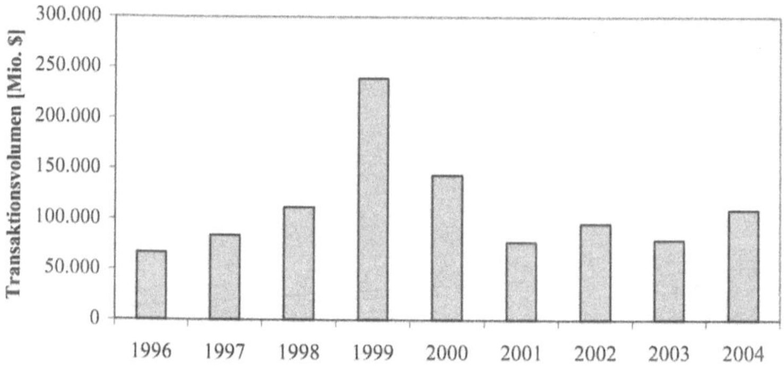

Abb. 24: M&A-Volumen in der Branche „Chemie & Pharma" 1996 - 2000

Zu einem späteren Zeitpunkt wird im Rahmen dieser Arbeit empirisch zu untersuchen sein, in wieweit eine überdurchschnittlich hohe Aktivität in einer Branche aufgrund hoher Abschlüsse und des starken Wettbewerbes auch zu niedrigeren Prämien in der jeweiligen Branche führt.[373]

5.3.3 Branchenkonzentration der größten M&A-Transaktionen

Entsprechend der weiter oben vorgenommenen Branchenabgrenzung sind in der nachfolgenden Tabelle 6 die jeweils fünf größten M&A-Transaktionen aufgeführt, die von Anfang 1996 bis Ende 2004 in den betrachteten Ländern Deutschland, Frankreich, Großbritannien und den USA abgeschlossen wurden. Insofern zeigt diese Tabelle nicht die angekündigten Transaktionen, sondern nur solche, die tatsächlich juristisch sowie wirtschaftlich vollzogen wurden und damit über eine höhere Aussagekraft verfügen.

---

[373] Vgl. hierzu das folgende Kap. 6 dieser Arbeit.

Akquiriertes Unternehmen	Datum der Ankündigung	Abschluss der Transaktion	Transaktions-volumen [Mio. $]
	Produktion		
Agilent Technologies	02.03.1999	02.06.2000	31.179,45
Honeywell	07.06.1999	02.12.1999	15.601,17
Marconi Electronic Systems	19.01.1999	29.11.1999	12.863,31
Fort James	17.07.2000	27.11.2000	11.198,47
Champion International	25.04.2000	21.06.2000	9.640,10
	Transport & Dienstleister		
Chrysler	07.05.1998	12.11.1998	40.466,48
Network Solutions	07.03.2000	09.06.2000	21.101,39
General Motors	09.04.2003	22.12.2003	15.432,27
HBO & Co	18.10.1998	12.01.1999	14.319,71
ITT	20.10.1997	24.02.1998	13.748,21
	Konsum & Handel		
Bestfoods	02.05.2000	04.10.2000	25.065,21
Nabisco	25.06.2000	11.12.2000	19.274,55
Granada Compass-Hospitality	18.12.2000	02.02.2001	17.914,68
Guinness	12.05.1997	17.12.1997	15.968,28
Promodes	30.08.1999	25.01.2000	15.837,48
	Finanzinstitute		
Citicorp	06.04.1998	08.10.1998	72.558,18
Bank of America	13.04.1998	30.09.1998	61.633,40
Bank One	14.01.2004	01.07.2004	58.760,64
FleetBoston Financial	27.10.2003	01.04.2004	49.260,63
National Westminster Bank	29.11.1999	13.03.2000	38.524,65
	Versorger & Rohstoffe		
Mobil Oil	01.12.1998	30.11.1999	78.945,79
Elf Aquitaine	05.07.1999	27.03.2000	50.070,05
Amoco	11.08.1998	31.12.1998	48.174,09
Texaco	16.10.2000	09.10.2001	42.872,30
ARCO	01.04.1999	18.04.2000	27.223,95
	TMT		
Mannesmann	14.11.1999	19.06.2000	202.785,13
Time Warner	10.01.2000	12.01.2001	164.746,46
AT&T Broadband & Internet	08.07.2001	18.11.2002	72.041,15
Ameritech	11.05.1998	08.10.1999	62.592,54
AirTouch	18.01.1999	30.06.1999	60.286,87
	Chemie & Pharma		
Warner-Lambert	04.11.1999	19.06.2000	89.167,72
SmithKline Beecham	17.01.2000	27.12.2000	75.960,85
Aventis	26.01.2004	20.08.2004	60.243,38
Pharmacia	15.07.2002	15.04.2003	59.515,02
Pharmacia & Upjohn	20.12.1999	31.03.2000	26.485,96

Tab. 6: Die fünf größten M&A-Transaktionen je Branche 1996 - 2004[374]

[374] Vgl. Thomson Financial (2005). Zur Datenbasis vgl. ausführlich das folgende Kap. 5.4.1 dieser Arbeit.

Die größten Transaktionen wurden gemäß Tabelle 6 somit in den Branchen „TMT" (Mannesmann, Time Warner), „Chemie & Pharma" (Warner Lambert, SmithKline Beecham) sowie in der Branche „Finanzinstitute" (Citicorp, Bank of America) abgeschlossen. „TMT" führt diese Branchensicht volumenmäßig an mit einem kumulierten Wert der fünf größten Transaktionen in Höhe von circa $562 Mrd., was nicht zuletzt darin begründet liegt, dass die Akquisitionen von Mannesmann durch Vodafone und von Time Warner durch AOL die beiden größten M&A-Transaktionen darstellen, die von 1996 bis 2004 in den USA, Großbritannien, Deutschland und Frankreich überhaupt durchgeführt wurden. Sehr deutlich lassen sich aus Tabelle 6 über den Konzentrationsgrad der größten M&A-Transaktionen hinaus die branchenspezifischen Unterschiede hinsichtlich der Transaktionszeitpunkte und der Transaktionslänge ablesen.

5.4 Verwendete Daten

5.4.1 Datenquelle

Im Rahmen dieser Arbeit wird auf kostenpflichtige, aber ansonsten frei verfügbare Daten von Thomson Financial zurückgegriffen. Hierbei handelt es sich um die im Investmentbanking mit Abstand am häufigsten zitierte Referenzinformationsquelle im Zusammenhang mit M&A-Transaktionen.[375] Diese Informationsquelle zeichnet sich durch Objektivität, Qualität und Seriosität aus, weil sie auf den strengen Erfassungskriterien beruht und von Jedermann prinzipiell überprüft werden kann.

Alle Investmentbanken, gleichgültig ob sie global oder regional tätig sind, melden Thomson Financial zeitnah alle Einzelheiten der von ihnen betreuten und realisierten M&A-Transaktionen, da sie nur bei dieser Verhaltensweise den sogenannten „League Table"-Kredit erhalten. Da es für Investmentbanken aus Marketingzwecken unerlässlich ist, in diesen einschlägigen, stark beachteten, jährlichen Rennlisten[376] aufgeführt zu werden, führt dies automatisch zu einer umfassenden Dokumentation aller M&A-Märkte bei Thomson Financial.[377]

375 Andere, nicht so stark verbreitete Anbieter sind z.B. mergermarket, Bloomberg und Dealogic.

376 Es existieren darüber hinaus pro Quartal aufgestellte „League Tables", denen aber in der Praxis aufgrund der höheren Schwankungsanfälligkeit geringere Bedeutung als den jährlichen Aufstellungen zugemessen wird. Die Börsen-Zeitung erstellt neben mergermarket, Bloomberg und Dealogic ebenfalls eigene M&A-„League Tables", beschränkt sich dabei aber auf abgeschlossene deutsche M&A-Transaktionen.

377 Darüber hinaus legt Thomson Financial besonders strenge Kriterien an die von Investmentbanken zur Verfügung gestellten Daten. Insofern ist es im Markt für M&A-Dienstleistungen unumstritten, dass Thomson Financial den relativ umfassendsten, qualitativ hochwertigsten Überblick über M&A-Transaktionen anbietet. – Thomson Corporation, die Obergesellschaft von Thomson Financial, gilt als einer der weltweit führenden Anbieter integrierter Informationslösungen und Datenbanken. Die Gesellschaft bedient eigenen Angaben zufolge rd. 20 Mio. Anwender und ist derzeit an den Aktienbörsen von New York und Toronto unter dem Tickersymbol TOC notiert. Vgl. die Web Site von Thomson Corporation, Abruftag: 17. Mai 2005.

5.4.2 Art und Umfang der Daten

Die Untersuchungen innerhalb der vorliegenden Arbeit bauen auf insgesamt 49.246 Datensätzen auf, die ausnahmslos von Thomson Financial stammen. Diese Datensätze repräsentieren keine Stichprobe, sondern vielmehr die Gesamtheit aller von Thomson Financial erfassten M&A-Transaktionen im Gegenwert von $11,3 Bio., die im Zeitraum vom 1. Januar 1996 bis 31. Dezember 2004 in Deutschland, den USA, Großbritannien und Frankreich abgeschlossen worden sind.

Diese 49.246 Datensätze sind insofern unabhängig davon, ob die aufgeführten Transaktionen über eine Börse oder außerbörslich abgewickelt wurden.

Folgende Einzelinformationen der Thomson Financial-Datenbank werden im Folgenden für die im Rahmen der empirischen Auswertung herangezogen:

1. Datum der Ankündigung der Transaktion
2. Herkunftsland und Branche des Bieters
3. Herkunftsland und Branche des Zielobjekts
4. Übernahmeprämien 1 Tag und Übernahmeprämien 1 Monat,[378] Aufschlag ausgedrückt in %
5. Wert der Transaktion, ausgedrückt in US$[379]
6. EBITDA der übernommenen Gesellschaft, ausgedrückt in US$.

Die Übernahmeprämien, die im Mittelpunkt der nachfolgenden Analyse stehen, gehen als Einzelwerte und nicht volumengewichtet in die Betrachtung ein. Dieses Vorgehen orientiert sich zum einen an der internationalen Praxis,[380] zum anderen würde eine Gewichtung der Prämien mit dem jeweiligen Transaktionsvolumen zu erheblichen Ergebnisverzerrungen führen.[381] Schließlich wird in dieser Arbeit zu einem späteren Zeitpunkt nachgewiesen, dass das jeweilige Transaktionsvolumen keinen wesentlichen Einfluss auf die Höhe der Übernahmeprämie ausübt.[382]

378 Definiert als Differenz zwischen dem Börsenkurs am Tag der Ankündigung der M&A-Transaktion mit dem letzten veröffentlichten Börsenkurs (ein Tag) sowie dem eine Woche bzw. einen Monat zurückliegenden Börsenkurs. Vgl. hierzu Thomson Corporation (2005).

379 Umrechnung erfolgt durch Thomson Financial zum jeweils aktuellen Stichtagskurs. Vgl. ebenda.

380 Vgl. z.B. die diesbzgl. Ausführungen der Investmentbank JP Morgan (2005).

381 Die Übernahme von Mannesmann durch Vodafone-Airtouch – zu Größenordnung und Zeitpunkt dieser Transaktion vgl. im Einzelnen die Ausführungen in der Einleitung dieser Arbeit – würde z.B. die in Deutschland gezahlten Übernahmeprämien aufgrund ihrer untypischen, weit überdurchschnittlichen Größenordnung stark verzerren. In Tab. 6 dieser Arbeit wird verdeutlicht, wie wenige Transaktionen zu diesem Zeitpunkt in Deutschland über die Börse durchgeführt wurden.

382 Vgl. hierzu Hypothese 2 dieser Arbeit, die in Kap. 6.3.2 formuliert und in Kap. 6.4.2 ausgewertet wird.

Grundsätzlich existieren drei unterschiedliche Darstellungen von Übernahmeprämien, die sich allerdings lediglich im Zeitraum vor Bekanntgabe der Übernahmeabsicht unterscheiden. Dies sind:

1. die 1 Tag-Prämie
2. die 1 Woche-Prämie und
3. die 1 Monat- (bzw. 4 Wochen-) Prämie.

Die vorliegende Arbeit konzentriert sich auf die 1 Tag- und auf die 1 Monat-Prämien. Die von Thomson Financial ebenfalls errechnete und ausgewiesene 1 Woche-Prämie bleibt aufgrund ihrer wesentlich geringeren Akzeptanz in der Praxis in der folgenden empirischen Analyse unberücksichtigt.[383]

---

[383] Vgl. JP Morgan (2005), S. 67.

6 Empirische Analyse wesentlicher Entwicklungen bei Übernahmeprämien

6.1 Verteilung der Übernahmeprämien nach Ländern und Branchen

Die Aufteilung der Gesamtheit aller 49.246 verfügbaren Thomson Financial-M&A-Datensätze auf die betrachteten neun Jahre und vier Regionen stellt sich – in Tabelle 7 zusammengefasst – wie folgt dar:

Jahr	Summe	USA	UK	Deutschland	Frankreich
1996	6.496	4.897	1.324	27	248
1997	7.439	5.354	1.755	48	282
1998	7.452	5.201	1.889	60	302
1999	6.155	4.574	1.156	84	341
2000	6.723	4.352	1.899	74	398
2001	4.708	3.001	1.315	64	328
2002	4.183	2.752	1.095	79	257
2003	4.107	2.753	1.081	61	212
2004	1.983	723	1.005	49	206

Tab. 7: Anzahl aller M&A-Transaktionen p.a./pro Land

In den Jahren 1996 bis 2000 lassen sich in allen betrachteten Regionen die höchste Aktivitätsniveaus – gemessen an der Anzahl der Transaktionen – ablesen; sie machen mit knapp 70% mehr als zwei Drittel aller Transaktionen im gewählten Zeitraum aus.[384]

Als auffallend in der obigen Tabelle 7 lassen sich darüber hinaus vor allem die relativ niedrige Anzahl der Deutschland betreffenden Datensätze anmerken, die mit 546 Transaktionen – das entspricht lediglich rund 1,1% aller Transaktionen der vier betrachteten Länder – das vergleichsweise geringste M&A-Aktivitätsniveau widerspiegeln. Auch wenn die M&A-Transaktionen in Frankreich hinsichtlich ihrer Anzahl von 2.574 – dies entspricht immerhin 5,2% des M&A-Niveaus nach Anzahl der Transaktionen – deutlich über denen in Deutschland liegen, so weichen sie doch, wie für

[384] Nicht zu erkennen ist in dieser Form der Darstellung des Zahlenmaterials, dass die Anzahl der M&A-Transaktionen in den Jahren 1996 bis 1999 zwar sehr hoch lagen, die ausmachenden Volumina allerdings in den Jahren 1999 und 2000 am stärksten waren. Vgl. hierzu im Einzelnen die diesbzgl. Daten der Tab. 26 in Kap. 6.4.3 der vorliegenden Arbeit.

Deutschland auch, deutlich von der Transaktionsanzahl in den USA (33.607, rund 68%) und Großbritannien (12.519, rund 25,4%) ab.

Eine Erklärung hierfür liegt in der Tatsache begründet, dass die USA und Großbritannien den sogenannten kapitalmarktorientierten Volkswirtschaften mit einem ausgeprägten „Shareholder Value"-Gedanken zuzurechnen sind, während Deutschland und Frankreich in immer noch starken Maße als bank- und damit kreditbasiert zu bezeichnen sind – mit den entsprechenden Auswirkunken auf die oben festgestellten Unterschiede in den M&A-Aktivitätsniveaus dieser beiden Regionen.[385]

Zusätzlich zur Gesamtzahl der Transaktionen am M&A-Markt interessieren für die folgenden Untersuchungen insbesondere diejenigen Transaktionen, die über eine Börse abgewickelt wurden und bei denen im Datensatz insofern Übernahmeprämien enthalten sind. In der Praxis wird in solchen Fällen von „öffentlichen Übernahmen" gesprochen.

Im betrachteten Zeitraum und in den vier betrachteten Regionen ergeben sich hierfür 5.698 Datensätze – dies entspricht somit 11,6% der Gesamtdaten – mit der folgenden, in Tabelle 8 dargestellten jährlichen und regionalen Aufteilung von M&A-Transaktionen, die analog zu Tabelle 7 vorgenommen wurde.

Jahr	Summe	USA	UK	Deutschland	Frankreich
1996	1.328	1.204	90	3	31
1997	535	393	121	7	14
1998	568	374	168	5	21
1999	829	521	213	14	81
2000	777	453	183	16	125
2001	672	469	105	14	84
2002	302	161	89	13	39
2003	415	304	66	12	33
2004	272	193	42	6	31

Tab. 8: Anzahl der M&A-Transaktionen mit Übernahmeprämien p.a./pro Land

Auffällig ist hierbei wiederum die relativ geringe Anzahl an Datensätzen in Deutschland, die das niedrige börsliche M&A-Volumen hierzulande abbildet. Die Abweichung zu den in allen anderen betrachteten Ländern über eine Börse abgewickelten Transaktionen ist erneut – und analog zu Tabelle 7 – signifikant. Die bereits im Zusammenhang mit der Besprechung der Tabelle 7 festgestellte unterschiedliche Verteilung auf die USA und Großbritannien einerseits sowie Deutschland und Frankreich andererseits bestätigt sich ebenfalls in den Daten der Tabelle 8.

385 Vgl. hierzu die diesbzgl. Ausführungen in Kap. 4.2.1 der vorliegenden Arbeit.

Die Aufteilung auf die sieben definierten Branchengruppen[386] ergibt im Zeitablauf der neun betrachteten Jahre das folgende, in Tabelle 9 dargestellte Datenbild, wobei mit 1.606 Transaktionen die vergleichsweise meisten Datenpunkte im Betrachtungszeitraum, nämlich rund 28%, auf Transaktionen mit Finanzinstituten entfallen. Hingegen konnte das „TMT"-Aktivitätsniveau der Jahre 1996 bis 2001 in den vergangenen drei Jahren nicht gehalten werden und fiel beständig weiter zurück auf nur noch 47 Transaktionen in 2004.

Jahr	Produktion	Transport & Dienstleister	Konsum & Handel	Finanzinstitute	Versorger & Rohstoffe	TMT	Chemie & Pharma
1996	173	154	145	453	74	217	110
1997	86	67	51	165	29	96	42
1998	91	68	76	130	38	130	35
1999	141	142	98	177	48	177	46
2000	125	124	108	181	34	155	51
2001	68	115	80	214	36	136	23
2002	45	55	39	68	19	56	20
2003	41	79	42	125	15	80	33
2004	28	44	29	93	11	47	20

Tab. 9: Anzahl aller M&A-Transaktionen mit Prämie p.a./pro Branche

Diejenigen M&A-Transaktionen, die Prämien aufweisen und insofern über eine Börse abgewickelt wurden, verteilen sich im Betrachtungszeitraum von neun Jahren kumuliert folgendermaßen auf die sieben definierten Branchengruppierungen und Länder:

Land	Produktion	Transport & Dienstleister	Konsum & Handel	Finanzinstitute	Versorger & Rohstoffe	TMT	Chemie & Pharma	Summe
USA	503	572	379	1.270	235	830	283	4072
UK	195	186	191	208	52	180	65	1077
Deutschland	21	19	12	12	4	15	7	90
Frankreich	79	71	86	116	13	69	25	459
Summe	798	848	668	1606	304	1094	380	5698

Tab. 10: Anzahl der M&A-Transaktionen mit Prämien pro Land/pro Branche

Erneut lässt sich aus obiger Tabelle 10 ablesen, dass im Betrachtungszeitraum mit insgesamt 1.606 Transaktionen – dies entspricht circa 28% – die mit Abstand meisten börslichen M&A-Aktivitäten in Verbindung mit Finanzinstituten abgewickelt wurden, gefolgt von der „TMT"-Branche mit 1.094 Transaktionen (rund 19%). Deutschland

[386] Vgl. Kap. 5.3.1 dieser Arbeit.

hingegen weist erwartungsgemäß mit großem Abstand die wenigsten börslichen Beobachtungen auf, im Fall der deutschen „Versorger- und Rohstoff"-Branche über den gesamten Zeitraum von neun Jahren hinweg sogar nur vier und im Fall des deutschen „Chemie- und Pharma"-Sektors insgesamt nur sieben.

6.2 Entwicklung der Übernahmeprämien in der jüngeren Vergangenheit

In den nachfolgenden Abschnitten dieser Arbeit werden die oben vorgestellten Datensätze empirisch analysiert. Zuvor soll dieses Kapitel einen Überblick über die Entwicklung der in Deutschland, den USA, Großbritannien und Frankreich von 1996 bis 2004 gezahlten Übernahmeprämien vermitteln, und zwar sowohl für die 1 Tag- wie auch für die 4 Wochen-Prämien.

Über alle vier betrachteten Länder hinweg und auf Basis der für diese Arbeit ausgewählten knapp 50.000 Datensätze stellt sich nun die Höhe der gezahlten Prämien, ausgedrückt als Median, für die seit dem Jahre 1996 zu beobachtende fünfte M&A-Welle gemäß Abbildung 25 wie folgt dar.

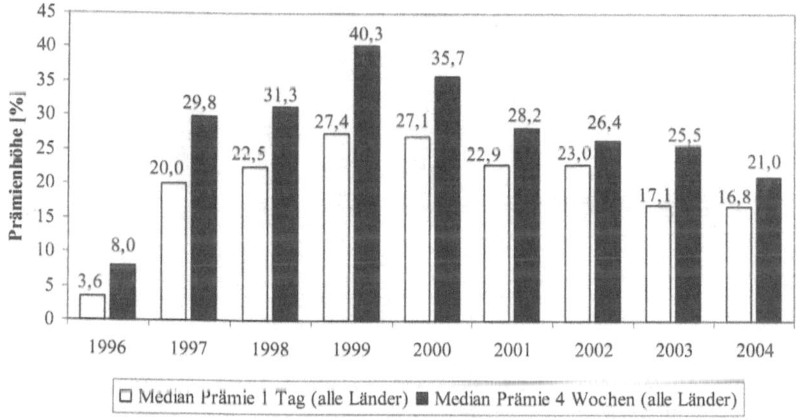

Abb. 25: Entwicklung der Übernahmeprämien für alle Länder 1996 - 2004

Im Durchschnitt stiegen die 4 Wochen-Prämien in den vier betrachteten Ländern von nur 8% in 1996 auf bis in der Spitze mehr als 40% im Boomjahr 1999 an, um anschließend mit dem Absinken der M&A-Welle – beginnend mit dem Jahr 2000 – kontinuierlich auf nunmehr nur noch circa 21% im Jahr 2004 zurückzufallen. Dies entspricht zum einen einer Halbierung gegenüber dem Höchststand des Jahres 1999, gleichzeitig aber auch einem Anstieg von mehr als 160% gegenüber 1996, dem Ausgangsjahr der Betrachtungszeitreihe. Die Entwicklung der 1 Tag-Übernahmeprämien folgt diesem Muster, aber in deutlich abgemilderter Form, und es kommt in diesem Fall im Jahr 2004 nicht zu einer Halbierung des Jahres 1999.

Erwartungsgemäß bleiben die Median-Werte der 1 Tag-Prämien hinsichtlich ihrer Höhe in allen Fällen hinter denen der 4 Wochen-Prämien zurück, da erfahrungsgemäß während der letzten vier Wochen der Vorbereitungsphase einer M&A-Transaktion vermehrt Informationen an die Öffentlichkeit gelangen und dies zu steigenden Aktiennotierungen führt. Auf dieses Phänomen wird zu einem späteren Zeitpunkt dieser Arbeit noch eingegangen.[387]

Nach Ländern spezifiziert bietet sich analog zur obigen, alle vier Länder umfassenden Abbildung 25 für den größten M&A-Markt USA das folgende, in Abbildung 26 wiedergegebene Bild.

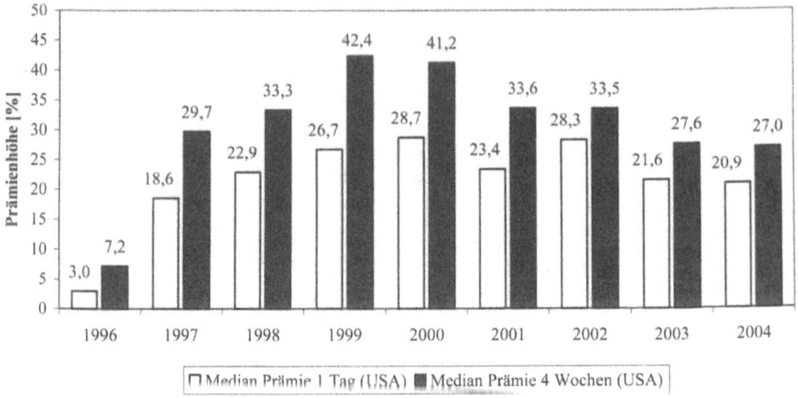

Abb. 26: Entwicklung der Übernahmeprämien in den USA 1996 - 2004

Der obigen Abbildung 26 ist zu entnehmen, das die Übernahmeprämien in den USA pro Jahr gegenüber dem zuvor in Abbildung 25 dargestellten Durchschnitt aller vier betrachteten Volkswirtschaften etwas höher ausfallen. Dies manifestiert sich zum Beispiel in einer 4 Wochen-Median-Prämie von 42,38% im Jahr 1999 und einem ähnlich hohen Prämienwert von 41,18%, der für das Jahr 2000 festgestellt werden kann.

---

387 Vgl. Kap. 6.4.3.1 der vorliegenden Arbeit.

Wie die folgende Abbildung 27 zeigt, ähnelt der Verlauf in Großbritannien – dem zweitgrößten betrachteten M&A-Markt – dem im vorherigen Schaubild dargestellten Ergebnis in den USA, wobei die auf Großbritannien zutreffenden Daten allerdings zumeist deutlich unter den besonders hohen der USA liegen.

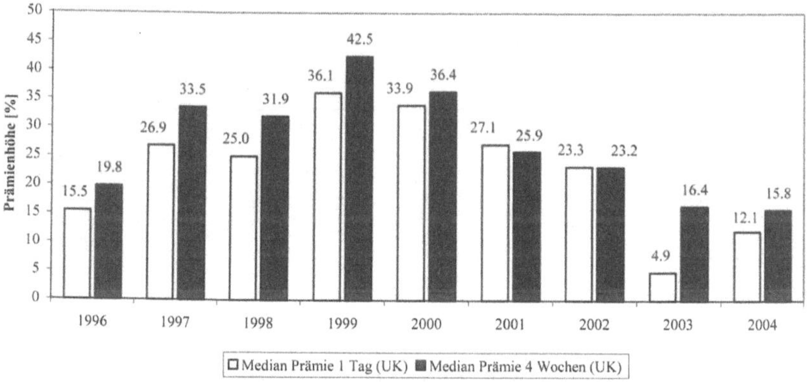

Abb. 27: Entwicklung der Übernahmeprämien in UK 1996 - 2004

Die in Deutschland gezahlten Übernahmeprämien folgen, wie die folgende Abbildung 28 zeigt, im starken Gegensatz zu den zuvor gezeigten Entwicklungen in den USA und Großbritannien nicht den Schwankungen des M&A-Marktes.

Das Jahr 2004 weist zum Beispiel mit knapp 30% die höchste im Betrachtungszeitraum in Deutschland gemessene Median-4 Wochen-Prämie auf – was dem in den USA und in Großbritannien zu beobachtenden, oben dokumentierten Trend fundamental widerspricht, denn in diesen beiden Ländern liegen die höchsten Übernahmeprämien, analog zu der höchsten M&A-Aktivität, in den Jahren 1999 und 2000.

Darüber hinaus liegen die an deutschen Börsen gezahlten Übernahmeprämien signifikant unter den zuvor betrachteten Durchschnittswerten.[388] Bei einer Konzentration auf die aussagekräftigere Medianbetrachtung liegt keine Verfälschung der deutschen Werte durch die mit einer 1 Tag-Prämie von 89,2% bzw. einer 4 Wochen-Prämie von 126,9% durchgeführten Mannesmann-Vodafone-Transaktion[389] vor. Und die für das Jahr 1997 in Deutschland erhobenen Übernahmeprämien in Höhe von 3,7% für die

---

388 Auch in der nachfolgenden Untersuchung der Korrelation der Übernahmeprämie mit der Aktienmarktentwicklung spiegelt sich dies wieder. Vgl. in diesem Zusammenhang Abb. 43 in Kap. 6.4.3.3 dieser Arbeit.

389 Vgl. die diesbzgl. Ausführungen in Kap. 1.1 der vorliegenden Arbeit.

Median-1 Tag- bzw. 4,9% für die Median-4 Wochen-Prämie weichen in beiden Prämienkategorien in markanter Weise von allen zuvor betrachteten Vergleichswerten ab.

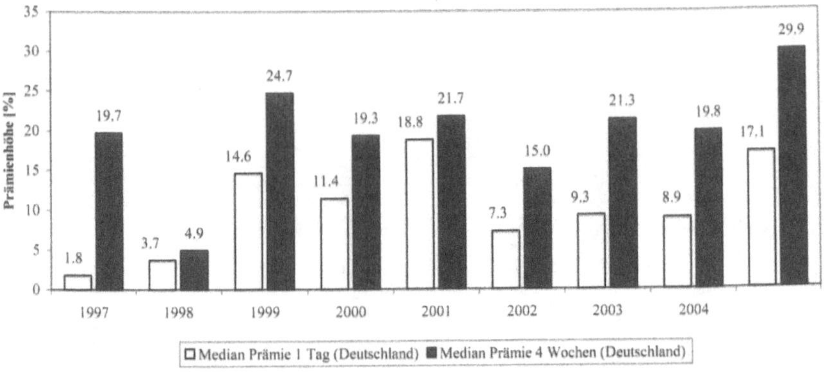

Abb. 28: Entwicklung der Übernahmeprämien in Deutschland 1996 - 2004

Frankreich schließlich folgt insofern dem internationalen Trend, als dass die an französischen Börsen gezahlten 4 Wochen-Prämien – mit Ausnahme des Ausreißers in 1996 in Höhe von 24,8% – 1999 ihren höchsten Wert erreichen und danach kontinuierlich auf nur noch 10% in 2004 absinken.

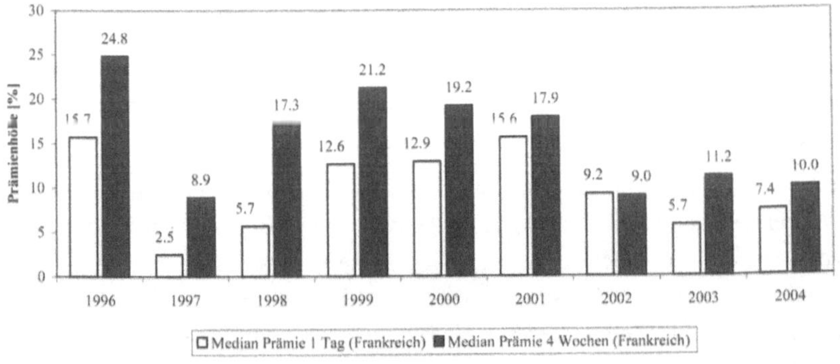

Abb. 29: Entwicklung der Übernahmeprämien in Frankreich 1996 - 2004

Zusammenfassend kann festgehalten werden, dass die in den vier betrachteten Ländern beobachteten Median-4 Wochen-Prämien durchschnittlich von einem mit 8% relativ niedrigen Wert in 1996 bis auf 40% in 1999 angestiegen sind, um danach analog zu den Bewegungen am M&A- und Aktienmarkt[390] kontinuierlich bis auf 20% im Jahr 2004 zu fallen.

Eine Verteilung der Prämien nach Größenklassen sieht im gewählten Betrachtungszeitraum von neun Jahren für die vier analysierten Länder wie folgt aus:

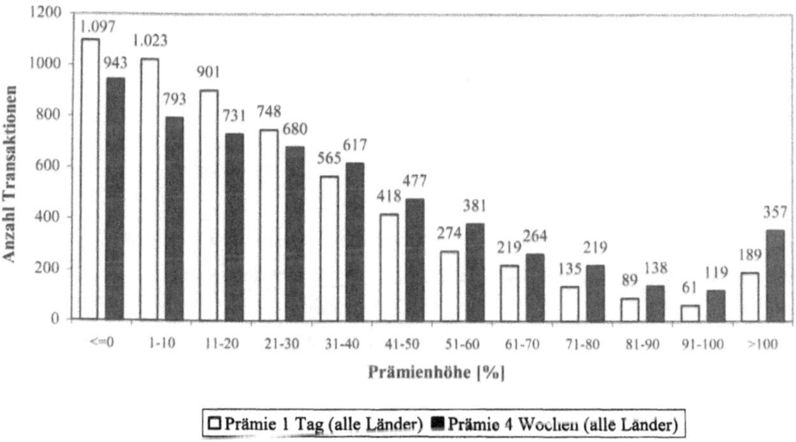

Abb. 30: Verteilung der Übernahmeprämien nach Größenordnung über alle Länder

Gemäß Abbildung 30 liegen somit 30% aller beobachteten Übernahmeprämien unter einem Wert von 10% und insgesamt 43% aller Prämien unter einem Wert von 20%. Nur sehr wenige Prämien sind negativ, was aber in Fällen der krassen Überbewertung am Kapitalmarkt möglich ist und auch in der Praxis vereinzelt auftritt.

Nunmehr soll diese Verteilung nach Größenordnungen einzeln für die vier betrachteten Volkswirtschaften vorgenommen werden; die Ergebnisse werden entsprechend in den folgenden Abbildungen 31 bis 34 einzeln dokumentiert.

Die Verteilung der 4 Wochen-Prämien für die USA weist ein ähnliches Bild wie der zuvor in Abbildung 30 vorgestellte Länderdurchschnitt auf und stellt sich gemäß Abbildung 31 wie folgt dar:

---

[390] Auf die Entwicklungen am Aktienmarkt wird bei der Diskussion von Hypothese 3 in Kap. 6.4.3 dieser Arbeit noch ausführlich eingegangen.

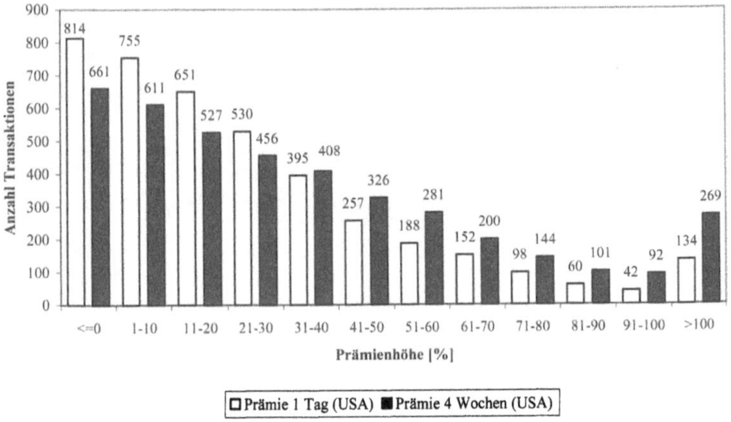

Abb. 31: Verteilung der Übernahmeprämien in den USA nach Größenordnung

Man kann leicht erkennen, dass die Anzahl der Transaktionen in den USA anlog zu dem zuvor gezeigten Länderdurchschnitt mit zunehmender Prämienhöhe abnimmt. Es liegt somit eine sogenannte rechtsschiefe Verteilung der Prämien vor, so dass im Rahmen dieser Arbeit im Folgenden die Medianbetrachtung einer Mittelwertbetrachtung vorgezogen wird.

Diese in den USA beobachtete rechtsschiefe Verteilung bestätigt sich ebenfalls bei der Analyse der übrigen betrachteten Länder, wie die folgenden Abbildungen zeigen.

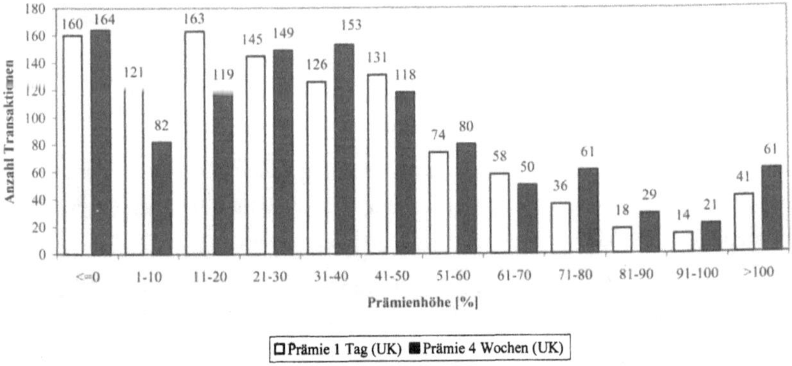

Abb. 32: Verteilung der Übernahmeprämien in UK nach Größenordnung

In Großbritannien entfallen laut Abbildung 32 auf nur 22% der M&A-Transaktionen Übernahmeprämien von bis zu 10%, während insgesamt 50% der Prämienverteilung auf Prämien von 10% bis 50% entfällt. Deutschland hat, wie bereits festgestellt wurde, die wenigsten Beobachtungspunkte; dennoch entspricht die Verteilung in Deutschland im Wesentlichen der oben bereits dargestellten Verteilung.

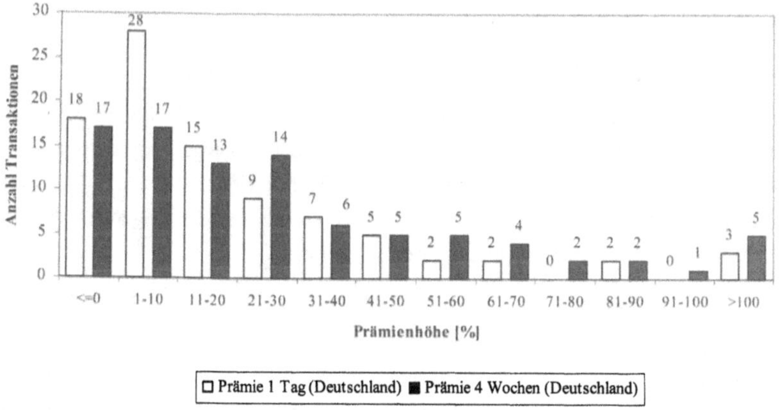

Abb. 33: Verteilung der Übernahmeprämien in Deutschland nach Größenordnung

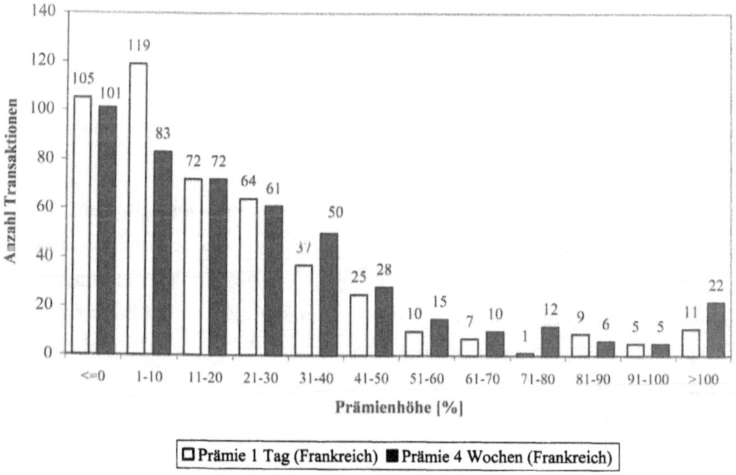

Abb. 34: Verteilung der Übernahmeprämien in Frankreich nach Größenordnung

Frankreich folgt hinsichtlich der Verteilung der Übernahmeprämien nach Größenordnungen laut Abbildung 34 ebenfalls im Wesentlichen der bisher beobachteten, rechtsschiefen Verteilung.

Es kann somit festgehalten werden, dass sich die Verteilung der in den USA, Großbritannien, Deutschland und Frankreich im Betrachtungszeitraum gezahlten Prämien rechtsschief darstellt, dass heißt die Anzahl der M&A-Transaktionen nimmt mit steigender Prämienhöhe ab.

6.3 Drei Hypothesen zu Übernahmeprämien

Die Analyse der wesentlichen Bestimmungsfaktoren und Entwicklungen von Übernahmeprämien erfolgt in dieser Arbeit entsprechend der eingangs vorgestellten Vorgehensweise getrennt nach Länder-, Branchen- und Transaktionsspezifika.[391] Für die nähere Analyse der Übernahmeprämiencharakteristika werden die folgenden drei Fragenkomplexe als Untersuchungshypothesen formuliert:

1. Welcher Zusammenhang besteht zwischen der Höhe von Übernahmeprämien und den betrachteten Volkswirtschaften bzw. Branchen?
2. Kann eine bereits mehrfach nachgewiesene Korrelation von Übernahmeprämien und Transaktionsspezifika auch anhand der in dieser Arbeit verwendeten Datensätze exemplarisch nachgewiesen werden?
3. Besteht eine Korrelation von Übernahmeprämie mit den jeweiligen nationalen M&A- und Aktienzyklen?

6.3.1 These 1: Zusammenhang von Prämien mit Ländern und Branchen

In diesem Abschnitt der Arbeit wird zum einen der Frage nachgegangen, ob Übernahmeprämien in den betrachteten *Volkswirtschaften* im Untersuchungszeitraum ähnlich oder aber unterschiedlich hoch ausfallen.

Der in Kapitel 6.2 vorgenommene Rückblick auf die Entwicklung der Übernahmeprämien lässt vermuten, dass sich die vier ausgewählten Länder trotz gewisser Parallelen bei Prämienhöhen und Prämienentwicklungen letztlich doch recht deutlich voneinander unterscheiden – nicht zuletzt aufgrund der in Kapitel 3 und 4 herausgearbeiteten, zum Teil gravierenden Unterschiede der jeweiligen Volkswirtschaften hinsichtlich der besprochenen Kriterien.

[391] Vgl. hierzu die diesbzgl. Ausführungen zum „Aufbau der Arbeit" in der Einleitung (Kap. 1.2) sowie in Kap. 4.1 der vorliegenden Arbeit.

Dem schließt sich die Fragestellung an, ob die Übernahmeprämien in den sieben gebildeten *Branchengruppierungen*, also über Ländergrenzen hinweg, vergleichbar hoch sind – was im Zuge der Globalisierung durchaus möglich, wenn nicht sogar wahrscheinlich ist. Bei M&A-Transaktionen werden Unternehmensbewertungen ja, wie in Kapitel 2 gezeigt, unter anderem auf der Basis von branchenorientierten „Peer Group"-Vergleichen durchgeführt, die dann vermutlich auf ein branchenweit ähnliches Prämienniveau hinwirken dürften.

In diesem Zusammenhang stellt sich auch die Frage, wie sich Übernahmeprämien bei *länderübergreifenden* M&A-Transaktionen zu Prämien bei *nationalen* Transaktionen verhalten. Weiterhin erscheint es interessant, ob Prämien für Transaktionen *innerhalb desselben Sektors* höher oder niedriger sind als Übernahmeprämien bei M&A-Transaktionen *über Sektorgrenzen hinweg.*

Die Beschäftigung mit den vorgenannten Fragen verfolgt letztlich das Ziel, eine Antwort auf die Frage zu finden, ob mit Blick auf Übernahmeprämien der jeweilige *Länder-* oder vielmehr der jeweilige *Brancheneinfluss* dominiert.

Eine Antwort auf diese Fragestellung hat deshalb einen praktischen Applikationswert, da es bei der Quantifizierung und Festlegung von Übernahmeprämien sehr wohl darauf ankommt, ob sich ein Bieter mehr auf länder- oder aber auf sektorspezifische Vergleichsdatenpunkte stützt – und dies insbesondere dann, wenn sich diese Werte hinsichtlich der Höhe signifikant voneinander unterscheiden.[392]

Die **Hypothese 1** lautet nun wie folgt:

1. Übernahmeprämien sind pro Land statistisch signifikant unterschiedlich.
2. Die Prämien sind allerdings in einer länderübergreifenden Betrachtung innerhalb der Branchen vergleichbar hoch.
3. Prämien im Zusammenhang mit „cross border"-Transaktionen fallen höher aus als rein nationale Fusionen und Übernahmen.
4. M&A-Transaktionen innerhalb einer Branche verlangen nach höheren Übernahmeprämien als Fusionen und Übernahmen, die zwischen zwei unterschiedlichen Branchen stattfinden.
5. Branchen spielen hinsichtlich der Prämienhöhe eine vergleichsweise untergeordnete Rolle. Somit überlagern im Zusammenhang mit Übernahmeprämien Ländereinflüsse die Brancheneinflüsse.

---

392 Die Erkenntnisse des dritten und vierten Kapitels der vorliegenden Arbeit lassen vermuten, dass der Ländereinfluss den Brancheneinfluss dominiert, was es aber eingehend im Folgenden zu untersuchen und möglichst schlüssig empirisch nachzuweisen gilt.

6.3.2 These 2: Abhängigkeit der Prämien von Transaktionsspezifika

Den vorgenannten Überlegungen hinsichtlich *Länder-* und *Branchen*einflüssen schließt sich die Frage an, ob sich bereits in Kapitel 3 und Kapitel 4 identifizierte *transaktionsbezogene* Einflussgrößen auf die Höhe von Übernahmeprämien auch empirisch nachweisen lassen, und wenn ja, welche Signifikanz ihnen in diesem Zusammenhang zukommt.

M&A-Transaktionen zeichnen sich nicht zuletzt, wie bereits im Rahmen dieser Arbeit an früherer Stelle belegt werden konnte, durch ihre Individualität und damit durch ihre Unterschiedlichkeit aus. Damit kann gesichert argumentiert werden, dass von den Transaktionsspezifika der entscheidende Einfluss auf die Höhe der Übernahmeprämien ausgeht. Der insbesondere in Kapitel 4.4 dieser Arbeit vorgenommene Literaturdiskurs unterstützt diese Aussage in starkem Maße.

Die Vielfalt möglicher transaktionsspezifischer Besonderheiten macht im Rahmen dieser Arbeit eine Auswahl notwendig. Die nachfolgende empirische Untersuchung konzentriert sich daher auf zwei Fragestellungen, und zwar in wieweit

- eine statistisch signifikante Abhängigkeit der Übernahmeprämienhöhe von der *Transaktionsgröße* einerseits
- und von der *Ertragshöhe* des Zielunternehmens andererseits

empirisch nachgewiesen werden können.

Bei der Transaktionsgröße handelt es sich um ein klassisches und wichtiges, bereits in Kapitel 4.4.2.4 ausführlich diskutiertes Merkmal zur Unterscheidung von M&A-Transaktionen. Es ist allerdings kaum zu erwarten, dass Übernahmeprämien von der absoluten Höhe des Gegenwertes einer Transaktion in signifikantem Maße abhängen.

Zwar gilt grundsätzlich, dass sehr große Transaktionen aufgrund ihrer ausmachenden Volumina nur vergleichsweise wenige Bieter anziehen und dies einen Einfluss auf die Wettbewerbssituation um das Zielunternehmen und damit auch auf die Prämienhöhe haben kann. Als isoliertes transaktionsspezifisches Einflusskriterium erscheint die Transaktionsgröße aber nur sehr eingeschränkt geeignet, in signifikant messbarem Maße mit Prämienhöhen zu korrelieren. Dieser Zusammenhang soll im Folgenden empirisch überprüft und analysiert werden, um zu einer eindeutigen Aussage zu gelangen.

Der Ertragskraft eines Zielunternehmens als transaktionsspezifisches Untersuchungskriterium hingegen sollte im Zusammenhang mit Übernahmeprämien wesentlich größere Aussagekraft zukommen. Je ertragsstärker ein Zielunternehmen ist, so kann unterstellt werden, desto höher fällt die Übernahmeprämie in der jeweiligen Transaktion aus, da zum Beispiel die Verhandlungsmacht eines profitablen Zielunternehmens höher sein kann.

Die Formulierung der **Hypothese 2** lautet daher wie folgt:

1. Trotz länderspezifischer Unterschiede steigen Übernahmeprämien mit zunehmendem Ertrag des jeweiligen Zielunternehmens, …
2. …während die Transaktionsgröße keine oder nur geringe Signifikanz hinsichtlich der Höhe von Übernahmeprämien aufweist.

6.3.3 These 3: Korrelation von Prämien mit M&A- und Aktienzyklen

Aufbauend auf der in Hypothese 1 vorgenommenen Analyse von Länder- und Brancheneinflüssen, die auf der Grundlage einer zeitkumulierten Datenbasis vorgenommen wird, soll im Rahmen der Hypothese 3 weiterhin untersucht werden, inwieweit über einen längeren Zeitraum von insgesamt neun Jahren innerhalb einer M&A-Welle eine statistische Abhängigkeit der jährlich feststellbaren Prämienhöhe vom jeweiligen Marktumfeld – also eine Abhängigkeit vom nationalen M&A- und Aktienzyklus – nachgewiesen werden kann.

Die zugrunde liegende Fragestellung lautet, ob und in wieweit Übernahmeprämien, die zwar von Land zu Land unterschiedlich hoch sind, pro Land mit dem jeweiligen nationalen M&A-Volumen und/oder mit dem relevanten Aktienzyklus schwanken. Bestätigt sich der in Hypothese 1 unterstellte Ländereinfluss als hoch, lässt sich dies durchaus vermuten.

Dies sollte auch dann gelten, wenn sich die Schwankungen möglicherweise leicht zeitversetzt darstellen. In der Praxis herrscht zum Beispiel häufig der Eindruck vor, dass der M&A-Zyklus einer Phase vermehrter Börseneinführungen zeitlich voraus läuft.

Die **Hypothese 3** lautet demnach:

1. Übernahmeprämien sind zwar in den verschiedenen Ländern unterschiedlich hoch,[393] …
2. … allerdings korrelieren sie in allen Ländern positiv mit dem jeweiligen Marktumfeld.
3. Diese Korrelation ist stark ausgeprägt und bezieht sich sowohl auf das nationale M&A-Volumen wie auch auf die jeweiligen nationalen Aktienmärkte.

---

[393] Wie im Zusammenhang mit Hypothese 1 nachzuweisen ist.

6.4 Empirische Untersuchungsergebnisse im Einzelnen

6.4.1 Zu These 1: Abhängigkeit von Länder- und Brancheneinflüssen

6.4.1.1 Analyse des regionalen Einflusses auf die Prämienhöhe

In einem ersten Schritt werden zur Überprüfung der Hypothese 1 die Mediane und Mittelwerte[394] der Übernahmeprämien für die verschiedenen ausgewählten Länder in der nachfolgenden Tabelle 11[395] zusammengestellt.

Land	Mittelwert Prämie [%] 1 Tag	Median Prämie [%] 1 Tag	Mittelwert Prämie [%] 4 Wochen	Median Prämie [%] 4 Wochen
USA	25,82	17,22	36,03	25,00
UK	30,06	26,32	35,76	32,00
Deutschland	16,11	9,95	24,77	19,72
Frankreich	17,55	10,74	24,09	17,82

Tab. 11: Mediane und Mittelwerte der Übernahmeprämien pro Land

Wie der Tabelle 11 entnommen werden kann, liegen in allen Fällen – also unabhängig davon, ob eine Mittelwert- oder ob eine Medianbetrachtung vorgenommen wird – die 1 Tag-Prämien unter den 4 Wochen-Prämien. Dieser Sachverhalt kann damit erklärt werden, dass kurz vor Bekanntgabe einer Übernahme- oder Fusionsabsicht der Informationsstand der Marktteilnehmer höher ist als vier Wochen zuvor, was zu gestiegenen Aktienkursen und damit zu im Vergleich geringeren Prämien führt. Je weniger Insiderwissen im Markt über eine M&A-Transaktion vorherrscht, umso geringer fällt in der Regel der Unterschied zwischen der 1 Tag- und der 4 Wochen-Prämie aus.

Man erkennt darüber hinaus an den Werten der obigen Tabelle 11 deutlich, dass die Unterschiede zwischen den vier Volkswirtschaften zum Teil erheblich sind – und hier insbesondere zwischen den angelsächsischen und den kontinentaleuropäischen Ländern. USA und Großbritannien weisen, oberflächlich betrachtet, ähnlich hohe Werte auf. Gleiches gilt für die Beobachtungen in Deutschland und Frankreich, und zwar unabhängig davon, ob es sich um eine Mittelwert- oder um eine Medianbetrachtung bzw. ob es sich um eine 1 Tag- und um eine 4 Wochen-Prämie handelt.

---

394 Grds. gilt die Aussage, dass die Praxis der 4 Wochen-Prämie die größte Bedeutung zumisst, da Aktienkurse i.d.R. kurz vor Bekanntgabe der Übernahmeabsicht steigen und die 4 Wochen-Prämie insofern als der bessere Indikator für die „wahre", von Übernahmegerüchten unverfälschte Prämie angesehen wird. Vgl. hierzu u.a. JP Morgan (2005), S. 67, und die diesbzgl. bereits erfolgten Aussagen in dieser Arbeit.

Um nunmehr eingehend zu überprüfen, inwiefern tatsächlich Unterschiede zwischen den einzelnen Ländern in ihrer Gesamtheit bestehen, wird zunächst der nicht-parametrische H-Test nach Kruskal und Wallis[396] angewendet.[397] Dieser Test basiert auf einer gemeinsamen Rangreihe der Werte aller Stichproben. Es ergeben sich für die 1 Tag-Übernahmeprämie die folgenden, in Tabelle 12 dargestellten Ergebnisse:

Ränge

	ALand	N	Mittlerer Rang
Prämie1Tag	1	3762	2556.79
	2	939	2904.50
	3	111	2519.67
	4	391	2333.89
	Gesamt	5203	

Statistik für Test[a,b]

	Prämie1Tag
Chi-Quadrat	54.286
df	3
Asymptotische Signifikanz	.000

a. Kruskal-Wallis-Test

b. Gruppenvariable: ALand

Tab. 12: Kruskal/Wallis-Test der Länder für 1 Tag-Prämie

N repräsentiert hierbei die Anzahl der Beobachtungen. ALand 1 kennzeichnet die USA, ALand 2 kennzeichnet Großbritannien, ALand 3 steht für Deutschland sowie ALand 4 für Frankreich.

Sowohl die Testgröße Chi-Quadrat als auch die Asymptotische Signifikanz zeigen, dass zwischen den einzelnen Ländern im Gesamten ein signifikanter (1% Niveau)-Unterschied hinsichtlich der 1 Tag-Übernahmeprämien besteht.

Der entsprechende Test für die 4 Wochen-Übernahmeprämien ergibt das folgende, im Einzelnen in Tabelle 13 dokumentierte Bild:

395 Die entsprechende Darstellung für die sieben definierten Branchen erfolgt in Tab. 15 in Kap. 6.4.1.2 dieser Arbeit.

396 Vgl. Büning/Trenkler (1994), S. 184-190.

397 Der H-Test nach Kruskal und Wallis stellt einen globalen Test auf Gleichheit aller Verteilungen dar und kann somit nur aufdecken, ob Unterschiede zwischen mehreren Verteilungen bestehen. Er trifft insofern keine Aussage darüber, zwischen welchen Verteilungen die Unterschiede bestehen. Vgl. hierzu im Einzelnen Büning/Trenkler (1994), S. 189.

Ränge

	ALand	N	Mittlerer Rang
Prämie4Wochen	1	3762	2585.79
	2	939	2802.47
	3	111	2615.09
	4	391	2272.75
	Gesamt	5203	

Statistik für Test[a,b]

	Prämie4 Wochen
Chi-Quadrat	35.957
df	3
Asymptotische Signifikanz	.000

a. Kruskal-Wallis-Test

b. Gruppenvariable: ALand

Tab. 13: Kruskal-Wallis-Test der Länder für 4 Wochen-Prämie

Die bereits in Tabelle 12 gezeigten Ergebnisse werden durch die in Tabelle 13 dokumentierten Daten dahingehend untermauert, dass auch bei der 4 Wochen-Übernahmeprämie hoch signifikante Unterschiede zwischen den einzelnen Ländern existieren.

Um nun im Einzelnen zu überprüfen, welche Länder signifikant unterschiedliche Prämien aufweisen, werden im Folgenden alle betrachteten Länder gegeneinander mit Hilfe des nicht-parametrischen U-Tests von Mann/Whitney[398] paarweise getestet. In der folgenden Tabelle 14 werden aus Gründen der Übersichtlichkeit nur die resultierenden P-Werte wiedergegeben:

Prämie 4 Wochen		Prämie 1 Tag			
		USA	UK	Deutschland	Frankreich
	USA		0,000	0,022	0,000
	UK	0,000		0,000	0,000
	Deutschland	0,127	0,004		0,908
	Frankreich	0,000	0,000	0,330	

Tab. 14: P-Werte (Mann-Whitney-Test) zw. Ländern für 1 Tag-/4 Wochen-Prämie

398 Vgl. Eckstein (2000), S. 162ff. Der U-Test von Mann und Whitney ist äquivalent zum Rangsummentest von Wilcoxon. Vgl. dazu die Diskussion in Büning/Trenkler (1994), S. 135f.

In der oberen Hälfte der Matrix finden sich die P-Werte des Testes auf Gleichheit der 1 Tag- Prämie und in der unteren Hälfte die entsprechenden P-Werte des Testes auf Gleichheit der 4 Wochen-Prämie.

Man erkennt, dass – wie bereits aus Tabelle 11 abzulesen und im Text ausgeführt – insbesondere die angelsächsischen gegenüber den kontinentaleuropäischen Ländern zum Teil hoch signifikant unterschiedliche Prämien aufweisen. Auch die Prämien zwischen Großbritannien und den USA stellen sich interessanterweise signifikant unterschiedlich dar.

Die einzige Paarung, bei der keine signifikanten Unterschiede – und zwar weder bei der 1 Tag- noch bei den 4 Wochen-Prämien – festzustellen sind, ist Deutschland und Frankreich. Ansonsten ist lediglich die 4 Wochen-Prämie im Vergleich von Deutschland zu den USA nicht auf einem mindestens 5%-Niveau signifikant unterschiedlich.

6.4.1.2 Analyse des sektoralen Einflusses auf die Prämienhöhe

Für die sieben definierten Branchen wird nun eine analoge Untersuchung durchgeführt. Die nachfolgende Tabelle 15 zeigt die Mittelwerte und Mediane im Einzelnen.

Branche	Mittelwert Prämie [%] 1 Tag	Median Prämie [%] 1 Tag	Mittelwert Prämie [%] 4 Wochen	Median Prämie [%] 4 Wochen
Produktion	30,23	22,52	39,13	30,35
Transport & Dienstleister	29,59	22,75	39,73	29,93
Konsum & Handel	26,89	19,05	37,67	26,88
Finanzinstitute	20,74	12,65	26,74	19,00
Versorger & Rohstoffe	25,33	19,00	29,77	25,03
TMT	27,36	20,35	40,28	31,51
Chemie & Pharma	24,13	20,12	33,38	27,51

Tab. 15: Mediane und Mittelwert der Übernahmeprämien pro Branche

Die höchsten Durchschnittsprämien weisen gemäß Tabelle 15 demnach die Branchen „Produktion", „Transport & Dienstleister" sowie „TMT" auf. Der Sektor „Finanzinstitute" hingegen bildet in dieser Auswertung ausnahmslos das Schlusslicht, und zwar unabhängig von der Betrachtung mittels Median bzw. Mittelwert und unabhängig von 1 Tag- versus 4 Wochen-Übernahmeprämien.[399]

Um zu überprüfen, inwiefern sich die 1 Tag-Prämie und die 4 Wochen-Prämie statistisch zwischen den einzelnen Branchen unterscheiden, wird nun wiederum der nicht parametrische H-Test nach Kruskal und Wallis über die Gesamtheit aller Branchen

[399] Beim Finanzsektor handelt es sich im Übrigen um die Branche mit den insges. meisten Beobachtungen.

hinweg durchgeführt. Die nachfolgende Tabelle 16 zeigt die diesbezüglichen Ergebnisse für die 1 Tag-Prämie und die darauf folgende Tabelle 17 die entsprechenden Ergebnisse für die 4 Wochen-Prämie.

Die Bezeichnung ASektor 1 steht in diesem Zusammenhang für die Branche „Produktion", ASektor 2 für die Branche „Transport & Dienstleister", ASektor 3 für „Konsum & Handel", ASektor 4 für „Finanzinstitute", ASektor 5 für „Versorger & Rohstoffe", ASektor 6 für „TMT" und ASektor 7 für „Chemie & Pharma".

Ränge

	ASektor	N	Mittlerer Rang
Prämie1Tag	1	578	3246.46
	2	602	3051.37
	3	455	3060.99
	4	2584	2499.70
	5	276	2926.26
	6	890	3187.86
	7	306	3223.48
	Gesamt	5691	

Statistik für Test[a,b]

	Prämie1Tag
Chi-Quadrat	221.693
df	6
Asymptotische Signifikanz	.000

a. Kruskal-Wallis-Test

b. Gruppenvariable: ASektor

Tab. 16: Kruskal-Wallis-Test der Branchen für 1 Tag-Prämie

Der entsprechende Test für die 4 Wochen-Prämie führt zu den folgenden Ergebnissen:

Ränge

	ASektor	N	Mittlerer Rang
Prämie4Wochen	1	578	3277.60
	2	602	3082.98
	3	455	3076.10
	4	2584	2455.05
	5	276	2801.53
	6	890	3279.62
	7	306	3302.72
	Gesamt	5691	

Statistik für Test[a,b]

	Prämie4 Wochen
Chi-Quadrat	293.483
df	6
Asymptotische Signifikanz	.000

a. Kruskal-Wallis-Test

b. Gruppenvariable: ASektor

Tab. 17: Kruskal-Wallis-Test der Branchen für 4 Wochen-Prämie

Auch hier zeigen sich in beiden Fällen von Prämienkategorien hoch signifikante (1%-Niveau) Unterschiede zwischen den einzelnen Branchen.

Aus diesem Grund werden die einzelnen Branchen im Folgenden mittels des nichtparametrischen U-Tests von Mann und Whitney[400] paarweise getestet. Die nachfolgende Tabelle 18 enthält die resultierenden P-Werte, wobei im rechten oberen Teil der Tabelle die P-Werte des Tests mit der 1 Tag-Prämie und im linken unteren Teil entsprechend die P-Werte des Tests mit der 4 Wochen-Prämie dargestellt werden.

		Prämie 1 Tag						
		Produktion	Transport & Dienstleister	Konsum & Handel	Finanzinstitute	Versorger & Rohstoffe	TMT	Chemie & Pharma
Prämie 4 Wochen	Produktion		0,370	0,062	0,000	0,006	0,138	0,067
	Transport & Dienstleister	0,553		0,331	0,000	0,044	0,617	0,266
	Konsum & Handel	0,066	0,218		0,000	0,262	0,583	0,854
	Finanzinstitute	0,000	0,000	0,000		0,005	0,000	0,000
	Versorger & Rohstoffe	0,000	0,003	0,064	0,045		0,092	0,382
	TMT	0,843	0,700	0,088	0,000	0,001		0,487
	Chemie & Pharma	0,138	0,331	0,915	0,000	0,061	0,185	

Tab. 18: P-Werte (Mann-Whitney-Test) zw. Branchen für 1 Tag-/1 Monat-Prämie

Im Gegensatz zu den betrachteten Ländern sind die Prämien der einzelnen Branchen nicht derart stark unterschiedlich.

Allerdings unterscheidet sich die Branche „Finanzinstitute" bei der 1 Tag-Prämie auf einem 5%- bzw. auf einem 1%-Niveau signifikant von allen anderen Branchen. Ansonsten weisen bei der Betrachtung der 1 Tag-Prämie lediglich die Branchenpaarungen „Produktion" mit „Versorger & Rohstoffe" sowie „Transport & Dienstleister" mit „Versorger & Rohstoffe" auf einem 5%-Niveau signifikant unterschiedliche Übernahmeprämien auf.

Bei der Betrachtung der 4 Wochen-Prämie bestätigt sich erneut die zu allen anderen Branchen signifikant unterschiedliche Übernahmeprämie in der Finanzbranche. Ansonsten weisen lediglich die Branchenpaarung „Transport & Dienstleister" mit „Versorger & Rohstoffe" einerseits sowie „Versorger & Rohstoffe" mit „TMT" andererseits signifikante Unterschiede hinsichtlich der Übernahmeprämienhöhe auf.

Sieht man von der Finanzbranche ab, die erneut eine Sonderrolle einnimmt, finden sich sowohl bei der Betrachtung der 1 Tag- als auch der 4 Wochen-Prämie jeweils lediglich zwei der verbleibenden 15 Branchenpaarungen mit signifikant unterschiedliche Übernahmeprämien.

Es zeigt sich somit, dass der Unterschied zwischen den Branchen gegenüber dem Ländereinfluss weniger ausgeprägt ist. Lediglich bei den „Finanzinstituten" ergeben sich gegenüber den anderen Branchen signifikante Unterschiede; die übrigen Sektoren unterscheiden sich nicht bzw. nur sehr partiell.

Diese ersten Ergebnisse legen bereits die Vermutung nahe, dass die länderspezifischen Faktoren einen deutlich größeren Einfluss auf die Höhe von Übernahmeprämien ausüben als die sektorspezifischen Faktoren, was in Kapitel 6.4.1.5 dieser Arbeit noch Gegenstand einer näheren Untersuchung sein wird. Aber es macht gleichzeitig auch eine Analyse der Sonderrolle der Finanzindustrie notwendig, die im folgenden Unterabschnitt erfolgt.

6.4.1.3 Analyse der Sonderrolle der Finanzbranche

Finanzinstitute unterscheiden sich von Unternehmen anderer Branchen bereits hinsichtlich der Wertermittlung, wie in dieser Arbeit herausgestellt wurde.[401]

Die auch im Rahmen der bisherigen empirischen Ergebnisse immer wieder zu konstatierende Sonderrolle des Finanzsektors soll anhand der folgenden fünf Feststellungen wie folgt begründet werden:

---

400 Zu einer Diskussion um die Verwendung des U-Tests von Mann-Whitney im Vergleich zum Rangsummentest von Wilcoxon vgl. Büning/Trenkler (1994), S. 135f.

401 Vgl. Kapitel 2.3.8 der vorliegenden Arbeit.

1. Einschlägige wissenschaftliche Untersuchungen[402] haben gezeigt, dass große Banken und Versicherungen in der Regel ineffizienter wirtschaften als kleinere Institute. Somit fallen Synergien bei Fusionen zwischen – bzw. bei Übernahmen von – großen Finanzinstituten tendenziell geringer aus mit dem Ergebnis, dass bei Finanzinstituten häufig nur eine niedrigere Übernahmeprämie gerechtfertigt ist.

2. Da die Finanzindustrie mehr als jede andere Branche ein sogenanntes „people's business"[403] darstellt, finden hier im Gegensatz zu anderen Sektoren kaum feindliche Übernahmen statt, die ihrerseits für besonders hohe Prämien verantwortlich sein könnten.

3. Finanzinstitute können, wie bereits in Kapitel 2.3.8.1 im Exkurs gesondert dargelegt, weniger „delevered" werden als „Corporates" mit den entsprechenden Auswirkungen auf die Bereitschaft, hohe Übernahmeprämien zu bieten und zu zahlen.

4. Aufgrund der rigiden nationalen Vorschriften, die vor allem in juristischen und wettbewerblichen Rahmenbedingungen ihren Ausdruck finden und aufsichtsrechtlich erheblich strenger ausfallen als in anderen Branchen,[404] waren Fusionen bzw. Übernahmen des Finanzsektors über Ländergrenzen hinweg bislang eher die Ausnahme. Daher hat die Finanzbranche bis dato deutlich mehr national als international konsolidiert, das heißt es haben mit wenigen Ausnahmen Fusionen bzw. Übernahmen innerhalb eines Landes oder innerhalb einer Wirtschaftsregion stattgefunden. Insgesamt gilt, dass bei Finanzinstituten geringere „cross border"-Synergien auftreten als in den übrigen Sektoren.

5. Finanzinstitutionen sind in noch stärkerem Maße als Unternehmen anderer Branchen vielfach Objekte des öffentlichen, häufig auch des politischen Interesses mit direkter Auswirkung auf Mergers & Acquisitions sowie auf die Höhe von Übernahmeprämien.

Die genannten Gründe deuten darauf hin, dass die Finanzbranche in einigen Fällen von dem Muster der übrigen Sektoren abweicht, ohne dessen Aussagekraft insgesamt einzuschränken. Vielmehr erklären die fünf genannten Gründe die Sonderrolle der Finanzinstitute im Rahmen dieser Auswertung.

---

402 Vgl. z.B. Berger et al. (1999), S. 190ff.

403 Unter „people's business" wird verstanden, dass die Finanzbranche ein Geschäftsmodell repräsentiert, das stark von qualifizierten Mitarbeitern abhängt. Diese Mitarbeiter sind bei Fusionen und Übernahmen tendenziell kündigungswillig, was den Wert des jeweilig betroffenen Finanzinstituts in überproportionaler Weise schmälert.

404 Vgl. Kap. 3 dieser Arbeit.

6.4.1.4 Analyse von branchen- und länderübergreifenden Transaktionen

Im Folgenden werden die Prämien von solchen M&A-Transaktionen untersucht, die im Betrachtungszeitraum und in den vier untersuchten Ländern zum einen auf nationaler Ebene – also innerhalb eines Landes – und zum anderen über die Landesgrenzen hinweg durchgeführt wurden.

In der linken Spalte der folgenden Tabelle 19 ist das jeweilige Zielland der Transaktion abgebildet, während in der ersten Zeile alle Länder kumuliert dargestellt sind. Der jeweils angegebene P-Wert stellt das Ergebnis des nicht-parametrischen Tests nach Mann/Whitney dar. Es überprüft und gibt an, inwieweit die Übernahmeprämien bei Transaktionen innerhalb der jeweiligen Länder und zwischen den Ländern, also „cross border“, gleich hoch sind.

	Transaktion	Anzahl Trans-aktionen	Median Prämie [%] 4 Wochen	p-Wert	Median Prämie [%] 1 Tag	p-Wert
Alle Datensätze	im gleichen Land	4.812	24,22	0,000	17,55	0,000
	cross border	884	33,49		22,72	
USA	im gleichen Land	3.620	23,89	0,000	16,69	0,000
	cross border	450	37,09		23,16	
UK	im gleichen Land	811	31,15	0,043	25,77	0,043
	cross border	266	33,82		28,35	
Deutschland	im gleichen Land	53	18,66	0,387	8,34	0,544
	cross border	37	24,26		11,46	
Frankreich	im gleichen Land	328	22,33	0,020	12,71	0,134
	cross border	131	16,55		10,56	

Tab. 19: Prämienvergleich von nationalen vs. „cross border“-M&A-Transaktionen

Man erkennt unmittelbar aus der obigen Tabelle 19, dass die 4 Wochen-Übernahmeprämien wie auch die 1 Tag-Übernahmeprämien im Median sowohl über alle Länder hinweg[405] als auch in den meisten Ländern selbst bei den Transaktionen über die Landesgrenzen hinweg – also „cross border“ – signifikant höher liegen als bei den Transaktionen im gleichen Land.

Lediglich für Frankreich kehrt sich das Verhältnis um, so dass hier die 4 Wochen-Prämien bei Inlandstransaktionen im Median signifikant höher liegen als bei „cross border“-M&A-Transaktionen.

Der Grund für dieses Ergebnis, dass „cross border“-M&A-Transaktionen nach signifikant höheren Übernahmeprämien verlangen, als dies bei Mergers & Acquisitions im

405 Gemeint ist mit dieser Formulierung die in Tab. 18 enthaltene Zeile „Alle Datensätze“, also für die Gesamtheit der 4.812 M&A-Transaktionen, die im Betrachtungszeitraum in den USA, Großbritannien, Deutschland und Frankreich durchgeführt wurden.

gleichen Land der Fall ist, liegt vor allem darin, dass ein Übernehmer den Investoren einer ausländischen Zielgesellschaft im Falle einer „cross border"-M&A-Transaktion eine höhere Prämie bieten muss, als er dies in seinem eigenen Heimatland tun müsste. Sollte der Bieter mit Aktien bezahlen, gilt dies ganz besonders, denn vom jeweiligen Investor wird verlangt, dass er von einer inländischen in eine ausländische Aktie tauscht, wozu er nur im Falle einer höheren Prämie bereit ist. Lediglich Deutschland und Frankreich nehmen im Rahmen der Untersuchung dieses Sachverhalts eine Sonderrolle ein.

In Deutschland ist dieser Unterschied zwar in beiden untersuchten Fällen gegeben, aber weder im Falle der 4 Wochen-Prämie noch im Falle der 1 Tag-Prämie signifikant ausgeprägt. Ein möglicher Grund hierfür liegt in der vergleichsmäßigen geringen Anzahl deutscher M&A-Transaktionen im Betrachtungszeitraum.

In Frankreich hingegen liegt die Prämie für Inlandstransaktionen überraschenderweise höher als für „cross border"-Transaktionen, wobei dies allerdings lediglich im Rahmen der 4 Wochen-Prämie signifikant (5%-Niveau) ausgeprägt ist. Diese Beobachtung bedeutet, dass in Frankreich – allerdings aber auch nur in Frankreich – ein ausländischer Bieter im Betrachtungszeitraum bei der Akquisition eines Unternehmens weniger zahlt als ein Inländer.

Ein möglicher Grund hierfür ist möglicherweise in der starken Privatisierungswelle in Frankreich zu sehen, die im Betrachtungszeitraum stattgefunden und sich hierbei häufig auf solche Unternehmen bezogen. hat, bei denen ein europäischer Konsolidierungsprozess zum Tragen kam.[406] Eine wirklich befriedigende Erklärung konnte für diesen Sachverhalt aber nicht identifiziert werden.

Im Folgenden werden nun Prämien von solchen M&A-Transaktionen untersucht, die im Betrachtungszeitraum innerhalb einer Branche oder aber zwischen verschiedenen Branchen durchgeführt wurden.

In der linken Spalte der nachfolgenden Tabelle 20 ist die jeweilige Zielbranche der Transaktion abgebildet, während in der ersten Zeile alle Branchen kumuliert dargestellt sind. Der P-Wert ist analog zur zuletzt durchgeführten Untersuchung das Ergebnis des nicht-parametrischen Tests nach Mann/Whitney zum Zwecke der Überprüfung, in wieweit die Prämien bei Transaktionen innerhalb einer Branche und zwischen verschiedenen Branchen gleich hoch sind.[407]

---

406 Z.B. die Fusion von Air France mit der holländischen Fluggesellschaft KLM.

	Transaktion	Anzahl Trans-aktionen	Median Prämie [%] 4 Wochen	p-Wert	Median Prämie [%] 1 Tag	p-Wert
Alle Datensätze	innerhalb einer Branche	3.786	26,33	0,189	18,37	0,600
	cross Branche	1.910	24,25		18,33	
Produktion	innerhalb einer Branche	404	34,70	0,005	25,63	0,077
	cross Branche	394	25,24		20,52	
Transport & Dienstleister	innerhalb einer Branche	360	31,54	0,574	23,35	0,690
	cross Branche	488	28,83		22,36	
Konsum & Handel	innerhalb einer Branche	364	27,79	0,031	20,11	0,057
	cross Branche	304	23,22		17,89	
Finanzinstitute	innerhalb einer Branche	1.556	18,68	0,066	12,57	0,545
	cross Branche	48	25,54		16,16	
Versorger & Rohstoffe	innerhalb einer Branche	222	26,24	0,522	20,80	0,202
	cross Branche	82	19,03		12,74	
TMT	innerhalb einer Branche	659	37,37	0,000	23,40	0,000
	cross Branche	435	22,92		15,47	
Chemie & Pharma	innerhalb einer Branche	221	34,94	0,000	25,20	0,000
	cross Branche	159	18,50		14,71	

Tab. 20: Vergleich von Prämien innerhalb einer Branche vs. „cross sector"

Aus obiger Tabelle 20 erkennt man über alle Branchen hinweg,[408] dass innerhalb einer Branche höhere – wenn auch nicht signifikant höhere – Prämien gezahlt werden, als dies bei Transaktionen zwischen zwei verschiedenen Branchen der Fall ist. Dies könnte vor allem in den Synergien begründet liegen, die bei Transaktionen innerhalb derselben Branche tendenziell besser realisiert werden können, als wenn ein Unternehmen aus einer anderen Branche übernommen oder wenn mit einem Unternehmen einer anderen Branche fusioniert wird.[409]

Betrachtet man die Ergebnisse der einzelnen Branchen, sind diese Unterschiede zum Teil auch signifikant; dies gilt insbesondere für die Branchen „Produktion", „Konsum & Handel", „TMT" sowie „Chemie & Pharma". Lediglich bei den Branchen „Transport & Dienstleister", „Finanzinstitute" sowie „Versorger & Rohstoffe" lassen sich keine signifikanten Unterschiede feststellen. Dennoch sind bei allen Branchen mit Ausnahme der Finanzinstitute die Prämien, die bei Transaktionen innerhalb einer Branche gezahlt werden, teilweise deutlich höher als die Prämien, die für Transaktionen zwischen verschiedenen Branchen gezahlt werden. Das Argument der bessere n Realisationsmöglichkeit von Synergien innerhalb einer Branche findet hierdurch erneut Bestätigung.

408 Gemeint ist hiermit die in Tab. 20 enthaltene Zeile „Alle Datensätze".

409 Vgl. hierzu ausführlich die Ausführungen in Kap. 4.4.1.3 sowie in Kap. 4.4.2.5 der vorliegenden Arbeit, die beide zu Synergien und ihren Auswirkungen auf die Höhe von Prämien im Einzelnen Stellung nehmen.

6.4.1.5 Analyse des regionalen vs. sektoralen Einflusses auf die Prämien

Im Folgenden soll nun noch überprüft werden, ob das jeweilige Land oder aber die jeweilige Branche einen höheren Einfluss auf die Höhe von Übernahmeprämien ausübt. Zur Trennung dieser beiden Einflüsse wird eine Dummyvariablen-Analyse durchgeführt, die auf Heston/Rouwenhorst (1994)[410] zurückgeht und von Gerke/Mager/Rohde (2004) auf einen 30-Jahreszeitraum unter Einbezug der jüngsten Vergangenheit erweitert wurde.[411]

Insgesamt werden L = 4 Dummyvariablen für die vier betrachteten Länder und B = 7 Dummyvariablen für die sieben betrachteten Branchen eingeführt und die folgende Regressionsgleichung geschätzt:

$$PR_{lb,u} = \alpha_u + \sum_{l=1}^{L} \beta_{l,u} C_l + \sum_{b=1}^{B} \beta_{b,u} S_b + \varepsilon_{lb,u},$$

mit:

$PR_{lb,t}$ = Übernahmeprämie des Unternehmens u, in der Branche b und dem Land l

$\beta_{l,u}$ = branchenneutraler Prämienfaktor des Landes l des Unternehmens u

$\beta_{b,u}$ = landesneutraler Prämienfaktor der Branche b des Unternehmens u

C_l = Dummyvariable mit der Ausprägung 1, wenn Prämie vom entsprechenden Land l stammt, sonst 0

S_b = Dummyvariable mit der Ausprägung 1, wenn Prämie von der entsprechenden Branche b stammt, sonst 0

α_u = globaler, gemeinsamer Prämienfaktor des Unternehmens u

$\varepsilon_{bl,u}$ = Residuum des Unternehmens u der Branche b und des Landes l

Eine direkte Schätzung ist aufgrund perfekter Multikollinearität nicht möglich. Hierfür müsste ein Land als Referenzland und ein Index als Referenzindex gewählt werden. Um dies zu vermeiden, wird im Folgenden als Nebenbedingung festgelegt, dass die Summe der Länder- bzw. der Branchenfaktoren gleich Null ist:[412]

$$\sum_{l=1}^{L} \beta_{l,u} = 0$$

$$\sum_{b=1}^{B} \beta_{b,u} = 0$$

---

410 Vgl. Heston/Rouwenhorst (1994), S. 11-13, und Hopkins/Miller (2001), S.4-23.

411 Vgl. Gerke/Mager/Rohde (2004), S. 155-158. In dieser Arbeit erfolgt im Gegensatz zu Gerke et al. eine gepoolte Schätzung, da in der hier bearbeiteten These keine Veränderungen im Zeitablauf untersucht werden.

412 Vgl. Suits (1984) und Kennedy (1986).

Die Schätzung der Parameter erfolgt als gepoolte Schätzung über alle Unternehmen und alle Jahre hinweg mittels der „Ordinary-Least-Square“-Methode unter Beachtung der Nebenbedingungen. Der Achsenabschnitt α_u entspricht dann der globalen Prämie über alle Unternehmen, Branchen und Länder; die Branchen- bzw. die Länderfaktoren geben den relativen Prämienunterschied zu dieser globalen Prämie an. Die Stärke des Einflusses kann folglich an der absoluten Höhe der Koeffizienten abgelesen werden. Das Vorzeichen zeigt hierbei an, ob ein Land oder eine Branche jeweils über oder unter der über alle vier Länder hinweg ermittelten, im Folgenden als „global“ bezeichneten Übernahmeprämie liegt.

Die nachfolgende Tabelle 21 zeigt die unterschiedlichen Einflüsse der Länder und Branchen auf die 1 Tag-Übernahmeprämie, während der Tabelle 22 entsprechende Ergebnisse für die 4 Wochen-Übernahmeprämie zu entnehmen sind.

	Koeffizient	Standardfehler	T-Wert	P
Länder:				
USA	4,2356	1,6136	2,62	0,009
UK	7,4349	1,8496	4,02	0,000
Deutschland	-7,0696	4,0195	-1,76	0,079
Frankreich	-4,6009	2,2335	-2,06	0,039
Branchen:				
Produktion	4,0377	1,6817	2,40	0,016
Transport & Dienstleister	3,2956	1,6388	2,01	0,044
Konsum & Handel	0,7268	1,8149	0,40	0,689
Finanzinstitute	-5,5377	1,3079	-4,23	0,000
Versorger & Rohstoffe	-1,2714	2,5414	-0,50	0,617
TMT	0,9573	1,4888	0,64	0,520
Chemie & Pharma	-2,2083	2,2971	-0,96	0,336

Tab. 21: Länder- versus Brancheneinfluss auf die 1 Tag-Prämie

Zunächst werden anhand von Tabelle 21 die bisher ermittelten Ergebnisse bestätigt. Man erkennt deutlich, dass Deutschland (10%-Niveau) und Frankreich (5%-Niveau) in Relation zur globalen Prämie signifikant niedrigere Prämien aufweisen, während sowohl in den USA als auch in Großbritannien signifikant (1%-Niveau) höhere Prämien gezahlt werden. Bei der Branchenbetrachtung weichen lediglich die Sektoren „Produktion“, „Transport & Dienstleister“ (5%-Niveau) und erneut die Finanzbranche (1%-Niveau) signifikant von der globalen Übernahmeprämie ab.

Zur Sonderrolle der Finanzbranche wurden an früherer Stelle dieser Arbeit bereits fünf Erklärungsansätze aufgeführt.[413] Die sich aus Tabelle 21 darüber hinaus ergebenden weiteren zwei Abweichungen lassen sich möglicherweise dadurch begründen, dass der

[413] Vgl. Kap. 6.4.1.3 der vorliegenden Arbeit.

„old economy"-Sektor „Produktion" traditionell nur geringe Wachstumsraten aufweist und bei M&A-Transaktionen im Dienstleistungsgewerbe traditionell vergleichsweise geringe Synergien zu erzielen sind.

Bezogen auf die Stärke des Einflusses erreichen aber ausnahmslos alle Länderdummys absolut gesehen höhere Koeffizienten im Verhältnis zu den einzelnen Branchen. Die einzige Ausnahme bildet erneut der Finanzsektor, der mit einem Koeffizienten von 5,5378 einen höheren Wert erzielt als die Länder USA und Frankreich.[414] Ansonsten bestätigt sich eindrucksvoll die Hypothese 1 dieser Arbeit, dass die länderspezifischen die branchenspezifischen Faktoren dominieren.

Abschließend wird eine analoge Regressionsschätzung auch für die 4 Wochen-Übernahmeprämie durchgeführt. Tabelle 22 enthält hierzu wie angekündigt die folgenden Ergebnisse:

	Koeffizient	Standardfehler	T-Wert	P
Länder:				
USA	7,0875	2,1008	3,37	0,001
UK	5,1570	2,4081	2,14	0,032
Deutschland	-6,4588	5,2332	-1,23	0,217
Frankreich	-5,7857	2,9079	-1,99	0,047
Branchen:				
Produktion	4,3588	2,1895	1,99	0,047
Transport & Dienstleister	4,6565	2,1337	2,18	0,029
Konsum & Handel	3,2434	2,3629	1,37	0,170
Finanzinstitute	-8,8537	1,7028	-5,20	0,000
Versorger & Rohstoffe	-6,0514	3,3088	-1,83	0,067
TMT	4,7192	1,9383	2,43	0,015
Chemie & Pharma	-2,0728	2,9908	-0,69	0,488

Tab. 22: Länder- versus Brancheneinfluss auf die 4 Wochen-Prämie

Insgesamt bestätigen sich die bereits für die 1 Tag-Übernahmeprämie ermittelten Ergebnisse. Lediglich der Koeffizient für Deutschland ist hier nicht mehr signifikant.[415]

Bei den Branchen weichen nun neben den Sektoren „Produktion", „Transport & Dienstleister" sowie „Finanzinstitute" zusätzlich auch die Branchen „Versorger & Rohstoffe" sowie „TMT" signifikant von der globalen Übernahmeprämie ab. Dennoch weisen die Länderfaktoren in Relation zu fast allen Branchen höhere Koeffizienten auf.

---

414 Zur Begründung vgl. die Ausführungen und Erklärungsansätze zur Sonderrolle der Finanzindustrie im vorangegangenen Kap. 6.4.1.3 dieser Arbeit.

415 Zur Begründung wird an dieser Stelle auf Abb. 37 dieser Arbeit und die diesbzgl. Ausführungen iZm Hypothese 3 verwiesen.

6.4.1.6 Fazit zu Hypothese 1

Insgesamt konnte in diesem Abschnitt die aufgestellte Hypothese, dass die Übernahmeprämien pro Land signifikant unterschiedlich sind, empirisch nachgewiesen werden. Nach den Ergebnissen der Auswertungen kann ebenfalls die These als bewiesen gelten, dass Prämien im Falle von „cross border"-Transaktionen mehrheitlich signifikant höher ausfallen als bei rein nationalen Fusionen und Übernahmen. Es konnte weiterhin gezeigt werden, dass höhere – wenn auch nicht signifikant höhere – Übernahmeprämien bei M&A-Transaktionen innerhalb einer Branche gezahlt werden, als dies bei Transaktionen zwischen zwei Branchen der Fall ist. Und schließlich konnte auch die These, dass der Einfluss der Branchen in Relation zum Ländereinfluss eine untergeordnete Rolle spielt, eindeutig bestätigt werden. Für die Sonderrolle, die die Finanzinstitute in diesem Zusammenhang einnehmen, wurde ein schlüssiger Erklärungsansatz vorgestellt.

Insoweit wurde mit den Ergebnissen der vorangegangenen Abschnitte empirisch nachgewiesen, was in Kapitel 3 und 4 dieser Arbeit bereits herausgearbeitet worden war: länderspezifische Unterschiede – wie zum Beispiel juristische Rahmenbedingungen und eine nur beschränkt vergleichbare Corporate Governance-Praxis – haben ganz offensichtlich einen größeren Einfluss auf die Höhe von Übernahmeprämien als branchenspezifische Unterschiede. Die nationalen Unterschiede zwischen den USA, Großbritannien, Deutschland und Frankreich sind derart deutlich, dass sich die Prämien länderspezifisch darstellen und signifikant unterschiedlich hoch sind.

Während im Rahmen der Wertermittlung von Unternehmen der internationale Branchenvergleich häufig im Zentrum der Betrachtung steht, wird bei der Ermittlung der zweiten Komponente im Zusammenhang mit der Preisfindung – nämlich bei der „Bepreisung" bzw. bei der Quantifizierung der Übernahmeprämie – mehr die Länder- als die Branchensicht betont.

6.4.2 Zu These 2: Abhängigkeit der Prämien von Transaktionsspezifika

Weiter oben in dieser Arbeit[416] war bereits die große Bedeutung transaktionsspezifischer Einflüsse auf die Höhe von Übernahmeprämien herausgearbeitet und belegt worden. Im Folgenden soll nun zur Analyse der These 2 und zur Bestätigung der bereits gefundenen Erkenntnisse überprüft werden, inwiefern einerseits die Transaktionsgröße des Zielobjektes bzw. zum anderen die Ertragslage eines Unternehmens als zwei wichtige transaktionsspezifische Eigenschaften Einfluss auf die Höhe von Übernahmeprämien haben.

---

416 Vgl. die Ausführungen des Kap. 4.4 der vorliegenden Arbeit.

Die Größe jeder einzelnen M&A-Transaktion ist in der Thomson Financial-Datenbank in US$ ausgedrückt und direkt ablesbar. Als geeigneter Maßstab für die Ertragslage der zu untersuchenden Zielunternehmen wird die Kennziffer „EBITDA“ ausgewählt.

Das EBITDA berechnet sich wie folgt:

Jahresüberschuss

+ Zinsergebnis

+ Steuern

+Abschreibungen auf materielle Vermögensgegenstände[417]

+ Abschreibung auf immaterielle Vormögensgegenstände[418]

+ außerordentliche Aufwendungen

./. außerordentliche Erträge

= EBITDA

Die Verwendung des EBITDA hat den Vorteil, dass es weniger durch bilanzpolitische Maßnahmen manipulierbar ist als zum Beispiel der Jahresüberschuss. Auch in der Praxis stellt das EBITDA die am meisten verwendete, mit dem höchsten Akzeptanzgrad versehene ertragsnahe Cash Flow-Größe dar und wird von Investmentbanken regelmäßig und bevorzugt im Rahmen von Bewertungen eingesetzt.

6.4.2.1 Analyse des Einflusses der M&A-Größe auf die Prämienhöhe

Zur Messung des Zusammenhangs zwischen der Übernahmeprämie und der Transaktionsgröße einerseits bzw. der Ertragslage[419] andererseits wird im Folgenden eine einfache lineare Regression verwendet. Vorab werden sowohl der Mittelwert als auch der Median von Transaktionsvolumen und EBITDA in Tabelle 23 abgetragen.

	Mittelwert	Standard-abweichung	Median
Transaktionsvolumen [Mio. $]	967,09	5348,66	78,86
EBITDA [Mio. $]	136,42	693,54	11,92

Tab. 23: Übersicht über Transaktionsvolumen und EBITDA

[417] Sachanlagevermögen.

[418] V.a. Goodwill.

[419] Vgl. das nachfolgende Kap. 6.4.2.2.

Im Anschluss hieran wird zunächst eine Regression mit dem Transaktionsvolumen als unabhängige Variable geschätzt. Tabelle 24 enthält die entsprechende Auswertung für die 1 Tag- und für die 4 Wochen-Prämie als abhängige Variable.

	Wert	Standardfehler	t-Wert	p-Wert	R^2
A: Prämie 1 Tag					
Transaktionsvolumen	0,0002	0,0001	1,21	0,2250	0,0003
Konstante	25,7034	0,6753	38,06	0,0000	
B: Prämie 4 Wochen					
	Wert	Standardfehler	t-Wert	p-Wert	R^2
Transaktionsvolumen	0,0002	0,0002	1,04	0,2980	0,0002
Konstante	34,7333	0,8801	39,47	0,0000	

Tab. 24: Regressionsergebnisse für Prämien und Transaktionsvolumen

Man erkennt, dass zwischen dem Transaktionsvolumen und der 1 Tag-Prämie sowie der 4 Wochen-Prämie ein schwacher positiver Zusammenhang besteht. Allerdings ist dieser Zusammenhang erwartungsgemäß für keines der gängigen Signifikanzniveaus signifikant. Somit kann an dieser Stelle festgehalten werden, dass entsprechend der vorab formulierten Hypothese die jeweilige Größe einer M&A-Transaktion keine oder nur eine geringe Signifikanz hinsichtlich der Höhe von Übernahmeprämien aufweist.

6.4.2.2 Analyse des Einflusses der Ertragskraft auf die Prämienhöhe

Eine analoge Regression wird nun auch für das EBITDA als unabhängige Variable geschätzt. Tabelle 25 zeigt im Einzelnen die resultierenden Schätzgrößen.

	Wert	Standardfehler	t-Wert	p-Wert	R^2
A: Prämie 1 Tag					
EBITDA	-0,0014	0,0008	-1,69	0,0920	0,0008
Konstante	25,7264	0,5701	45,12	0,0000	
B: Prämie 4 Wochen					
	Wert	Standardfehler	t-Wert	p-Wert	R^2
EBITDA	-0,0030	0,0013	-2,38	0,0170	0,0012
Konstante	35,6829	0,8876	40,20	0,0000	

Tab. 25: Regressionsergebnisse für EBITDA und Transaktionsvolumen

Es lässt sich erkennen, dass entgegen der Hypothese und entgegen der Erwartung ein deutlich negativer Zusammenhang zwischen Höhe des EBITDA einerseits und der

Höhe der Übernahmeprämie andererseits gemessen wird. Dieser negative Zusammenhang ist bei der 1 Tag-Prämie auf dem 10%-Niveau und bei der 4 Wochen-Prämie sogar auf dem 5%-Niveau signifikant. Folglich sinkt die Höhe der Übernahmeprämien mit zunehmender Ertragskraft der Zielunternehmen.

Eine Erklärung für diese auf den ersten Blick überraschende Erkenntnis besteht darin, dass eine hohe Ertragskraft in der Regel bereits im Aktienkurs des Zielunternehmens enthalten ist.[420] Je höher das EBITDA ausfällt, umso stärker wird die Aktie des Zielunternehmens von Aktienanalysten aktiv begleitet mit dem Ergebnis, dass die Aktie in der Regel fair bewertet ist. Eine hohe Aktienbewertung macht eine nur vergleichsweise geringere Übernahmeprämie erforderlich, als sie bei einem Unternehmen mit niedriger Ertragskraft und niedrigerer Bewertung notwendig ist. Außerdem schließt die absolute Höhe eines Kaufpreises tendenziell potenzielle Bieter aus, was aufgrund des dann geringen Wettbewerbsgrades zu niedrigeren Prämien führen kann.[421]

6.4.2.3 Fazit zu Hypothese 2

Die in Kapitel 4 dieser Arbeit vorgenommene Diskussion der transaktionsspezifischen Einflussfaktoren auf die Höhe von Übernahmeprämien hatte bereits ergeben, dass es sich hierbei um die Determinanten mit der vergleichsweise größten Wirkung handelt. Insofern wurde den Transaktionsspezifika im Rahmen der in dieser Arbeit durchgeführten empirischen Analyse der relativ geringste Raum gewidmet, und es wurden insgesamt nur zwei ausgewählte Fragestellungen untersucht.

Zusammenfassend gilt mit Blick auf die erfolgte Untersuchung transaktionsspezifischer Einflussfaktoren zum einen, dass sich die Höhe von Übernahmeprämien nicht oder nur unwesentlich am Volumen der jeweiligen Transaktion orientiert. Somit sind größere M&A-Transaktionen nicht automatisch gleichbedeutend mit höheren Prämien.

Zum anderen wurde ein negativer Zusammenhang zwischen der Höhe von Übernahmeprämien und der Ertragskraft der Zielgesellschaften festgestellt und beleg. Es konnte gezeigt werden, dass ein hohes EBITDA beim Zielobjekt in der Regel niedrigere Übernahmeprämien zur Folge hat. Begründet liegt dieses Phänomen darin, dass an der Börse notierte Unternehmen mit hoher Ertragskraft von den Teilnehmern am Aktienmarkt sehr genau verfolgt und in starkem Maße analysiert werden, was regelmäßig zu fairen Bewertungen führt. Außerdem wurde bereits in Kapitel 4.4.4.2 argumentiert, dass die absolute Höhe eines Kaufpreises wettbewerbseinschränkend und somit prämiensenkend wirken kann, was hier seine indirekte empirische Bestätigung fand..

---

420 Dies gilt besonders in den besonders liquiden, von starken Handelsumsätzen geprägten Aktienmärkten der vier betrachteten Länder, die sich zudem einer ausgeprägten Research-Aktivität erfreuen.

421 Vgl. hierzu Kap. 4.4.2.4 dieser Arbeit.

Im folgenden Abschnitt wird von einer weitergehenden transaktionsspezifischen Analyse abgesehen und Korrelationen von Übernahmeprämien zum M&A-Volumen und zum Aktienmarkt untersucht.

6.4.3 Zu These 3: Abhängigkeit der Prämien von M&A- und Aktienzyklen

Die Überprüfung der Hypothese 3 erfolgt in Form einer Untersuchung der möglichen Abhängigkeit der Höhe der Übernahmeprämie vom jeweiligen Marktumfeld.

Als Referenzgrößen hierfür dienen einerseits das gesamte nationale M&A-Volumen[422] und andererseits die Entwicklung der relevanten Aktienmärkte. Um eine zeitliche Betrachtung vornehmen zu können, werden die Daten analog zum Datum der Ankündigung der Transaktion in Jahre eingeteilt.

Das im Zeitraum vom 1. Januar 1996 bis zum 31. Dezember 2004 abgeschlossene Volumen aller M&A-Transaktionen verteilt sich – wie in Tabelle 26 dokumentiert – folgendermaßen auf die vier betrachteten Volkswirtschaften:

Jahr	Total	USA	UK	Deutschland	Frankreich
1996	782.229,20	607.943,50	111.307,40	10.191,32	52.786,96
1997	1.137.356,00	885.309,80	144.627,20	47.093,68	60.325,66
1998	1.829.618,00	1.541.092,00	184.310,20	35.373,17	68.842,49
1999	2.239.979,00	1.493.035,00	301.805,00	295.255,70	149.883,00
2000	2.198.445,00	1.635.185,00	409.754,00	81.188,74	72.317,01
2001	1.002.880,00	717.563,20	149.294,10	66.205,45	69.817,51
2002	659.885,50	417.362,70	129.928,30	40.123,13	72.471,41
2003	731.585,10	545.869,70	108.575,10	27.032,16	50.108,19
2004	730.839,00	507.715,20	99.035,41	30.395,67	93.692,73

Tab. 26: M&A-Gesamttransaktionsvolumina (Mio. $) p.a./pro Land

Mit den Ergebnissen der obigen Tabelle 26 kann erneut bestätigt werden, dass im Betrachtungszeitraum das mit Abstand höchste M&A-Volumen in den USA abgewickelt wurde, gefolgt von Großbritannien. Deutschland und Frankreich weisen erwartungsgemäß und analog zu den früheren Auswertungen deutlich niedrigere Transaktionsvolumina auf. Als Begründung hierfür wurde bereits an früherer Stelle auf die fundamentalen Unterschiede zwischen kapitalmarkt- und bankkreditbasierten Volkswirtschaften[423] hingewiesen.

[422] Also nicht nur M&A-Transaktionen, die über die Börse abgewickelt wurden, sondern 100% der M&A-Transaktionen (insges. 49.246 Datensätze).

[423] Vgl. hierzu die Aussagen in Kap. 4.2.1 der vorliegenden Arbeit.

6.4.3.1 Analyse der 1 Tag- vs. 1 Monat-Prämien

In diesem Stadium der Arbeit werden nun die Übernahmeprämien in die Betrachtung aufgenommen. Um These 3 zu überprüfen, wird sowohl der Median der 1 Tag-Prämie als auch der Median der 4 Wochen-Übernahmeprämie betrachtet, weil auf diese Weise eine breitere Datenbasis geschaffen werden kann. Die vorgenommene Betrachtung des eintägigen wie des vierwöchigen Zeitabstands vor Ankündigung der Übernahmeabsicht ist hierbei als eine Art Plausibilitätstest der Ergebnisse zu verstehen.

Der Median wird deshalb zunächst einer Mittelwertbetrachtung vorgezogen, da er definitionsgemäß weniger stark von Ausreißern beeinflusst ist.[424] Aus genau diesem Grund kommt dem Median auch in der Praxis bei der Auswertung von M&A- wie auch von Übernahmeprämientrends die weitaus höhere Bedeutung zu.[425]

Die Entwicklung des Median der Übernahmeprämien für die beiden Zeiträume stellt sich nun für die 1 Tag-Prämie und für die 1 Monat-Prämie – jeweils kumuliert über alle Regionen – wie folgt in Abbildungen 27 und 28 dokumentiert dar.

Jahr	Alle Länder	USA	UK	Deutschland	Frankreich
1996	3,57	2,99	15,47	1,80	15,71
1997	20,00	18,56	26,87	3,69	2,49
1998	22,45	22,91	25,04	14,58	5,69
1999	27,43	26,73	36,11	11,39	12,64
2000	27,08	28,72	33,92	18,77	12,93
2001	22,89	23,36	27,14	7,26	15,65
2002	22,96	28,30	23,33	9,28	9,24
2003	17,06	21,57	4,88	8,93	5,74
2004	16,84	20,88	12,10	17,08	7,38

Tab. 27: Median 1 Tag- Prämie (%) p.a./pro Land

Jahr	Alle Länder	USA	UK	Deutschland	Frankreich
1996	8,03	7,17	19,76	19,72	24,81
1997	29,78	29,73	33,54	4,92	8,90
1998	31,31	33,33	31,92	24,66	17,33
1999	40,28	42,38	42,50	19,29	21,21
2000	35,71	41,18	36,36	21,72	19,19
2001	28,18	33,61	25,93	15,05	17,91
2002	26,35	33,51	23,24	21,30	9,03
2003	25,53	27,63	16,38	19,80	11,18
2004	21,02	26,99	15,82	29,88	10,01

Tab. 28: Median 4 Wochen-Prämie (%) p.a./pro Land

---

424 Zudem weist die Verteilung der Übernahmeprämien, wie bereits gezeigt wurde, eine Rechtsschiefe auf, was für eine Anwendung des Medians spricht. Vgl. hierzu ausführlich Kap. 6.2 der vorliegenden Arbeit.

425 Vgl. z.B. JP Morgan (2005), S. 67.

Betrachtet man vor allem die in der Praxis bevorzugt herangezogenen, aussagekräftigeren 4 Wochen-Prämiendaten, wurden im Jahr 1996 in den USA nur sehr geringe Übernahmeprämien gezahlt – ein Phänomen, das in diesem Jahr in den anderen drei betrachteten Ländern nicht auftritt.

Von 1997 an stiegen die Median-Übernahmeprämien in den USA und in Großbritannien im Betrachtungszeitraum erwartungsgemäß und im Einklang mit dem stark anwachsenden M&A-Volumen deutlich an und erreichten im Jahr 1999 mit über 42% an gezahlten Aufschlägen[426] ihren Höhepunkt. Im Jahr 2000 verharrten die Übernahmeprämien auf ähnlich hohem Niveau, bevor sie von 2001 an Jahr für Jahr kontinuierlich weiter gesunken sind. Die Entwicklungen in den USA und in Großbritannien verliefen hierbei durchaus vergleichbar.

Deutschland und Frankreich unterscheiden sich im Betrachtungszeitraum allerdings deutlich von den USA und Großbritannien, wie die obige Tabelle 28 zeigt.[427] Zum einen sind die Schwankungen in der Höhe der Übernahmeprämien – so zum Beispiel von 1996 auf 1997 – im Vergleich viel deutlicher ausgeprägt, zum anderen ergibt sich kein einheitliches Bild hinsichtlich einer Parallelität mit Blick auf die Schwankungen des M&A-Marktes. Schließlich lagen die Prämienhöhen in Deutschland und Frankreich im Betrachtungszeitraum eindeutig unter denen der USA und von Großbritannien.

An diese Überlegungen schließt sich die Frage an, in welchem der vier betrachteten Länder die Abweichung im Betrachtungszeitraum zwischen der 1 Tag- und der 1 Monat-Übernahmeprämie am deutlichsten ausgeprägt ist.[428] Die folgende Tabelle 29 zeigt nun zur Beantwortung dieser Fragestellung die Abweichungen zwischen den einzelnen Prämiendifferenzen im Einzelnen wie folgt:

Land	Mittelwert der Prämiendifferenzen (in %-punkten)	Median der Prämiendifferenzen (in %-punkten)	Standardabweichung der Prämiendifferenzen
USA	10,22	4,69	44,32
UK	5,67	2,51	30,39
Deutschland	8,73	5,71	22,29
Frankreich	6,59	2,16	26,46

Tab. 29: Differenzen zwischen 1 Tag- und 4 Wochen-Prämien pro Land

426 Median 4 Wochen-Prämie. Vgl. Tab. 28 der vorliegenden Arbeit..

427 Diese Aussage wird durch die Daten und Aussagen der Tab. 23 im Kern bestätigt.

428 Die diesbzgl. Daten können Tab. 23 und Tab. 24 entnommen werden.

Man erkennt unmittelbar aus der obigen Tabelle 29, dass Deutschland mit einem Wert von 5,71% – gemessen am aussagekräftigeren Median – die höchste Prämiendifferenz im Ländervergleich aufweist – vor den USA mit 4,69% und weit vor Großbritannien mit 2,51% sowie vor Frankreich mit 2,16%.

Die Prämiendifferenzen wurden hierbei gemessen als Differenz der 4 Wochen-Prämie abzüglich der 1 Tages-Prämie und stellen insofern Werte in Prozentpunkten dar. Aufgrund von Markterwartungen und gegebenenfalls aufgrund von Indiskretionen oder gar Insiderhandel liegen, wie bereits an früherer Stelle dieser Arbeit ausgeführt wurde, die 1 Tag-Prämie in der Regel über der 4 Wochen-Prämie. Je stärker der Prämienwert zwischen der 4 Wochen- und der 1 Tag-Prämie sinkt, umso mehr Marktinformationen über die – naturgemäß vertrauliche, da marktrelevante – Fusions- bzw. Übernahmeabsicht befinden sich im Markt.

Überraschenderweise weist die USA ebenfalls einen sehr hohen Differenzwert auf, allerdings aber auch gleichzeitig die mit großem Abstand höchste Standardabweichung. Daher kann unterstellt werden, dass der relativ hohe US-amerikanische Wert durch Ausreißer verursacht worden ist.

Ein nun analog zum früheren Vorgehen durchgeführter nicht-parametrischer Signifikanztest nach Mann/Whitney erbringt die folgenden Ergebnisse:

	UK	Deutschland	Frankreich
USA	0,000	0,676	0,011
UK		0,053	0,433
Deutschland			0,126

Tab. 30: P-Werte (Mann-Whitney-Test) zw. 1 Tag-/1 Monat-Prämie

Man erkennt anhand der in Tabelle 30 dargestellten P-Werte, dass die Prämiendifferenzen zwischen den USA und Großbritannien einerseits sowie zwischen den USA und Frankreich andererseits signifikant (1%-Niveau) unterschiedlich sind. Der Unterschied zwischen Deutschland und den anderen drei Ländern ist jedoch auf einem 5%-Niveau nicht signifikant unterschiedlich.[429]

Trotz der nicht eindeutigen Signifikanz kann geschlussfolgert werden, dass Deutschland als Land mit der größten Differenz zwischen dem Median der 1 Tag- und der entsprechenden 4 Wochen-Prämie erneut von den übrigen betrachteten Ländern abweicht. Die Aussage, dass in Deutschland die Höhe der Übernahmeprämie, die vier Wochen vor der Ankündigung einer Übernahme festgestellt wird, zum Termin ein Tag vor Transaktionsankündigung am meisten gegenüber den anderen drei betrachteten Län-

429 Auch Großbritannien und Frankreich weisen keine signifikant unterschiedlichen Prämiendifferenzen aus.

dern sinkt, spricht nur bedingt für eine uneingeschränkte länderübergreifende Wettbewerbsfähigkeit des deutschen Kapitalmarktes hinsichtlich der Kategorien Effizienz und Professionalität.[430]

6.4.3.2 Analyse der Korrelation von M&A-Zyklen und Prämienhöhe

Der Zusammenhang zwischen den Übernahmeprämienhöhen einerseits und dem jeweiligen M&A-Volumen andererseits im Betrachtungszeitraum kann mit Hilfe der Abbildung 35 graphisch wie folgt verdeutlicht werden:

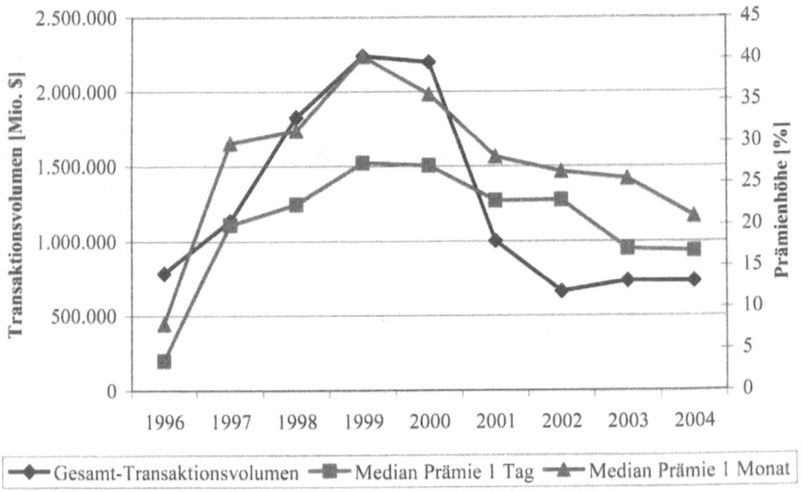

Abb. 35: Median der 1 Tag- und 4 Wochen-Prämien zum M&A-Volumen

Auf der rechten Achse der Abbildung 35 sind der Median der 1 Tag- sowie der 1 Monat-Prämien und links das Transaktionsvolumen in US$ Mio. abgetragen. Hierfür

430 In diesem Zusammenhang und auf Basis der in Tab. 29 und Tab. 30 erhobenen Werte sowie Ergebnisse könnte argumentiert werden, dass das Phänomen des Insiderhandels in Deutschland ausgeprägter ist als in den USA, Großbritannien und Frankreich. Zu dieser Problematik kann und will die vorliegende Arbeit aber ausdrücklich keine weitergehende Aussage treffen, weil hierfür gesonderte und deutlich weitergehende Untersuchungen notwendig wären. Insofern beschränkt sich die vorliegende Arbeit auf die Aussage, dass in keinem der betrachteten Länder die Höhe der Übernahmeprämie in den letzten vier Wochen vor Bekanntgabe der Transaktion stärker fällt als in Deutschland, ohne sich im Einzelnen auf die Gründe für dieses konstatierte Phänomen festzulegen. Allerdings soll aber auch nicht grds. in Frage gestellt werden, dass Insiderhandel in Deutschland möglicherweise in stärker ausgeprägter Form als in den anderen drei betrachteten Ländern vorhanden ist.

wurden das gesamte M&A-Volumen aller Datensätze und die jeweiligen Mediane über alle Länder hinweg einbezogen.

Man erkennt auch in Abbildung 35 deutlich die M&A-Hochphase der Jahre 1999 und 2000 sowie den vorhergehenden Anstieg und die auf das Jahr 2000 folgende allgemeine Abschwächung der Fusions- und Übernahmeaktivitäten.

Vor allem aber lässt sich aus der Abbildung 35 – also auf kumulierter Basis aller vier betrachteten Länder – ein starker positiver Zusammenhang zwischen der Höhe der Übernahmeprämie und der Höhe des M&A-Volumens ablesen, und zwar einerseits mit einer Korrelation von 0,635 zwischen der 1 Tag-Median-Prämie und dem M&A-Volumen bzw. andererseits mit einer Korrelation von 0,759 zwischen der 4 Wochen-Median-Prämie und dem M&A-Volumen.

Auch für die einzelnen Länder ergibt sich ein stark positiver Zusammenhang zwischen der Höhe der Prämie und der dazugehörigen M&A-Aktivität. Die folgenden vier graphischen Abbildungen 36 bis 39 verdeutlichen dies, und Tabelle 31 fasst anschließend die ermittelten Korrelationskoeffizienten für die einzelnen Länder zusammen.

Zunächst wird das jährliche US-amerikanische M&A-Transaktionsvolumen von 1996 bis 2004 in Verbindung zur Entwicklung der in den USA gezahlten Übernahmeprämienhöhen[431] gesetzt und in Abbildung 36 graphisch dargestellt.

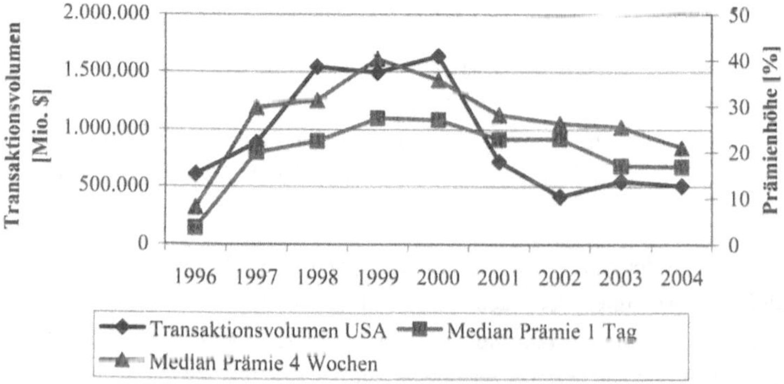

Abb. 36: Transaktionsvolumen USA mit Prämien USA

431 Sowohl 1 Tag- wie 4 Wochen-Prämien.

Aus der obigen Abbildung 36 kann für die USA – vor allem unter Berücksichtigung der 4 Wochen-Median-Prämie – eine leicht erkennbare Parallelität hinsichtlich der Schwankungen von Prämien und M&A-Volumina abgeleitet werden.

Für Großbritannien sieht das Bild sehr vergleichbar dem der USA aus, wie die nachfolgende Abbildung 37 deutlich macht.

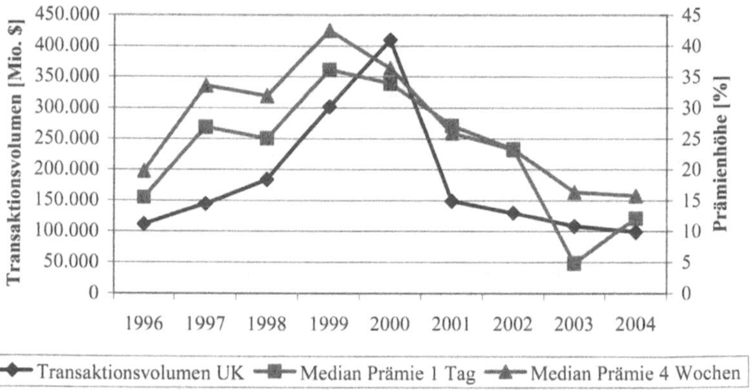

Abb. 37: Transaktionsvolumen UK mit Prämien UK

Fast noch eindeutiger als im zuvor dargestellten Beispiel der USA steigen und fallen in Großbritannien die Höhen der Übernahmeprämien mit dem Anstieg bzw. mit dem Rückgang der jährlichen UK-bezogenen M&A-Volumina – und dies sowohl bezogen auf die 1 Tag- wie auch auf die 4 Wochen-Übernahmeprämien. Allerdings weist im Jahr 2003 die 1 Tag-Übernahmeprämie eine signifikant größere Schwankungsbreite auf als die 4 Wochen-Prämie im gleichen Zeitpunkt.

Der deutsche und der französische Markt entziehen sich allerdings deutlich der in den USA und Großbritannien gefundenen Entwicklung und weisen demgegenüber – wie die Abbildungen 38 und 39 unmittelbar erkennen lassen – große Unterschiede auf, auf die im Folgenden im Einzelnen eingegangen wird.

Die Deutschland betreffenden Unterschiede zeigt zuerst Abbildung 38 und der hierin wiedergegebene Kurvenverlauf auf. Während das M&A-Transaktionsvolumen im Jahr 1999 von einem großen Ausreißer gekennzeichnet ist und sich ansonsten relativ stabil darstellt, verlaufen die Kurven der Übernahmeprämien – mit Ausnahme von 1997 – zwar ähnlich zueinander, aber im Gegensatz zu den USA und Großbritannien sehr unabhängig von der M&A-Volumensentwicklung.

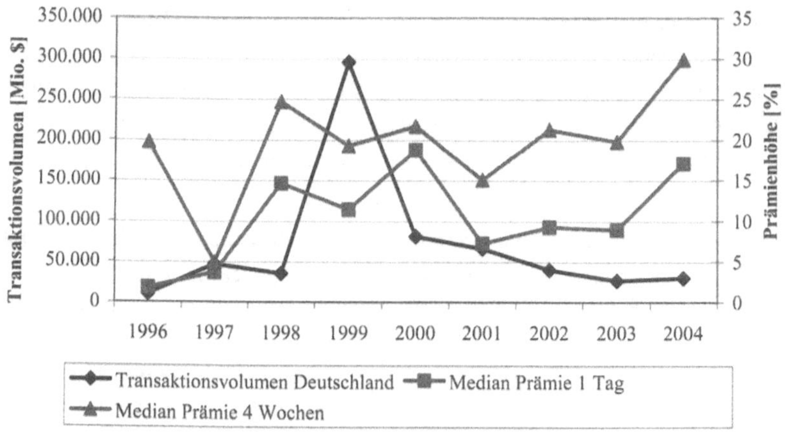

Abb. 38: Transaktionsvolumen Deutschland mit Prämien Deutschland

Die folgende Abbildung 39 zeigt den entsprechenden französischen Kurvenverlauf:

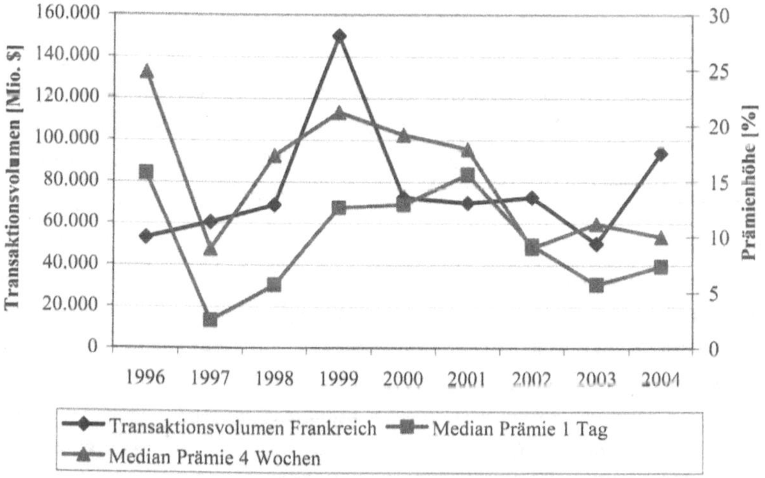

Abb. 39: Transaktionsvolumen Frankreich mit Prämien Frankreich

Der französische M&A-Markt korreliert laut Abbildung 39 somit leicht positiv sowohl mit der 1 Tag- wie auch mit der 4 Wochen-Übernahmeprämie. Eine Parallelität wie in den USA und Großbritannien ist in Frankreich aber nicht zu erkennen.

Somit kann festgehalten werden, dass in Deutschland hinsichtlich der M&A-Transaktionsvolumina und der Höhe der 4 Wochen-Übernahmeprämien keine positive Korrelation festzustellen ist. Der Korrelationsgrad bei der weniger aussagekräftigen 1 Tag-Prämie ist in Deutschland kaum noch positiv und damit sicherlich nicht besonders signifikant. Auf die in Deutschland gemessenen Unterschiede zwischen der 1 Tag- und der 1 Monat-Prämie war ja bereits im vorangegangenen Kapitel 6.4.3.1 eingegangen worden.

Zur Überprüfung der bislang nur graphisch erfolgten Darstellung wurden die Korrelationen für alle vier Länder mathematisch errechnet und in der folgenden Tabelle 31 im Einzelnen aufgeführt.

Land	Korrelation zwischen dem nationalen Transaktionsvolumen und dem Median der Prämie 1 Tag:	Korrelation zwischen dem nationalen Transaktionsvolumen und dem Median der Prämie 4 Wochen:
USA	0,372	0,591
UK	0,761	0,788
Deutschland	0,171	-0,072
Frankreich	0,204	0,214

Tab. 31: Korrelation des M&A-Volumens pro Land mit 1 Tag-/4 Wochen-Prämie

Demzufolge ist als eindeutiges Ergebnis festzuhalten, dass die Korrelation im Falle der USA und insbesondere hinsichtlich Großbritannien sehr hoch ausfallen, Frankreich deutlich weniger, aber dennoch positiv korreliert, während Deutschland sehr niedrige bzw. als einziges Land sogar negative Korrelationswerte aufweist.

Zur Begründung dieses Phänomens wird auf die Sonderstellung Deutschlands verwiesen, die sich bereits in den Kapiteln 3 und 4 manifestiert hat. Die rechtlichen Rahmenbedingungen für einen aktiven, den Minderheitsaktionär schützenden, an internationalen Standards ausgerichteten M&A-Markt haben sich in Deutschland erst nach der Mannesmann-Vodafone-Transaktion etabliert. Trotz der relativen Größe der deutschen Volkswirtschaft – gemessen am nationalen Bruttoinlandsprodukt – weisen die Deutsche Börse und der deutsche Kapitalmarkt vergleichsweise deutlich niedrigere Bedeutung als anderen betrachteten Regionen auf. Die Corporate Governance hat sich in Deutschland ebenfalls noch nicht so stark wie in den anderen analysierten Ländern zu einem integralen Bestandteil der Unternehmensstrategien entwickelt.

All dies führt dazu, dass sich Deutschland hinsichtlich der Entwicklung der hierzulande gezahlten Übernahmeprämien vom internationalen Trend einer positiv korrelierten Schwankung der Höhe von Übernahmeprämien mit dem jeweiligen nationalen M&A-

Volumen in negativer Hinsicht abkoppelt und auch hinsichtlich der absolut gezahlten Prämienhöhe hinter den in anderen Ländern gezahlten Übernahmeprämien zurückbleibt.

Für den Investor in deutsche Aktien stellt diese negative Abkopplung Deutschlands von der internationalen Entwicklung eine suboptimale Situation dar. Dies gilt insbesondere deshalb, weil für den Investor – wie eingangs ausgeführt – Übernahmeprämien eine wesentliche Möglichkeit darstellen, an einer M&A-Transaktion finanziell zu partizipieren.[432]

6.4.3.3 Analyse der Korrelation von Aktienzyklen und Prämienhöhe

Abschließend werden nun die Entwicklungen des jeweiligen nationalen Aktienmarktes mit den kumulierten Prämien über alle Länder verglichen.

Ein graphischer Vergleich der 1 Tag-Median-Prämienhöhen sowie der 4 Wochen- Median-Prämienhöhen über alle vier betrachteten Länder hinweg mit dem US-amerikanischen Leitindex Dow Jones Industrial Index ergibt das folgende Bild:

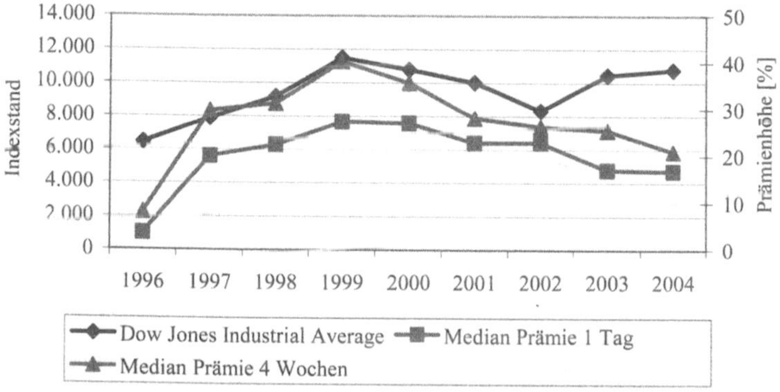

Abb. 40: Prämie über alle Länder vs. Dow Jones Industrial Index

Grundsätzlich lässt sich somit, wie Abbildung 40 graphisch deutlich macht, ein hohes Maß an Parallelität zwischen der kumulierten Prämienhöhe über alle vier betrachteten Länder mit dem Dow Jones Industrial Index erkennen.

Die folgende Abbildung 41 stellt nun den Dow Jones Industrial Index im Betrachtungszeitraum in Bezug zur Höhe der US-amerikanischen Übernahmeprämien.

---

[432] Vgl. Kap. 1.1 der vorliegenden Arbeit.

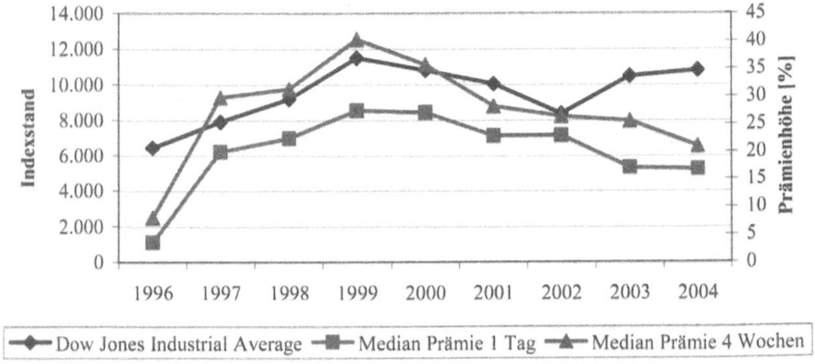

Abb. 41: Prämie USA vs. Dow Jones Industrial Index

Anhand des in Abbildung 41 dargestellten Kurvenverlaufs lässt sich feststellen, dass im US-amerikanischen Markt nicht nur der nationale Aktienmarkt und die dazugehörigen M&A-Volumina – was bereits an früherer Stelle gezeigt wurde – , sondern auch der US-amerikanische Aktienmarkt und die entsprechenden US-amerikanischen Übernahmeprämienhöhen vergleichbar steigen und abnehmen.

Dieses Bild stellt sich für Großbritannien ähnlich dem der USA dar, wie in Abbildung 42 anhand eines Vergleichs der in Großbritannien gezahlten Prämienhöhen mit dem Leitindex FTSE 100 gezeigt wird.

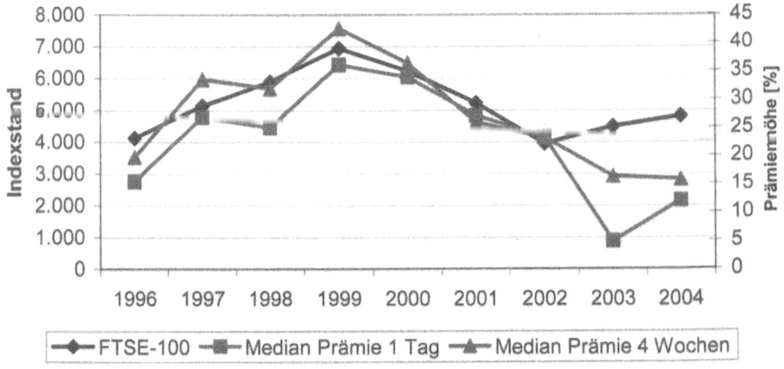

Abb. 42: Prämie UK vs. FTSE 100

Deutschland hingegen weicht, wie in Abbildung 43 abgebildet, dermaßen stark von den beiden zuvor gezeigten Verhältnissen von nationalem Aktienmarkt einerseits und Höhe der im eigenen Land gezahlter Übernahmeprämie andererseits ab, dass für dieses Verhältnis in Deutschland keine positive Korrelation festgestellt werden kann.

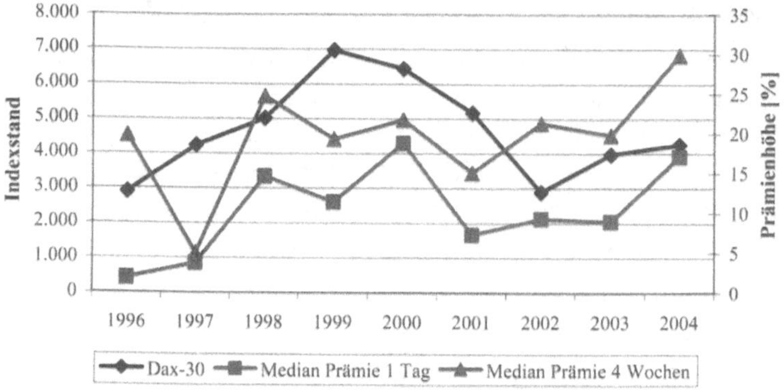

Abb. 43: Prämie Deutschland vs. DAX 30

Die nachfolgende Abbildung 44 zeigt nun die Prämienhöhe in Frankreich im Verhältnis zum französischen Leitindex CAC 40.

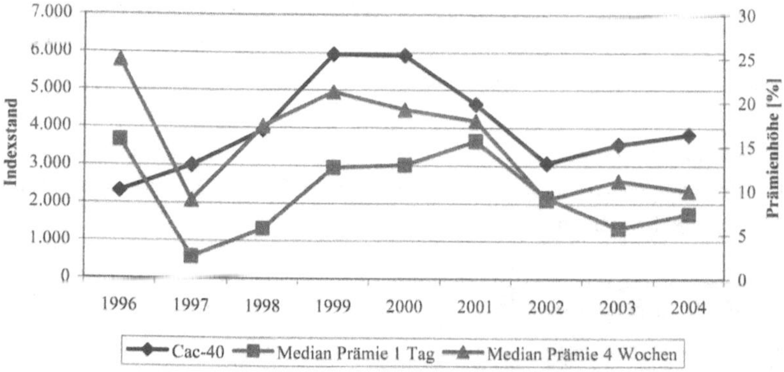

Abb. 44: Prämie Frankreich vs. CAC 40

Obiges Bild zu Frankreich ähnelt insofern aufgrund des hohen Grades an Abweichung der zuvor in Abbildung 43 dargestellten Situation in Deutschland.

Aus den obigen Abbildungen 41 bis 44, in denen graphisch das Auf und Ab des jeweiligen nationalen Aktienleitindizes mit den Schwankungen der Prämienhöhen verglichen werden, wird ersichtlich, wie sehr die nationalen Prämien parallel zum jeweils nationalen Aktienmarkt verlaufen. Abbildung 40 stellt für den Betrachtungszeitraum den Median der Übernahmeprämien aller betrachteter Länder im Vergleich zum Dow Jones Industrial Index dar.

Die Kurven in Deutschland und Frankreich verlaufen im Gegensatz zu den USA und Großbritannien nicht parallel, was sich zum Beispiel aus der Unterscheidung zwischen kapitalmarkt- zu den kredit- bzw. bankbasierten Volkswirtschaften erklären lässt. Dieser Unterschied war bereits an den Korrelationen zwischen dem jährlichen nationalen Transaktionsvolumen und dem Median der nationalen 1 Tag- bzw. 4 Wochen-Übernahmeprämien abzulesen gewesen.

Im Folgenden werden die oben graphisch dargestellten Verhältnisse nun als Korrelationen beziffert und in Tabelle 32 festgehalten.

Korrelation zwischen:	Median Prämie 1 Tag	Median Prämie 1 Monat
Alle Länder vs. Dow	0,677	0,677
USA vs. Dow	0,710	0,736
UK vs. FTSE	0,740	0,857
Deutschland vs. DAX	0,545	0,018
Frankreich vs. CAC	0,325	0,328

Tab. 32: 1 Tag-/4 Wochen-Prämie vs. Aktienindizes

Man erkennt aus der obigen Korrelationsübersicht, dass die USA und Großbritannien sehr hoch korrelieren, Frankreichs Korrelationswerte in der Mitte liegen und Deutschland sich – speziell bei der 4 Wochen-Prämie – sogar nahezu unkorreliert darstellt. Somit fällt auch in diesem Fall Deutschland hinsichtlich der Korrelation von Aktienmarktentwicklungen zu Übernahmeprämienhöhen markant hinter die Entwicklungen der anderen drei betrachteten Länder zurück.

6.4.3.4 Fazit zu Hypothese 3

Im vorangegangenen Abschnitt konnte hinsichtlich der Überprüfung der Hypothese 3 gezeigt werden, dass sich eine erstarkende Börse positiv auf die Aktivitäten am M&A-Markt auswirkt.[433] Zum einen vermitteln steigende Aktienkurse Investoren – und damit auch Bietern für Unternehmen und Unternehmensteile – Zuversicht, zum anderen

[433] Vgl. in diesem Zusammenhang auch Kap. 5.2.4 der vorliegenden Arbeit.

lassen sich Wachstumsstrategien in Zeiten steigender Aktienkurse dem Kapitalmarkt besser kommunizieren. Finanzinvestoren und Hedge Fonds, deren Aktivitäten am globalen M&A-Markt stark zugenommen haben,[434] besitzen bei steigenden Börsenkursen verbesserte Möglichkeiten zum Exit aus ihren Investments.

Hypothese 3 konnte somit mit den vorausgegangenen Erkenntnisse und resultierenden Aussagen bestätigt werden, und zwar sowohl hinsichtlich der Prämienhöhenschwankungen bezogen auf das jeweilige nationale M&A-Volumen wie auch bezogen auf die jeweiligen nationalen Aktienmarktentwicklungen.

Aus den vorangegangenen Schaubildern lässt sich ableiten, dass bei einem besseren, aktienfreundlichen Marktumfeld die Grundstimmung offensichtlich optimistischer ausfällt und dass sich diese positive Grundstimmung in messbar steigenden M&A-Transaktionzahlen ausdrückt. Die Korrelation zwischen diesen beiden Phänomenen ist hinsichtlich der in dieser Arbeit betrachteten vier Länder allerdings unterschiedlich stark ausgeprägt.

Sowohl hinsichtlich der M&A-Volumens- wie auch hinsichtlich der Aktienmarktschwankungen ist Deutschland als einzige Ausnahme am international festzustellenden Trend nicht beteiligt, was sich ganz wesentlich auf die Unterschiede der in Kapitel 3 und 4 dieser Arbeit dargestellten Rahmenbedingungen zurückzuführen lässt. Außerdem zeigen die Ergebnisse der empirischen Auswertung, dass in keinem der betrachteten Länder der Unterschied zwischen der 1 Tag- und der 1 Monat-Prämie größer ist als in Deutschland.

6.5 Schlussfolgerungen aus den empirischen Auswertungen

In den vorangegangen Analysen und Auswertungen des 6. Kapitels dieser Arbeit konnten sowohl die Hypothese 1 als auch die Hypothese 3 empirisch bestätigt werden. Damit können im Einzelnen folgende Aussagen als Feststellungen gelten:

1. **Übernahmeprämien sind von Land zu Land signifikant unterschiedlich hoch.**
2. **Im Gegensatz zu den betrachteten Ländern sind die in den einzelnen Branchen festgestellten Prämienhöhen deutlich homogener.**
3. **Der Einfluss der jeweiligen Branche auf die Höhe der Übernahmeprämie spielt allerdings im Verhältnis zum Ländereinfluss nur eine untergeordnete Rolle.**

---

[434] Vgl. Kap. 2.1.2 der vorliegenden Arbeit.

4. **Prämien von M&A-Transaktionen, die über Ländergrenzen hinweg vollzogen werden, fallen in ihrer Mehrzahl signifikant höher aus, als dies bei nationalen Fusionen bzw. Übernahmen der Fall ist.**

5. **M&A-Transaktionen, die innerhalb derselben Branche stattfinden, weisen zum Teil signifikant höhere Übernahmeprämien auf als bei M&A-Transaktionen, die über Branchengrenzen hinweg durchgeführt werden.**

6. **Übernahmeprämien korrelieren hinsichtlich ihrer Höhe in der Regel positiv mit den Schwankungen des M&A-Volumens und denen der nationalen Aktienmärkte.**

7. **Für die Sonderrolle der Finanzindustrie existieren schlüssige Erklärungsansätze.**

Bei der Analyse der Hypothese 2 konnte erwartungsgemäß kein signifikanter Zusammenhang zwischen Prämienhöhe und Transaktionsvolumen festgestellt werden, so dass gilt:

8. **Die Höhe der Übernahmeprämie ist unabhängig von der Größe der jeweiligen Transaktion.**

Allerdings zeigte sich auf den ersten Blick überraschend ein signifikant negativer Zusammenhang zwischen der Ertragslage eines Zielunternehmens – gemessen an seinem EBITDA – und der Höhe der jeweiligen Übernahmeprämie, so dass im Zusammenhang mit Hypothese 2 und der Untersuchung von transaktionsspezifischen Einflüssen auf die Höhe von Übernahmeprämien festzuhalten ist:

9. **Übernahmeprämien sinken in statistisch signifikanter Weise mit zunehmender Ertragskraft des Zielunternehmens.**

Zur Erklärung wurde argumentiert, dass eine hohe Ertragskraft in aller Regel bereits im Aktienkurs des Zielunternehmens enthalten ist. Je höher somit das EBITDA eines börsennotierten Unternehmens ausfällt, umso eher kann davon ausgegangen werden, dass es fair bewertet ist, was die Zahlung einer geringeren Übernahmeprämie notwendig macht.

Fast durchgängig konnte bei den vorangegangenen Untersuchungen der Übernahmeprämien beobachtet werden, dass sich die Entwicklungen in den USA mit denen in Großbritannien und die Trends in Deutschland mit denen in Frankreich vergleichen lassen und jeweils ähnlich verlaufen. Dies kann ganz wesentlich auf die in Kapiteln 3 und 4 dieser Arbeit herausgearbeiteten, unterschiedlichen Einflussdeterminanten und auf die Unterschiede, die zwischen kapitalmarkt- und kreditbasierten Volkswirtschaften bestehen, zurückgeführt werden.

Es fällt auf, dass sich insbesondere Deutschland bezüglich der in dieser Arbeit gewonnenen Untersuchungsergebnisse in vielen Entwicklungen in negativer Weise nicht nur von den Entwicklungen in den USA und Großbritannien, sondern auch vom durchaus vergleichbaren französischen Markt und den französischen Markttrends abkoppelt.

Im Einzelnen geschieht dies in den folgenden fünf Bereichen:

1. **Deutschland weist im internationalen Vergleich in nahezu allen Fällen die absolut niedrigsten Übernahmeprämien auf.**
2. **In Deutschland wurden im Betrachtungszeitraum nicht nur die mit großem Abstand vergleichsweise geringste Anzahl an M&A-Transaktionen durchgeführt – es wurden in Deutschland auch die deutlich geringste Anzahl an Transaktionen über die Börse abgewickelt.**
3. **Nur in Deutschland steigt und sinkt die Höhe der Übernahmeprämie nicht analog zum Anstieg bzw. Rückgang des M&A-Volumens.**
4. **Außerdem besteht nur in Deutschland kein positiver Zusammenhang zwischen den Schwankungen des Leitindex DAX 30 und den in Deutschland an der Börse gezahlten Übernahmeprämien.**
5. **Schließlich ist der Unterschied zwischen der 1 Tag- und der 1 Monat-Prämie in Deutschland im Vergleich zu den anderen betrachteten Volkswirtschaften am größten. Nirgendwo verfällt die Prämienhöhe im 4 Wochen-Zeitraum vor einer M&A-Transaktion schneller als in Deutschland.**

Ursächlich verantwortlich hierfür sind die immer noch bestehenden grundsätzlichen Unterschiede zwischen Deutschland einerseits und den USA, Großbritannien und Frankreich andererseits. Angesichts seines hinsichtlich der Höhe unter dem der USA und über dem von Großbritannien und Frankreich liegenden Bruttoinlandsprodukts erscheinen der deutsche Kapitalmarkt sowie die in Deutschland praktizierte Corporate Governance im internationalen Vergleich deutlich verbesserungsfähig. Die empirischen Ergebnisse dieser Arbeit erlauben die Schlussfolgerung, dass positive Veränderungen bei diesen wichtigen Einflussfaktoren unmittelbar positive Effekte auf den deutschen M&A-Markt im Allgemeinen und auf die Höhe von in Deutschland gezahlten Übernahmeprämien im Besonderen bewirken würden.

7 Zusammenfassende Wertung der Ergebnisse

Übernahmeprämien machen einen hohen Anteil der Preise aus, die für Unternehmen im Rahmen von Fusionen und Übernahmen an der Börse gezahlt werden. Außerdem entscheidet die Höhe der gezahlten Übernahmeprämie aus Sicht des Käufers häufig über den finanziellen Erfolg oder Misserfolg seiner M&A-Transaktion. Allein aus diesen zwei Gründen lohnt sich eine nähere Analyse von Übernahmeprämien.

Im Mittelpunkt der empirischen Betrachtung dieser Arbeit steht dabei die aktuelle fünfte M&A-Welle. In der Literatur wurde diese fünfte Welle bislang verhältnismäßig wenig unter M&A-, sondern vielmehr aufgrund der Börsenhausse von 1999 und 2000 unter Aktienmarktgesichtspunkten untersucht. Mit nahezu 50.000 detaillierten Datensätzen zu allen M&A-Transaktionen, die im Zeitraum von Anfang 1996 bis Ende 2004 in den weltweit größten M&A-Märkten USA, Großbritannien, Deutschland und Frankreich durchgeführten worden sind, baut die vorliegende Arbeit auf einem besonders umfangreichen und zuverlässigen Zahlenfundament auf, um die wichtigen Entwicklung von Übernahmeprämien in dieser fünften M&A-Welle empirisch zu untersuchen.

Die in dieser Arbeit im Einzelnen besprochene, einschlägige wissenschaftliche Literatur lässt die – unmittelbar einleuchtende – Schlussfolgerung zu, dass transaktionsspezifische Determinanten am stärksten auf die Höhe von Übernahmeprämien wirken. Im Vordergrund stehen hierbei insbesondere die jeweils vereinbarte Zahlungsmodalität sowie die Intensität des Wettbewerbs um das jeweilige Zielunternehmen.

Die Untersuchungsergebnisse dieser Arbeit bestätigen diese Aussage. So sanken zum Beispiel die Übernahmeprämien in statistisch signifikanter Weise mit zunehmender individueller Ertragskraft des Zielunternehmens. Die Höhe der Übernahmeprämien blieb aber erwartungsgemäß unanhängig vom absoluten Gegenwert der jeweiligen M&A-Transaktion.

Da transaktionsspezifische Determinanten von Übernahmeprämien das mit großem Abstand am intensivsten empirisch untersuchte Themengebiet darstellen, das auch hinsichtlich der wissenschaftlichen Forschung als weitestgehend erschlossen gilt, legt diese Arbeit den Schwerpunkt auf die Frage, welcher der beiden anderen auf die Höhe von Übernahmeprämien wirkenden Faktoren eine stärkere Wirkung entfaltet – der Länder- oder aber der Brancheneinfluss.

Trotz der in den vergangenen Jahren vollzogenen Globalisierung der Wirtschaft waren Übernahmeprämien im Betrachtungszeitraum von neun Jahren, wie in dieser Arbeit empirisch nachgewiesen werden konnte, von Land zu Land signifikant unterschiedlich hoch. Dies überrascht, könnte man doch meinen, dass die Prämien aufgrund der zunehmenden Internationalisierung und Institutionalisierung sowohl der Kapitalmärkte wie auch Investorenlandschaften in den letzten Jahren hinsichtlich ihrer Höhe deutlich mehr zusammengelaufen wären. Somit ist diese Erkenntnis zu Recht als erster Indikator eines gewichtigen Ländereinflusses auf die Prämienhöhe anzusehen. Außerdem wurde in der vorliegenden Arbeit anhand des ausgewerteten Datenmaterials nachgewiesen, dass Prämien von M&A-Transaktionen, die über Ländergrenzen hinweg stattfanden, in ihrer Mehrzahl höher ausgefallen sind, als dies bei nationalen Transaktionen der Fall war.

Hinsichtlich des Brancheneinflusses konnte in dieser Arbeit gezeigt werden, dass sich die Übernahmeprämien, die für Unternehmen innerhalb einer Branche gezahlt wurden, deutlich homogener dargestellt haben als die gezahlten Prämien zwischen den vier betrachteten Ländern. M&A-Transaktionen, die sich innerhalb derselben Branche vollzogen, weisen zum Teil signifikant höhere Prämien auf als Transaktionen, die über Branchengrenzen hinweg durchgeführt wurden.

Aber der Ländereinfluss wirkt, wie empirisch nachgewiesen werden konnte, insgesamt doch stärker auf die Höhe von Übernahmeprämien als der Einfluss der jeweiligen Branche. Markt- bzw. länderspezifische Bestimmungsfaktoren – wie zum Beispiel die im jeweiligen Land praktizierte Corporate Governance und die nationalen juristischen Rahmenbedingungen zur Regulierung des Übernahmemarktes – haben damit letztlich einen dominanteren Einfluss auf die Höhe von Übernahmeprämien, während die jeweilige Branche die Höhe von Übernahmeprämien nur in geringerem Maße determiniert. Die nationalen Unterschiede zwischen den USA, Großbritannien, Deutschland und Frankreich sind empirisch derart deutlich, dass sich die Prämien vor allem länderspezifisch darstellen.

Die hohe Bedeutung des Ländereinflusses auf die Prämienhöhe konnte im Rahmen der Untersuchungen dieser Arbeit unter anderem auch dadurch empirisch belegt werden, dass Übernahmeprämien hinsichtlich ihrer Höhe in der Regel positiv mit den Schwankungen sowohl des M&A-Volumens wie mit den Volatilitäten der jeweiligen nationalen Aktienmärkte korrelierten.

In Bezug auf die in der Einleitung geäußerten Grundüberlegung, „dass sich der *Preis* eines Unternehmens im Rahmen einer M&A-Transaktion zum einen aus seinem fairen *Wert* und zum anderen aus der gezahlten Übernahme*prämie* zusammensetzt", kommt der mit Blick auf die Prämienhöhe in dieser Arbeit ermittelten Dominanz des Ländereinflusses gegenüber dem Brancheneinfluss eine konkrete praktische Bedeutung zu.

Denn wenn nun, wie in dieser Arbeit nachgewiesen werden konnte, *Länder*einflüsse stärker auf die Höhe von *Übernahmeprämien* wirken als Brancheneinflüsse, so ist dies doch ein eher überraschendes Ergebnis. Bei der Ermittlung des fairen Unternehmens*wertes* wird nämlich in der Praxis – so zum Beispiel beim Einsatz von „Peer Group"-Vergleichen – verstärkt auf die jeweilige *Branche* abgestellt. Auch Investmentbanken haben ihre M&A-Abteilungen und ihre Aktienanalysten über regionale Grenzen hinweg konsequent nach Sektoren organisiert.

Die empirischen Ergebnisse dieser Arbeit legen deshalb die Schlussfolgerung nahe, dass bei der „Bepreisung" – also bei der Quantifizierung einer Übernahmeprämie – tendenziell weniger auf die jeweilige Branche, sondern vielmehr auf die Parameter des jeweiligen Herkunftslandes des Zielunternehmens abzustellen ist. Sofern die Prämienhöhe in diesem Land von der in der jeweiligen Branche üblichen Höhe positiv oder negativ abweicht, sollte nach den Erkenntnissen dieser Arbeit die Quantifizierung der Prämienhöhe verstärkt auf die länderspezifischen Daten gestützt und nach ihnen ausgerichtet werden.

Während die erste Komponente eines Übernahmepreises, der Unternehmens*wert*, insofern in starkem Maße länderübergreifende Brancheneinflüsse berücksichtigt, steht nach den Erkenntnissen dieser Arbeit bei der zweiten Komponente des Übernahmepreises, also bei der Übernahme*prämie*, eindeutig der Ländereinfluss im Vordergrund.

Deutschland und der deutsche Kapitalmarkt, so haben die Auswertungen dieser Arbeit ergeben, haben sich trotz ihrer relativ hohen wirtschaftlichen Bedeutung hinsichtlich der hierzulande gezahlten Übernahmeprämien in vielen wichtigen Aspekten negativ von den Entwicklungen in den USA und Großbritannien, aber auch von den eher mit Deutschland vergleichbareren französischen Markttrends abgekoppelt.

Zuerst zwei Feststellungen zur rein quantitativen Abweichung. So wurde in Deutschland zum einen in dem dieser Arbeit zugrunde gelegten Betrachtungszeitraum von neun Jahren die vergleichsweise geringste Anzahl an M&A-Transaktionen durchgeführt – dadurch wurden gleichzeitig auch die mit Abstand wenigsten Transaktionen über die Börse abgewickelt. Und zum anderen weist Deutschland für den Analysezeitraum im direkten Ländervergleich die absolut niedrigsten Übernahmeprämien auf.

Aber es gibt auch gewichtige qualitative Unterschiede zwischen Deutschland einerseits und den USA, Großbritannien und Frankreich andererseits. Denn die Auswertungen dieser Arbeit haben ergeben, dass nur in Deutschland die Höhe der Übernahmeprämie nicht analog zum Anstieg bzw. Rückgang des M&A-Volumens stieg bzw. zurückging. Außerdem bestand im Untersuchungszeitraum nur in Deutschland kein positiver Zusammenhang zwischen den Schwankungen des nationalen Aktienindex' und den in Deutschland an der Börse gezahlten Übernahmeprämien. Und schließlich wurde in Deutschland im Vergleich zu den anderen betrachteten Volkswirtschaften die größte Differenz zwischen der 1 Tag- und der 1 Monat-Prämie festgestellt – nirgendwo sonst ist die Prämienhöhe im 4 Wochen-Zeitraum vor einer M&A-Transaktion stärker gesunken als in Deutschland.

Alle genannten Abweichungen Deutschlands von der ansonsten in dieser Arbeit gemessenen internationalen Norm wirken sich somit zum Nachteil der in deutschen Aktien anlegenden Investoren aus.

Vor allem lassen sich diese fünf identifizierten deutlichen Unterschiede durch eine Klassifizierung in kapitalmarkt- und bankmarktbasierten Volkswirtschaften zwar zum Teil, aber letztlich nur unzureichend erklären. Das beobachtete Phänomen liegt, wie in dieser Arbeit argumentiert wird, in erster Linie zum einen in den in Deutschland als im internationalen Vergleich wenig wettbewerbsfähig empfundenen juristischen Rahmenbedingungen und zum anderen in der hiesigen Praxis der Corporate Governance begründet. All dies führt in der Praxis dazu, dass die in Deutschland gezahlten Übernahmeprämien vergleichsweise sehr niedrig ausfallen – im Untersuchungszeitraum zum Beispiel in einer – international nicht wettbewerbsfähigen – Median-Bandbreite von 9,95% bis 19,72%.

Was der Nachteil von in deutsche Aktien investierten Anlegern ist, sollte im Umkehrschluss den Übernehmern deutscher Unternehmen zum Vorteil gereichen – denn sie sollten im beschriebenen Marktumfeld zu Preisen kaufen können, die geringere Prämien enthalten als international üblich und somit relativ attraktiv sind. Vergleichsweise niedrige deutsche Übernahmeprämien müssten somit eigentlich ceteris paribus zu vermehrter M&A-Aktivität in Deutschland und zu einem gesteigerten Interesse ausländischer Bieter für in Deutschland gelistete Unternehmen führen. Dies wäre nach den Erkenntnissen dieser Arbeit insbesondere für Zeiten steigender Aktiennotierungen und in einer Phase anziehender M&A-Volumina zu unterstellen, da die in Deutschland gezahlten Prämien im Betrachtungszeitraum dieser Arbeit – im Gegensatz zum internationalen Trend – ja nicht signifikant auf diese Schwankungen regiert haben.

Dass im Analysezeitraum trotz relativ niedriger deutscher Prämien dennoch kein Anstieg im deutschen M&A-Aktivitätsniveau stattgefunden hat, liegt an den gleichen Gründen, die für die absolute Höhe der in Deutschland gezahlten Übernahmeprämien verantwortlich sind – nämlich an den in Kapitel 3 und 4 dieser Arbeit herausgearbeiteten und Deutschland betreffenden Restriktionen. Der Nachteil deutscher Aktionäre wird somit nicht zum Vorteil für Neuinvestoren.

Diese aufgrund der beschriebenen Deutschland-spezifischen Restriktionen bestehende „deutsche Obergrenze bei Übernahmeprämien“ bedeutet in ihrer Konsequenz, dass Investoren in deutsche Aktien im Falle börslicher Übernahmeangebote tendenziell nur signifikant niedrigere Prämien erwarten können, als sie in den anderen wesentlichen M&A-Märkten gezahlt werden. Dies wirkt allein schon deshalb besonders abschreckend auf Anleger, da Übernahmeprämien – wie bereits in der Einleitung ausgeführt – die wichtigste Möglichkeit für Investoren darstellen, an Fusionen und Übernahmen finanziell zu partizipieren.

Eine leistungsfähigere deutsche Corporate Governance mit einer zum Beispiel eingeschränkten paritätischen Mitbestimmung, eine mehr an internationale Gepflogenheiten angepasste juristische Rahmenordnung zur Sicherstellung eines effizienten Übernahmeprozesses – zum Beispiel durch die Einschränkung von Aktionärsklagen im Rahmen des Spruchstellenverfahrens – und eine zum Beispiel mittels Steuererleichterungen konsequente Förderung des deutschen Kapitalmarktes stehen exemplarisch für geeignete Maßnahmen, um das in dieser Arbeit herausgearbeitete deutsche Defizit bei Übernahmeprämien abzubauen und deutsche Prämien auf lange Sicht den internationalen Standards anzupassen.

Literaturverzeichnis

Achleitner, P./Dresig, T. (2001): Mergers & Acquisitions, in: Gerke, W./Steiner, M. (Hrsg.): Handwörterbuch des Bank- und Finanzwesens, 3. Aufl., Stuttgart, S. 1559-1570.

Albrecht, Ch. (2001): Das Übernahmerecht des US-amerikanischen Securities Exchange Act, Potsdam 2001, online im Internet unter: http://www.uni-potsdam.de/u/ls_oechsler/lehre/sem/TakeoverOO/Seminararbeiten/Thema/Christiane_Albrecht.pdf, Abruftag: 20.04.2005.

Albrecht, P./Zimmermann, J. (1993): Prämiengestaltung, in: Dichtl, E./Issing, O. (Hrsg.): Vahlens Großes Wirtschaftslexikon, Bd. 2, 2., überarbeitete und erweiterte Aufl., München, S. 1675-1676.

Allen, F./Gale, D. (1995): A Welfare Comparison of Intermediaries and Financial Markets in Germany and the United States, in: European Economic Review, Nr. 39, S. 179-209.

Amihud, Y./Lev, B./Travlos, N. (1990): Corporate Control and the Choice of Investment Financing: The Case of Corporate Acquisition, in: Journal of Finance, Nr. 45, S. 603-616.

Ballwieser, W. (2001): Unternehmensbewertung, in: Gerke, W./Steiner, M. (Hrsg.): Handwörterbuch des Bank- und Finanzwesens, 3. Aufl., Stuttgart, S. 2082-2095.

Baums, T./Fraune, C. (1995): Institutionelle Anleger und Publikumsgesellschaften – Eine empirische Untersuchung, in: Die Aktiengesellschaft, 40. Jg., Nr. 3, S. 97-112.

Becker, D. (1999): Bewertung von Bankaquisitionen unter Einbeziehung von Zusammenschlusseffekten, in: Ashauer, G./Krümmel, H.-J./Pohl, R./Rudolph, B./Tichy, G. (Hrsg.): Untersuchungen über das Spar-, Giro- und Kreditwesen, Abteilung A: Wirtschaftswissenschaft, Bd. 163, Berlin.

Beckmann, R./Kersting, M. O./Mielke, W. (2003): Das neue Übernahmerecht, München.

Berg, H. (1993a): Zusammenschlusskontrolle, in: Dichtl, E./Issing, O. (Hrsg.): Vahlens Großes Wirtschaftslexikon, Bd. 2, 2., überarbeitete und erweiterte Aufl., München, S. 2462.

Berg, H. (1993b): Skaleneffekte, in: Dichtl, E./Issing, O. (Hrsg.): Vahlens Großes Wirtschaftslexikon, Band 2, 2., überarbeitete und erweiterte Aufl., München, S. 1888.

Berger, A./Demsetz, R./Strahan, P. (1999): The Consolidation of the Financial Services Industry. Causes, Consequences, and Implications for the Future, in: Journal of Banking and Finance, 23. Jg., S. 135-194.

Börsig, C. (1993): Unternehmenswert und Unternehmensbewertung, in: Schmalenbachs Zeitschrift für betriebswirtschaftliche Forschung (zfbf), 45. Jg., Heft 1, S. 79-91.

Bredenbreuker, E. (1990): Unternehmensmarkt im Wandel, in: Siegwart, H./Mahari, J. I./Caytas, I. G./Rumpf, B.-M. (Hrsg.): Mergers & Acquisitions, Stuttgart, S. 127-133.

Bris, A. (2002): Toeholds, Takeover Premium, and the Probability of being Acquired, in: Journal of Corporate Finance, Nr. 8, S. 227-253.

Bühner, R. (2001): Fusion, in: Gerke, W./Steiner, M. (Hrsg.): Handwörterbuch des Bank- und Finanzwesens, 3. Aufl., Stuttgart, S. 927-935.

Büning, H./Trenkler, G. (1994): Nichtparametrische statistische Methoden, 2. Aufl., Berlin und New York.

Brüls, Ch. (2000): Minderheitenschutz nach der Take-over-Richtlinie, in: Recht der Internationalen Wirtschaft, 46. Jg., Heft 12, S. 889-892.

Bundeskartellamt (2000a): Merkblatt zur deutschen Fusionskontrolle, Bonn 2000, online im Internet unter: http://www..bundeskartellamt/wDeutsch/download/pdf/ Merkblaetter/Merkblaetter_deutsch_Merkblatt_Dt_Fuko.pdf, Abruftag: 25.4.05.

Bundeskartellamt (2000b): Auslegungsgrundsätze, Bonn 2000, online im Internet unter: http://www.bundeskartellamt.de/wDeutsch/download/pdf/Merkblaetter/ Merkblaetter_deutsch_Auslegungsgrunds.pdf, Abruftag: 25.04.2005.

Bundeskartellamt (2004): Merkblatt zum Anwendungsbereich der EU-Fusionskontrolle, Stand: Juli 2004, online im Internet unter: http://www.bundeskartellamt.de/wDeutsch/download/pdf/Merkblaetter/Merkblaetter_deutsch/Merkblatt0409EG-FKVO_d.pdf, Abruftag: 25.04.2005.

Bundeskartellamt (2005): Anmeldung eines Zusammenschlussvorhabens beim Bundeskartellamt gemäß §39 GWB, Bonn 2005, online im Internet unter: http://www.bundeskartellamt.de/wDeutsch/download/pdf/Merkblaetter/Merkblaetter_deutsch_Fusionsanmeldung.pdf, Abruftag: 25.04.2005.

Cakici, N./Hessel, C./Tandon, K. (1991): Foreign Acquisitions in the United States and the Effect on Shareholder Wealth, in: Journal of International Financial Management and Accounting, S. 39-60.

Cantwell, J. (1992): Multinational Investment in Modern Europe, in: Cantwell et al. (Hrsg): Strategic Interaction in the Integrated Community, London.

Christofferson, S. A./McNish, R. S./Sias, D. L. (2004): Where Mergers go wrong, in: McKinsey & Company (Hrsg.): McKinsey on Finance, Nr. IV, New York.

Comment, R./Schwert, W. G. (1995): Poison or Placebo? Evidence on the Deterrence and Wealth Effects of modern Takeover Measures, in: Journal of Financial Economics, Nr. 39, S. 3-44.

Copeland, T./Koller, T./Murrin, J. (2000): Valuation – Measuring and Managing the Value of Companies, New York, S. 433-454.

Damodaran, A. (1994): Damodaran on Valuation, Security Analysis for Investment and Corporate Finance, New York.

Dealogic (2004): Global M&A Review Full Year 2004, New York u.a.O.

Delingat, A. (1996): Unternehmensübernahmen und Agency-Theorie – Konflikte zwischen Management, Aktionären und Fremdkapitalgebern um Verfügungsrechte über Ressourcen, Diss., Universität Köln.

Demirgüc-Kunt, A./Levine, R. (2003): Bank-based and Market-based Financial Systems: in: The World Bank Group (Hrsg): Cross-country Comparisons, Washington.

Depser, I. (1992): Der Vorschlag der EG-Kommission zur Takeover-Richtlinie im Spiegel der amerikanischen Takeover-Erfahrung, in: Recht der Internationalen Wirtschaft, 38. Jg., Heft 5, S. 351-361.

Dietrich, M. (1994): National Patterns of Corporate Restructuring: Mergers and Joint Ventures in the European Community, in: Delorme, R./Dopfer, K. (Hrsg.): The Political Economy of Diversity. Evolutionary Perspectives on Economic Order and Disorder, S. 149-165.

Dörfler, W./Gahler, W./Unterstraßer, St./Wirichs, R. (1994): Probleme bei der Wertermittlung von Abfindungsangeboten, in: Betriebs-Berater, 49. Jg., Heft 3, S. 156-162.

Dombret, A. R. (1999): Share Deals bei M&A-Transaktionen auf dem Vormarsch, in: Die Bank, Nr. 9, S. 616-619.

Dombret, A. R. (2000): Strukturwandel bei Banken und die Auswirkungen auf ihre Bewertung, in: vbo Vereinigung für Bankbetriebsorganisation (Hrsg.): Entwicklungstendenzen in den nationalen und internationalen Finanzmärkten und ihre Auswirkungen auf private Banken, Frankfurt am Main, S. 26-34.

Dombret, A. R./Bender, O. (2001): Kapitalmarktorientierte Bewertung von Banken in der Praxis, in: Hummel, D./Breuer, R.-E. (Hrsg.): Handbuch Europäischer Kapitalmarkt, Wiesbaden, S. 323-332.

Dombret, A. R. (2002): Mergers & Acquisitions (M&A), in: Gerke, W. (Hrsg.): Börsenlexikon, Wiesbaden, S. 530-541.

Dombret, A. R./Jung, M. (2003): Plenty of scope, in: DAI Deutsches Aktieninstitut (Hrsg.): Equity Culture in Germany, S. 39-43.

Dombret, A. R. (2004): Bankbewertung in der Praxis aus Sicht eines Investment Bankers, in: Bank, M./Schiller, B. (Hrsg.): Finanzintermediation. Theoretische, wirtschaftspolitische und praktische Aspekte aktueller Entwicklungen im Bank- und Börsenwesen. Festschrift für Professor Dr. Wolfgang Gerke zum sechzigsten Geburtstag, Stuttgart, S. 413-422.

Dombret, A. R./Bolek, A. (2004): Unternehmensverkauf aus Insolvenzen heraus, in: Zschocke, C./Schuster, S. (Hrsg.): Übernahmerecht, Frankfurt am Main, S. 16-19.

Dombret, A. R./Gossow, P./Häcker, J. (2004): Valuation of Banks – both Art and Science, in: Fischer, M. (Hrsg.): Handbuch Wertmanagement in Banken und Versicherungen, Wiesbaden, S. 87-103.

Donbolt, J. (2001): Target Company Cross-Border Effects in Acquisitions into the UK, in: Working Paper Series of the University of Glasgow, Nr. 5, Glasgow.

Drehkopf, B./Mix, A. (o.J.): Eine Einführung in die Abwehrmaßnahmen gegen feindliche Übernahmen, Halle-Wittenberg, online im Internet unter: http:/www.mathfred.de/abwehren.pdf, Abruftag: 08.06.2005.

Dutz, M.A. (1989): Horizontal Mergers in Declining Industries: Theory and Evidence, in: International Journal of Industrial Organization, S. 11-37.

Eckstein, P. (2000): Angewandte Statistik mit SPSS: Praktische Einführung für Wirtschaftswissenschaftler, 3. Aufl., Wiesbaden.

Edwards, J./Fischer, K. (1994): Banks, Finance and Investment in Germany, Cambridge University Press, S. 49ff.

Elton, E./Gruber, M. (1991): Modern Portfolio Theory and Investment Analysis, 4. Aufl., New York.

Emay, D. E./Finnaly, J. D. (1999): Corporate Financial Management, New York u.a.O.

Euronext (2004): Fact Book 2004, Euronext Paris, im Internet unter: www.euronext.com, Abruftag: 04.07.2005.

Europäische Union (2004): Richtlinie 2004/25/EG des Europäischen Parlaments und des Rates vom 21.04.2004 betreffend Übernahmeangebote, Amtsblatt der Europäischen Union, Nr. L 142, 30.04.2004, S. 12-23.

Faccio, M./Masulius, L. W. (2003): The Choice of Financing Method in European Mergers & Acquisitions, Nr. 7/2003, online im Internet unter: http:/www.efmafm.org/efmsympo2005/accepted_papers/33-sudi_sundarsanam, Abruftag: 12.06.2005.

Fama, E. F. (1979): Efficient Capital Markets. A Review of Theory and Empirical Work, in: Journal of Finance, 25. Jg., S. 383-417.

Flanagan, D. J./O'Shaughnessy, K. C. (2003): Core-related Acquisitions, Multiple Bidders and Tender Offer Premiums, in: Journal of Business Research, Nr. 56, S. 573-585.

Fleischer, H./Kalss, S. (2002): Das neue Wertpapiererwerbs- und Übernahmegesetz, München.

Francis, J./Archer, S. (1971): Portfolio Analysis, Prentice Hall, New Jersey.

Franks, J./Harris, R./Mayer, C. (1988): Means of Payment in Takeovers: Results for United Kingdom and the United States, in: Auerbach, A. J. (Hrsg.): Corporate Takeovers: Causes and Consequences, Chicago, S. 221-258.

FritzRoy, F./Kraft, K. (1993): Economic Effects of Co-Determination, in: Scandinavian Journal of Economics, 95. Jg., Nr. 3, S. 365-375.

Funk, J. (1995): Aspekte der Unternehmensbewertung in der Praxis, in: Schmalenbachs Zeitschrift für betriebswirtschaftliche Forschung (zfbf), 47. Jg., Heft 5, S. 491-514.

Gaughan, P. A. (2002): Mergers, Acquisitions, and Corporate Restructurings, 3. Aufl., New York.

Gerke, W./Garz, H./Oerke, M. (1995): Die Bewertung von Unternehmensübernahmen auf dem deutschen Aktienmarkt, in: Schmalenbach Zeitschrift für betriebswirtschaftliche Forschung (zfbf), 47. Jg., S. 805-820.

Gerke, W. (2001): Agency-Theorie, in: Gerke, W./Steiner, M. (Hrsg.): Handwörterbuch des Bank- und Finanzwesens, 3. Aufl., Stuttgart, S. 24-36.

Gerke, W./Steiner, M. (2001): Handwörterbuch des Bank- und Finanzwesens, 3. Aufl., Stuttgart.

Gerke, W./Steiger, M. (2001): Einfluss der Kapitalmärkte auf die Corporate-Governance-Strukturen in Europa, in: Hummel, D./Breuer, R.-E. (Hrsg.): Handbuch Europäischer Kapitalmarkt, Wiesbaden, S. 207-223.

Gerke, W./Bank, M. (2003): Finanzierung, 2. Aufl., Stuttgart.

Gerke, W./Mager, F. (2003): Die Rolle von Banken und Finanzintermediären bei der Corporate Governance, in: Hommelhoff, P./Hopt, K. J./Von Werder, A. (Hrsg.): Handbuch Corporate Governance, Köln und Stuttgart, S. 549-568.

Gerke, W./Mager, F./Rohde, M. (2004): Länder- versus Brancheneinfluss auf Aktienrenditen: 1973 bis 2002, in: Kredit und Kapital, 37. Jg., Nr. 2, S. 153-168.

Gerum, E. (1991): Aufsichtsratstypen – Ein Beitrag zur Theorie der Organisation der Unternehmensführung, in: Die Betriebswirtschaft, 51. Jg., Nr. 6, S. 719-731.

Gerum, E. (1998): Mitbestimmung und Corporate Governance – Expertise für das Projekt „Mitbestimmung und neue Unternehmenskulturen" der Bertelsmann-Stiftung und der Hans-Böckler-Stiftung, Gütersloh.

Ghosh, A./Ruland, W. (1998): Managerial Ownership, the Method of Payment for Acquisitions, and Executive Job Retention, in: Journal of Finance, 53. Jg., S. 785-798.

Goergen, M./Renneboog, L. (2004): Shareholder Wealth Effects of European Domestic and Cross-border Takeover Bids, in: European Financial Management, Bd. 10, Nr. 1, S. 9-45.

Gort, M. (1969): An Economic Disturbance Theory of Mergers, in: The Quarterly Journal of Economics, 83. Jg., S. 623-642.

Graßl, B. (2003): Die Finanzierung öffentlicher Übernahmetransaktionen und die besondere Rolle sachverständiger Dritter während des Angebotsverfahrens, in: Birk, D./Pöllath, R./Saenger, I. (Hrsg.): Berliner Schriftenreihe zum Steuer- und Wirtschaftsrecht, Bd. 7, Aachen.

Grinold, R. C./Kahn, R. N. (1999): Active Portfolio Management, 2. Aufl., New York.

Gugler, K./Mueller, D. C./Yurtoglu, B. B./Zulehner, B. (2001): Effekte von Fusionen in Kontinentaleuropa und Deutschland, in: Deutsches Institut für Wirtschaftsforschung (Hrsg.): Vierteljahrshefte zur Wirtschaftsforschung, Berlin, S. 204-213.

Hansen, R. (1987): A Theory for the Choice of Exchange Medium in M&A's, in: Journal of Business, Nr. 60, S. 75-95.

Hartmann-Wendels, T. (1989): Principal-Agent-Theorie und asymetrischen Informationsverteilung, in: Zeitschrift für Betriebswirtschaft, 59. Jg., S. 714-734.

Hayward, M. L. A./Hambrick, D. C. (1997): Explaining the Premiums Paid for Large Acquisitions: Evidence of CEO Hubris, in: Administrative Science Quarterly, Nr. 42, S. 103-127.

Healy, P./Palepu, K./Ruback, R. (1997): Which Takeovers are Profitable? Strategic or Financial Takeovers?, in: Sloan Management Review, 39. Jg., Nr. 4, S. 45-57.

Heidrick & Struggles (2005): Corporate Governance in Europe: What's the Outlook?, 4. Aufl., Paris.

Heinle, D. C. (2001): City Code und Übernahmekodex. Eine Rechtsvergleichung, Frankfurt am Main u.a.O.

Herrmann, H. (2001): The German Financial System and European Monetary Union, Journal of Asian Economics, Nr. 12, S. 37-46.

Heston, S. L./Rouwenhorst, K. G. (1994): Does Industrial Structure explain the Benefits of International Diversification?, in: Journal of Financial Economics, 36. Jg., S. 3-27.

Hirte, H. (2002): WpÜG. Wertpapiererwerbs- und Übernahmegesetz mit Übernahmekodex und City Code, Köln u.a.O.

Hopkins, P. J. B./Miller, C. H. (2001): Country, Sector, and Company Factors in Global Equity Portfolios, Charlottesville.

Hopt, K. J. (2002a): Unternehmensführung, Unternehmenskontrolle, Modernisierung des Aktienrechts. Zum Bericht der Regierungskommission Corporate Governance, in: Gemeinschaftssymposium der Zeitschriften ZHR und ZGR (Hrsg.): Corporate Governance, S. 27-67.

Hopt, K. J. (2002b): Geheimhaltung und Interessenskonflikte: Probleme für Vorstände, Aufsichtsräte und Banken, in: ZGR Zeitschrift für Unternehmens- und Gesellschaftsrecht, 31. Jg., Nr. 3, S. 333-376.

HVB (2002): M&A Intern, HVB Consult (Hrsg.), Nr. 7, April/Mai 2002, München, online im Internet unter: http:/www.hvbconsult.de/pdf/MA_Intern_7.pdf, Abruftag: 10.06.2005.

IMF (1995): International Capital Markets: Developments, Prospects, and Policy Issues, in: World Economic and Financial Surveys, Washington.

Jaensch, G. (1989): Unternehmensbewertung bei Akquisitionen in den USA, in: Schmalenbach Zeitschrift für betriebswirtschaftliche Forschung (zfbf), 41. Jg., Heft 4, S. 329-339.

Jansen, St. A./Müller-Stewens, G. (2000): Endet die fünfte Welle auf dem Markt für Unternehmensübernahmen in einer neuen Rezession? Geschichte, Trends und Erfolgsfaktoren von Zusammenschlüssen, in: Frankfurter Allgemeine Zeitung, Nr. 230, 04.10.2000, S. 49.

Jansen, St. A. (2001): Pre- and Post Merger-Integration bei grenzüberschreitenden Zusammenschlüssen, in: Jansen, St. A./Picot, G./Schiereck, D. (Hrsg.): Internationales Fusionsmanagement – Erfolgsfaktoren grenzüberschreitender Unternehmenskäufe, Stuttgart, S. 3-34.

Jenkinson, T./Ljungvist, A. (1999): The role of hostile stakes in German Corporate Governance, in: Oxford Financial Research Center (Hrsg.): Working Paper Series, Nr. 2, Oxford University.

Jensen, M. C./Meckling, W. H. (1976): Theory of the Firm – Managerial Behaviour, Agency Costs and Ownership Structure, in: Journal of Financial Economics, 3. Jg., S. 306-360.

Jensen, M. C. (1986): Agency Costs of Free Cash Flow, Corporate Finance, and Takeover Defense, in: American Economic Review, 76. Jg., S. 323-329.

Jensen, M. C. (1988): Takeovers: Their Causes and Consequences, in: Journal of Economic Perspectives, Nr.2, Nr. 1, S. 21-48.

JP Morgan (2004): Third quarter 2004 Highlights, in: JP Morgan Chase & Co. Inc. (Hrsg.): Global Mergers and Acquisitions Review, New York und London.

JP Morgan (2005): First Quarter 2005 Highlights, in: JP Morgan Chase & Co. Inc. (Hrsg.): Global Mergers and Acquisitions Review, New York und London.

Jürgens, U./Rupp, J./Vitols, K. (2000): Corporate Governance und Shareholder Value in Deutschland, in: Wissenschaftszentrum Berlin für Sozialforschung, Abteilung „Regulierung von Arbeit des Forschungsschwerpunktes Technik-Arbeit-Umwelt, Berlin.

Kaufer, E. (1981): Theorie der Öffentlichen Regulierung, München.

Kennedy, P. (1986): Interpreting Dummy Variables, in: Review of Economics and Statistics, Nr. 86, S. 174-175.

Kirchner, Ch. (2000): Szenarien einer „feindlichen" Unternehmensübernahme: Alternative rechtliche Regelungen im Anwendungstest, in: Betriebs-Berater, 55. Jg., Heft 3, S. 105-113.

Klaus, H. (1993): Börsenkrach, in: Dichtl, E./Issing, O. (Hrsg.): Vahlens Großes Wirtschaftslexikon, Bd. 1 (A-K), 2., überarbeitete und erweiterte Aufl., München, S. 334-335.

Klein, Ch./Stuck, D. (2001): Öffentliche Übernahmeangebote (OPA/OPE) in Frankreich, in: Recht der Internationalen Wirtschaft, 47. Jg., Nr. 7, S. 488-493.

Kommission der Europäischen Gemeinschaften (2002): Vorschlag für eine Richtlinie des Europäischen Parlaments und des Rates betreffend Übernahmeangebote, 2002/0240, Brüssel, 02.10.2002.

KornFerry International (1998): European „Board of Directors" Study, London.

Krahnen, J. P./Schmidt, R. (2004): The German Financial System, Oxford University Press.

Krause, H. (1996): Das obligatorische Übernahmeangebot: Eine juristische und ökonomische Analyse, Studien zum Handels-, Arbeits- und Wirtschaftsrecht, Bd. 44 (zugl. Diss. Universität München 1995), 1. Aufl., München.

Law Business Research Limited (2005a): "Mergers and Acquisitions: UK", online im Internet unter: http://www.gettingthedealthrough.com/form_r.cfm, Abruftag: 16.04.2005.

Law Business Research Limited (2005b): "Mergers and Acquisitions: Germany", online im Internet unter: http://www.gettingthedealthrough.com/form_r.cfm, Abruftag: 20.04.2005.

Law Business Research Limited (2005c): "Mergers and Acquisitions: France", online im Internet unter: http://www.gettingthedealthrough.com/form_r.cfm, Abruftag: 20.04.2005.

Law Business Research Limited (2005d): Mergers and Acquisitions: USA, online im Internet unter: http://www.gettingthedealthrough.com/form_r.cfm, Abruftag: 20.04.2005.

Levine, R. (2002): Bank-based or Market-based Financial Systems: Which is Better?, in: Journal of Financial Intermediation, Nr. 11, S. 398-428.

Levine, R./Zervos, S. (1998): Stock Markets, Banks and Economic Growth, in: American Economic Review, Bd. 88, Nr. 3, S. 537-558.

Lintner, J. (1965): The Valuation of Risk Assets and the Selection of Risky Investments in Stock Portfolios and Capital Budgets, in: Review of Economics and Statistics, 47. Jg., S. 12-37.

Löhnert, P./Böckmann, U. (2005): Multiplikatorverfahren in der Unternehmensbewertung, in: Peemöller, V. (Hrsg): Praxishandbuch der Unternehmensbewertung, 3. Aufl., Herne/Berlin.

Mahoney, P. (2001): The Origins of the Blue Sky Laws, University School of Virginia.

Markowitz, H. (1952): Portfolio Selection, in: Journal of Finance, 7. Jg., S. 77-91.

Martin, K. (1996): The method of Payment in Corporate Acquisitions, Investment Opportunities, and Management Ownership, in: Journal of Finance, Nr. 51, S. 1227-1246.

Mayer, C. (1998): Financial Systems and Corporate Governance, in: Journal of Institutional and Theoretical Economics, S. 144-176.

mergermarket (2005a): Deal Drivers – the Comprehensive Review of European Mergers and Acquisitions – Full Year 2004 Data, 2/2005, London.

mergermarket (2005b): European Private Equity in Review, 2/2005, London.

Meschi, M. (1997): Analytical Perspectives on Mergers and Acquisitions: A survey, in: Working Paper of the Centre of International Business Studies, Nr. 5.

Mittendorf, Th./Plöger, A. (2003): Einbettung von Merger and Akquisition in wirtschaftstheoretische Erklärungsansätze, Diskussionspapier Nr. 271 der Universität Hannover, online im Internet unter: http:/www.wiwi.uni-hannover.de/Forschung/Diskussionspapiere/dp-271.pdf, Abruftag: 07.06.2005.

Mossin, J. (1966): Equilibrium in a Capital Asset Market, in: Econometrica, 34. Jg., S. 768-783.

OECD (2002): Bank profitability. Structure of the Financial System, Database-Ausgabe, Abruftag 04.09.2005.

OECD (2005): online im Internet unter http://www.oecd.org/dataoecd/48/4/33727936.pdf, Abruftag: 04.09.2005.

Oehlrich, M. (1999): Strategische Analyse von Unternehmensaquisitionen: Das Beispiel der pharmazeutischen Industrie, Wiesbaden.

Palepu, K. G. (1986): Predicting Takeover Targets: A Methodological and Empirical Analysis, in: Journal of Accounting and Economics, Nr. 8, S. 3-35.

Panzar, J. C./Willig, R. D. (1981): Economies of Scope, in: American Economic Review, Nr. 71, S. 269-272.

Peemöller, V. (2001): Sonderformen der Finanzierung, in: Gerke, W./Steiner, M. (Hrsg.): Handwörterbuch des Bank- und Finanzwesens, 3. Aufl., Stuttgart, S. 1936-1950.

Peemöller, V. (2003a): Bilanzanalyse und Bilanzpolitik, 3. Aufl., Wiesbaden.

Peemöller, V. (2003b): Aktuelle Schwerpunkte und Herausforderungen der Unternehmensbewertung, in: Unternehmensbewertung und Management, Nr. 1, S. 5-7.

Peemöller, V./Kunowski, S. (2005): Ertragswertverfahren nach IDW, in: Peemöller, V. (Hrsg): Praxishandbuch der Unternehmensbewertung, 3. Aufl., Herne/Berlin.

Picot, G. (1998): Unternehmenskauf und Restrukturierung, 2. Aufl., München.

Picot, G. (1999): Mergers & Acquisitions optimal managen, Teil 2: Der Ablauf von M&A-Transaktionen, in: Handelsblatt, 05.06.1999, S. K 3.

Picot, G./Bergmann, H. (2000): Handbuch Mergers & Acquisitions: Planung, Durchführung, Integration. Stuttgart.

Picot, G./Reichwald, R. (1994): Auflösung der Unternehmung?, in: Zeitschrift für Betriebswirtschaft (ZfB), 64. Jg., Heft 5, S. 547-570.

Picot, G./Reichwald, R./Wigand, R. T. (1998): Die grenzenlose Unternehmung, 3., überarbeitete Aufl., Wiesbaden.

Pöll, G. (2005): Volkswirtschaftliche Bedeutung von Fusionen, o.O., o.J., online im Internet unter: http://www.economics.uni-linz.ac.at/Poell/Fusion.korr..PDF, Abruftag: 16.02.2005.

Prigge, S. (1999): Corporate Governance, in: DBW, Bd. 59, Nr. 1, S. 148-151.

Rajan, R. G./Zingales, L. (2003): The great Reversals. Politics of Financial Development in the 20th Century, in: Journal of Financial Economics, 69. Jg., Nr. 1, S. 5-50.

Rau, P. R./Vermaelen, Th. (1998): Glamour, Value and the Post-acquisition Performance of Acquiring Firms, in: Journal of Financial Economics, Nr. 49, S. 223-253.

Roll, R. (1986): The Hubris Hypothesis of Corporate Takeovers, in: Journal of Business, 59. Jg., Nr. 2, S. 179-216.

Ross, S. A. (1976): The Arbitrage Theory of Capital Asset Pricing, in: Journal of Economic Theory, 13. Jg., S. 341-360.

Ross, S. A./Westerfield, R. W./Jaffe, J. (1998): Corporate Finance, New York u.a.O.

Sanghera, S. (1999): Most Britons shun Share Ownership, in: Financial Times, 02.06.1999, S. 9.

Sautter, M. T. (1989): Strategische Analyse von Unternehmensakquisitionen: Entwurf und Bewertung von Akquisitionsstrategien, Frankfurt am Main u.a.O. (zugl. Diss. Universität Augsburg 1988).

Schmidt, F./Seger, A. (1998): Arbeitnehmermitbestimmung, Allokation von Entscheidungsrechten und Shareholder Value, in: Zeitschrift für Betriebswirtschaft, 68. Jg., Nr. 5, S. 453-473.

Semler, J./Volhard, R. (2001): Übernehmensübernahme. Vorbereitung – Durchführung – Folgen. Ausgewählte Drittländer, in: Arbeitshandbuch für Unternehmensübernahmen, Bd. 1 und Bd. 2, München.

Sharpe, W. F. (1964): Capital Asset Prices: A Theory of Market Equilibrium under Conditions of Risk, in: Journal of Finance, 19. Jg., S. 425-442.

Shelton, L. M. (2000): Merger Market Dynamics. Insight into the Behaviour of Target and Bidder Firms, in: Journal of Economic Behaviour & Organisation, 41. Jg. Nr. 4, S. 363-383.

Shleifer, A./Vishny, R. W. (1988): Value Maximization and the Acquisition Process, in: Journal of Economic Perspectives, Nr. 2, S. 7-20.

Sieben, G./Maltry, H. (2005): Der Substanzwert der Unternehmung, in: Peemöller, V. (Hrsg): Praxishandbuch der Unternehmensbewertung, 3. Aufl., Herne/Berlin.

Slusky, A. R./Caves, R. E. (1991): Synergy, Agency, and the Determinants of Premia Paid in Mergers, in: The Journal of Industrial Economics, 39. Jg., Nr. 3, S. 277-296.

Steiger, M. (2000): Institutionelle Investoren im Spannungsfeld zwischen Aktienmarktliquidität und Corporate Governance, Baden-Baden.

Steiger, M. (2001): Corporate Governance, in: Gerke, W./Steiner, M. (Hrsg.): Handwörterbuch des Bank- und Finanzwesens, 3. Aufl., Stuttgart, S. 530-539.

Stulz, R. (1988): Managerial Control of Voting Rights – Financing Policies and the Market for Corporate Control, in: Journal of Financial Economics, Nr. 20, S. 25-54.

Subramanian, G. (2003): Bargaining in the Shadow of Takeover Defenses, in: Yale Law Journal, 113. Jg., Nr. 3.

Suits, D. (1984): Dummy Variables: Mechanics versus Interpretation, in: Review of Economics and Statistics, Nr. 66, S. 177-180.

Sutherland, P. (2005): Unternehmensverfassungen in Europa, in: Wirtschaftsrat (Hrsg.): Corporate Governance in Europa, Berlin, S. 13–16.

Thain, J. A. (2005): Nach den Bilanzskandalen: Corporate Governance in den USA, in: Wirtschaftsrat (Hrsg.): Corporate Governance in Europa, Berlin, S. 11–13.

Thomson Corporation (2005): M&A Financial Data 1996 to 2004, im Internet unter: http:/www.thomson.com/corp/investor_relations/ir_company_snapshot.jsp.

Tobin, J. (1958): Liquidity Preference as Behaviour towards Risk, in: The Review of Economic Studies, 25. Jg., S. 65-86.

Travlos, N. (1987): Corporate Takeover Bid Methods of Payment, and Bidding Firm's Stock Returns, in: Journal of Finance, Nr. 42, S. 943-963.

Varaiya, N. P. (1987): Determinants of Premiums in Acquisition Transactions, in: Managerial and Decision Economics, 8. Jg., Nr. 3, S. 175-184.

Varaiya, N. P./Ferris, K. R. (1987): Overpaying in Corporate Takeovers: The Winner's Curse, in: Financial Analysts Journal, Nr. 5/6, S. 64-70.

Walkling, R. A./Edmister, R. O. (1985): Determinants of Tender Offer Premiums, in: Financial Analysts Journal, Heft 1/2, S. 27-37.

World Federation of Exchanges (2004): Statistik 2004, im Internet unter: www.world-exchanges.org, Abruftag: 04.07.2005.

Wansley, J. W./Lane, W. R./Yang, H. C. (1983): Abnormal Returns to Acquire Firms by Type of Acquisition and Method of Payment, in: Financial Management, Nr. 12, S. 16-22.

Wansley, J. W./Lane, W. R./Yang, H. C. (1987): Gains to Bidder Firms in Cash and Securities Transactions, in: The Financial Review, Nr. 22, S. 403-414.

Wöhe, G. (1990): Einführung in die Allgemeine Betriebswirtschaftslehre, 17., überarbeitete und erweiterte Aufl., München.

You, V./Caves, R. E./Smith, M./Henry, J. (1986): Mergers and Bidders Wealth: Managerial and Strategic Factors, in: Thomas, L. G. (Hrsg.): The Economics of Strategic Planning: Essays in Honour of Joel Dean, Lexington, S. 201-221.

Zinser, A. (2001): Der britische City Code on Takeovers and Mergers in der Fassung vom 9.03.2001, in: Recht der Internationalen Wirtschaft, 47. Jg., Nr. 7, S. 481-488.

Kolibri 360 GmbH
Ferdinand-Jühlke-Straße 7
99095 Erfurt, Deutschland
produktsicherheit@kolibri360.de